Kirsten Puhr

Inklusion und Exklusion im Kontext prekärer Ausbildungs- und Arbeitsmarktchancen

VS RESEARCH

Kirsten Puhr

Inklusion und Exklusion im Kontext prekärer Ausbildungs- und Arbeitsmarktchancen

Biografische Portraits

VS RESEARCH

Bibliografische Information der Deutschen Nationalbibliothek
Die Deutsche Nationalbibliothek verzeichnet diese Publikation in der Deutschen Nationalbibliografie; detaillierte bibliografische Daten sind im Internet über <http://dnb.d-nb.de> abrufbar.

1. Auflage 2009

Lektorat: Christina M. Brian / Dr. Tatjana Rollnik-Manke

VS Verlag für Sozialwissenschaften ist Teil der Fachverlagsgruppe
Springer Science+Business Media.
www.vs-verlag.de

Umschlaggestaltung: KünkelLopka Medienentwicklung, Heidelberg
Gedruckt auf säurefreiem und chlorfrei gebleichtem Papier
Printed in Germany

ISBN 978-3-8350-7033-2

Inhalt

Vorwort

Der vorliegende Band widmet sich Problemen und Chancen der Lebensgestaltung, jenseits angemessen entlohnter und anerkannter Arbeit, in einer Gesellschaft, die dem Ideal der Vollbeschäftigung nachhängt. Menschen, deren Ausbildungs- und Arbeitsmarktchancen aus unterschiedlichen Gründen eingeschränkt sind, begegnen dieser Situation zum Teil sehr kreativ und produktiv. Mein Anliegen ist es aufzuzeigen, dass Jugendliche mit und ohne Hauptschulabschluss an den ‚Schwellen zum Arbeitsmarkt' und Menschen, die ohne anerkannte Erwerbsarbeit ihr Leben gestalten, nicht als das neue „Prekariat" (Müller-Hilmer 2006), als „die Überflüssigen" (Bude/ Willisch 2008), als „die Ausgeschlossenen" (Bude 2008) oder als „einfach abgehängt" (Klinger/ König 2006) gelten müssen. Dafür habe ich mich auf die Suche begeben nach individuellen, sozialen und strukturellen Potentialen der Teilhabe an Arbeit, an materieller Sicherheit, an Konsum, an Interessenvertretung, an einem anerkannten Status sowie der Teilhabe an sozialen Strukturen und Netzwerken. Begegnet sind mir unterschiedlichste Formen der Lebensgestaltung jenseits anerkannter oder angemessen entlohnter Erwerbsarbeit ebenso wie verschiedenste Probleme im Anschluss an Ausgrenzungen aus dem Arbeitsmarkt.

Die Diskussionen zur nachschulischen Inklusion und Exklusion von Menschen mit individuellen Beeinträchtigungen und sozialen Benachteiligungen werden weitgehend vom Thema Erwerbsarbeit bestimmt. Zum einen werden strukturelle Veränderungen des Ausbildungs- und Arbeitsmarktes untersucht, die beschränkte Teilhabemöglichkeiten, insbesondere für Frauen und Männer mit und ohne Hauptschulabschluss sowie ohne qualifizierte berufliche Ausbildung, bedingen. Zum anderen finden sich zahlreiche Studien, die auf fehlende ‚Passungen' zwischen beruflichen Anforderungen und individuellen Kompetenzen wie Ressourcen verweisen. Und nicht zuletzt werden verschiedenste formale Grundlagen und praktische Projekte entworfen, die den Zugang zu Erwerbsarbeit erleichtern sollen. Mit diesen Aspekten verbinden sich im pädagogischen Diskurs insbesondere zwei Forschungsschwerpunkte. Einerseits werden pädagogische Unterstützungspotentiale zur Inklusion in Ausbildung und Erwerbsarbeit diskutiert. Andererseits werden personale und soziale Belastungen in Verbindung mit beruflicher Exklusion erforscht. Es scheint, als würde dabei von einer bestimmten Bedeutung des Konzeptes ‚Erwerbsarbeit' ausgegangen, von dem „was ‚Arbeit' in einem kleinen Teil der Welt während einer kurzen Zeitspanne bedeutete: Sichere, auskömmliche Beschäftigung, die annähernd jeder und jedem ein eigenes Leben ermöglichte" (Engler 2005: 24).

Obwohl in unserer Gesellschaft die Exklusion aus dem Arbeitsmarkt sozialstrukturell und moralisch nicht gerechtfertigt ist und der Gleichheitsanspruch Inklusionsmöglichkeiten für alle Menschen fordert, muss zur Kenntnis genommen werden, dass offiziell fast vier Millionen Menschen von einer Beschäftigung auf dem Arbeitsmarkt ausgeschlossen sind. Davon gelten ca. zwei Millionen Menschen als ‚Langzeitarbeitslose' mit geringen Chancen der Inklusion durch anerkannte Erwerbsarbeit. In Deutschland waren im Jahr 2007 durchschnittlich 3.776.250 Menschen ohne Erwerbsarbeit (vgl. Bundesagentur für Arbeit 2008a: 68). Dabei werden ‚prekäre Arbeitsmarktchancen' als desintegrierende Bedingungen für sozialen Zusammenhalt und gesellschaftliche Teilhabe (vgl. Kronauer 2002) sowie als Kontext für individuelle Zerrissenheit und Orientierungslosigkeit verstanden (vgl. Mathern 2003). Zugleich jedoch werden die Einschränkungen der Teilhabemöglichkeiten individualisiert, etwa als ungenutzte Chancen ‚gering Qualifizierter' (BMWA 2005) im Zusammenhang mit ‚geringen schulisch erworbenen Basiskompetenzen' (vgl. Pisa 2001) oder im Kontext der Veränderungen des Arbeitslosenrechts mit der gesteigerten Pflicht zur Aufnahme einer Erwerbsarbeit (vgl. SGB II). Damit wird unterstellt, dass Menschen, die ohne Erwerbsarbeit leben, das nicht müssten, wenn sie in der Schule mehr gelernt hätten oder sich mehr um Arbeit bemühen würden. Die Verantwortung für Exklusionsrisiken wird also ihnen zugeschrieben und damit individualisiert.

Angesichts des begrenzten Angebots an Ausbildungsplätzen und der anhaltend hohen Erwerbslosenzahlen wäre jedoch von einer zeitlich-biographischen, sozialen und sachlich-inhaltlichen Kontingenz individueller Lebensführung sowie sozialer Teilhabe auszugehen (vgl. Luhmann 1997) und damit auch von der Kontingenz der Konzepte ‚Ausbildung' und ‚Erwerbsarbeit'. Damit steht nach Engler die Gesellschaftsstruktur zur Disposition, „die auf berufsmäßigen Erwerb als Regelfall individueller Existenzsicherung aufbaut" (Engler 2005: 113). Mit der weitgehenden Tabuisierung dieses Problems und der ausschließlichen Orientierung an Erwerbsarbeit kann Exklusion aus dem Arbeitsmarkt zur sozialen Ausgrenzung werden. Diesem Problem und möglichen Alternativen widmet sich der vorliegende Band. Im Zentrum steht die Frage nach möglichen Bedeutungen von ‚Inklusion und Exklusion' unter Berücksichtigung verschiedener Formen der Lebensführung, auch solcher der ‚Nicht-Erwerbsarbeit'. Dabei soll die Perspektive nicht auf Beeinträchtigungen individueller Potentiale und Ressourcen sowie Ausgrenzung von sozialer Teilhabe und Orientierungslosigkeit reduziert werden. Vielmehr ist es Anliegen, die scheinbare Selbstverständlichkeit des Zusammenhangs von beruflicher Eingliederung und sozialer Teilhabe zu hinterfragen. Damit verbunden ist der Anspruch Einbindung und Ausgrenzung zusammenzudenken und in ihrer besonderen Art von Wechselbeziehung zu explorieren.

Mit dem hier vorgestellten Band möchte ich folgende These zur Diskussion stellen: Rechtliche und institutionelle Bindungen an den Ausbildungs- und Arbeitsmarkt können zu Bedingungen für Ausgrenzungen werden und Exklusion aus anerkannter Erwerbsarbeit kann zu neuen Formen sozialer Teilhabe führen. Um dieser These nachzugehen sind Teilhaberechte und deren Problematik ebenso zu befragen, wie Ergänzungen und Alternativen zur sozialen Teilhabe durch Erwerbsarbeit, sowohl durch soziale Strukturen und Netzwerke als auch durch die Anerkennung anderer Formen von Arbeit, wie z.B. Eigenarbeit, Haushaltsarbeit, Familienarbeit, ‚formell gesatzte Pflichten', Nachbarschaftshilfen, Bürgerarbeit, Ehrenamt aber auch Arbeit in gemeinnützigen sozialen und künstlerischen Projekten, selbstständige Alternativbeschäftigung oder Gelegenheitsarbeit (vgl. Offe/ Heinze 1990: 95ff.).

Im Zentrum dieser Veröffentlichung stehen biografische Portraits. Die Autoren der Erzählungen, welche die Grundlage für diese Portraits bilden, sind Menschen, deren Ausbildungs- und Arbeitsmarktchancen aus sehr unterschiedlichen Gründen eingeschränkt sind. Jugendliche mit und ohne Hauptschulabschluss haben von ihrem Leben erzählt und dabei von den Möglichkeiten und Schwierigkeiten, einen Ausbildungsplatz zu finden oder eine Ausbildung erfolgreich abzuschließen. Frauen und Männer, die ohne anerkannte Erwerbsarbeit leben, haben geschildert, wie sie ihr Leben gestalten.

Die lebensgeschichtlichen Erzählungen werden vor dem Hintergrund des Exklusionsproblems aus der Perspektive sozialer Ungleichheit (re)konstruiert. Dabei besteht der Anspruch darin, qualitative Unterschiede sozialer Teilhabe im Vergleich zu anderen Ungleichheiten zu untersuchen. Die Berücksichtigung einer großen Vielfalt ‚individueller Lebensführung' und ‚sozialer Teilhabe' ermöglicht es, unterschiedlichste Bedeutungen ‚prekärer Ausbildungs- und Arbeitsmarktchancen' für individuelle Lebensgestaltung und soziale Beziehungen zu diskutieren. Inklusion und Exklusion als Formen sozialer Ordnung (vgl. Luhmann 1997: 765ff.) zu verstehen, bietet die Gelegenheit zur Analyse der Logik der Wechselwirkung von Teilhabe und Ausschluss.

Im ersten Kapitel soll in die Thematik von Inklusion und Exklusion als Formen sozialer Ordnung eingeführt werden. Den weiteren inhaltlichen Auseinandersetzungen ist mit dem zweiten Kapitel eines vorangestellt, in dem der methodische Zugang zu den biografischen Portraits skizziert ist. Im dritten Kapitel werden aktuelle Diskussionen des Zusammenhangs von beruflicher und sozialer Inklusion und sich damit verbindende Schwierigkeiten für Jugendliche mit individuellen Beeinträchtigungen und sozialen Benachteiligungen vorgestellt. Daran schließt sich im vierten Kapitel ein erster Zugang zum Problem erschwerter beruflicher Inklusion an. Vorgestellt werden ‚Jugendliche mit schlechteren Startchancen'. Einen anderen Zugang zu Problemen beruflicher Inklusion bietet der Blick auf strukturelle Probleme des Arbeitsmarktes im fünften Kapitel, welches der Frage nachgeht, warum Exklusion aus dem Arbeitsmarkt zur sozialen Ausgrenzung werden kann. Im sechsten Kapitel schließlich werden Alternativen individueller Lebensführung und sozialer Teilhabe in Distanz zur ausschließlichen Orientierung an Erwerbsarbeit diskutiert. Integrierte Bestandteile der Kapitel drei bis sechs sind jeweils biografische Portraits, in denen die angesprochenen Themen zum Tragen kommen.

Für die kompetente Unterstützung bei der Bearbeitung der lebensgeschichtlichen Erzählungen und für die formale Überarbeitung des Manuskriptes bedanke ich mich herzlich bei Constanze Söllner. Der Martin-Luther-Universität Halle-Wittenberg danke ich für die Bereitstellung von Ressourcen für diese Veröffentlichung. Mein besonderer Dank gilt all den Menschen, die bereit waren, mir ihre Lebensgeschichte zu erzählen, denen, die ihre Geschichten als fremde in diesem Buch wieder finden ebenso, wie denen, die an dieser Stelle nicht zu Wort kommen.

Kirsten Puhr

1 Inklusion und Exklusion als Formen sozialer Ordnung

‚Inklusion' als Benennung von Teilhabe und ‚Exklusion' als Bezeichnung für Ausgrenzung sind Markierungen mit vielen möglichen Bedeutungen, von denen keine den jeweiligen Begriff vollständig erfassen kann. Wenn im Folgenden die Begriffe ‚Inklusion/Exklusion' in Abgrenzung zum Ausdruck ‚Integration' verwendet werden, handelt es sich dabei nicht „um ein terminologisches Spiel oder konzeptionelle Weiterentwicklung" (Hinz 2000: 354). Die hier zu markierende begriffliche Differenz geht auf die systemtheoretische Unterscheidung von Luhmann zurück. Mit dem Begriff der ‚Integration' ersetzt Luhmann den der ‚Systemintegration', mit dem Lockwood „den inneren Zusammenhalt differenzierter Systeme" (Luhmann 1997: 618) gekennzeichnet hat. ‚Integration' ist nach Luhmann gekennzeichnet durch „zahllose ereignishafte operative Kopplungen, die ein ständiges Herstellen und Wiederauflösen von Systemzusammenhängen bewirken" (ebd. 606) und Bedingungen für Kooperationen und Konflikte darstellen (vgl. ebd. 604). Mit der ‚Unterscheidung Inklusion/Exklusion' ersetzt Luhmann zunächst ‚das Thema Sozialintegration' (vgl. ebd. 619) mit dem Lockwood das Verhältnis von Individuen und sozialen Systemen kennzeichnet. „Inklusion muß man (…) als eine Form begreifen, deren Innenseite (Inklusion) als Chance der sozialen Berücksichtigung von Personen bezeichnet ist und deren Außenseite unbezeichnet bleibt. Also gibt es Inklusion nur, wenn Exklusion möglich ist" (ebd. 620f.).

Im Rückgriff auf die luhmannsche Gesellschaftstheorie werden Inklusion und Exklusion als Formen jeglicher sozialer Ordnung verstanden. Mit der ‚Unterscheidung Inklusion/Exklusion' wird das Verhältnis von Personen und sozialen Systemen (vgl. ebd. 619) gekennzeichnet. Luhmann beschreibt im Anschluss an Parsons wie Inklusionsbedingungen je nach gesellschaftlicher Differenzierung variieren. Mit zunehmender Komplexität der Gesellschaft lösen sich feste Inklusionsmuster auf und das Inklusionsproblem wird individualisiert. Das heißt im Prinzip bestehen gleiche Inklusionsmöglichkeiten für alle. Die konkrete ungleiche Realisierung erfolgt über Anerkennung und Erfolg in Leistungs- und Komplementärrollen (vgl. Luhmann 1997: 620). Stichweh kennzeichnet die Hypothese der Vollinklusion als Selbstbeschreibungen der Funktionssysteme – Recht, Religion, Politik, Wirtschaft, Kunst, Wissenschaft, Intimbeziehungen, Erziehung, Gesundheitswesen, Sport, Tourismus, Massenmedien – in denen keine Exklusionsmotive für Einzelne oder Gruppen zu finden sind (vgl. Stichweh 2005: 71 und 163ff.). In einer funktional differenzierten Gesellschaft besteht der Anspruch, Inklusion für alle Menschen zu ermöglichen, d.h. alle müssen an allen Funktionssystemen teilhaben können. „Im Prinzip sollte jeder rechtsfähig sein und über ausreichendes Geldeinkommen verfügen, um an Wirtschaft teilnehmen zu können. Jeder sollte als Teilnehmer an politischen Wahlen auf seine Erfahrungen mit Politik reagieren können. Jeder durchläuft, soweit er es bringt, zumindest die Elementarschulen. Jeder hat Anspruch auf ein Minimum an Sozialleistungen, Krankenpflege und ordnungsgemäßer Beerdigung. Jeder kann, ohne von Genehmigungen abzuhängen, heiraten. Jeder kann einen religiösen Glauben wählen oder es lassen. Und wenn jemand seine Chancen, an Inklusion teilzunehmen, nicht nutzt, wird ihm das individuell zugerechnet“ (Luhmann 1997: 625). Luhmann verdeutlicht, dass mit dieser individualisierten Zurechnung von Inklusion das Thema ‚Exklusion' als sozialstrukturelles nicht in den Blick gerät. „Die Idealisierung des Postulats einer Vollinklusion aller Menschen in die Gesellschaft täuscht über gravierende Probleme hinweg“ (ebd. 630)[1]. Man hofft auf Inklusion durch Wachstum und bessere Verteilungsmöglichkeiten, effektivere Infrastruktur, höhere Bildung oder auch die Bindung von Sozialleistungen an Forderungen. Wenn alles genug vorhanden ist, kann jeder teilhaben.

Faktisch sind Menschen aus einigen Funktionssystemen ausgegrenzt: „keine Arbeit, kein Geldeinkommen, kein Ausweis, keine stabilen Intimbeziehungen, kein Zugang zu Verträgen und zu gerichtlichem Rechtsschutz, keine Möglichkeit, politische Wahlkampagnen von Karnevalsveranstaltungen zu unterscheiden, Analphabetentum und medizinische wie auch ernährungsmäßige Unterversorgung“ (ebd.). Die ausgegrenzten Personen bleiben jedoch gleichzeitig an die Funktionssysteme gebunden. Qua Schulpflicht ist z.B. ein madagassisch und französisch sprechendes Mädchen teilhabende Schülerin des deutschsprachigen Schulsystems, das sie mit ihrer Sprachkompetenz aufgrund nicht vorhandener

---

[1] Zu einer kritischen Auseinandersetzung mit differenztheoretischen, gesellschaftstheoretischen und kommunikationstheoretischen Ausarbeitungen der Differenz Inklusion/Exklusion bei Luhmann vgl. Farzin 2006.

Kenntnis der deutschen Sprache ausgrenzt. Mit der Abhängigkeit von Sozialleistungen ist z.B. eine allein erziehende Verkäuferin nach einem Jahr Elternzeit ‚erwerbsfähig', auch wenn ihre Chance gering ist, eine anerkannte Erwerbsarbeit auf dem ersten Arbeitsmarkt zu finden, die sich auch noch mit der Erziehung ihres Kindes vereinbaren lässt. Ein erwerbsloser Mann mit einer spastischen Diplegie wie ‚Jörg'[2], dem ein finanzieller Zuschuss für eine Fahrerlaubnis mit dem Hinweis auf fehlende Notwendigkeit verwehrt wird, hat Teil an einem Rechtssystem, das ihm Klage gegen diesen Entscheid ermöglicht, wenn er weiß, wie er diese realisieren kann. Für alle nachfolgend vorgestellten Portraits heißt das, die Ich-Erzähler sind faktisch vom Zugang auf den ersten Arbeitsmarkt ausgeschlossen oder vom Ausschluss bedroht, bleiben aber per Definition der zuständigen Behörden – Arbeitsverwaltung bzw. ARGE[3] – als Ausbildungs- und/oder Arbeitssuchende daran gebunden.

Im Prinzip bestehen gleiche Inklusionsmöglichkeiten für alle. Exklusionsrisiken kann jeder selbst beeinflussen. Das madagassische Mädchen muss die deutsche Sprache lernen. Die allein erziehende Verkäuferin muss sich ein soziales Netz schaffen, das die Unvereinbarkeit von Schichtarbeit und Kinderbetreuung auffängt. Der körperlich beeinträchtigte Mann muss seine Rechte und deren Umsetzungsmodalitäten kennen. Menschen ohne berufliche Ausbildung und Erwerbsarbeit müssen aktiv an der Veränderung dieser Situation mitwirken. Mit der individualisierten Zurechnung von Inklusion werden Barrieren gar nicht oder als überwindbare thematisiert. Dass Sozialleistungen, Bildungsangebote, Erwerbsarbeit und Infrastruktur nicht so vorrätig sind, dass alle ohne Ausgrenzung teilhaben können, wird mit der Forderung nach Vollinklusion als vorübergehendes und zu lösendes Problem betrachtet, nicht als strukturelles Thema. Teilhabemöglichkeiten werden aber nicht nur individuell sondern strukturell erheblich beeinträchtigt, z.B. durch einen Mangel an Geld, durch die fehlende Macht, Interessen durchsetzen zu können, durch verwehrte soziale Anerkennung, durch eingeschränkte schulische und berufliche Teilhabe, aber auch durch eine permanente Unsicherheit der Lebensumstände. Insbesondere individuelle Beeinträchtigungen und soziale Benachteiligungen wirken behindernd und beeinflussen Inklusionschancen sowie Exklusionsrisiken gravierend.

---

[2] Vgl. Kapitel 5.1.

[3] Als ARGEn werden Arbeitsgemeinschaften der Arbeitsagenturen und kommunaler Träger bezeichnet, die diese zur Verwaltung von Leistungen nach dem SGB II bilden können (vgl. SGB II § 44).

Aus der hier zu Grunde gelegten inhaltlichen Perspektive der Differenzierungstheorie des späten Luhmann und einer bestimmten Richtung sozialwissenschaftlicher Exklusionsforschungen, z.B. die von Kronauer, bedeutet Ausgrenzung eines Menschen nicht, außerhalb eines Systems zu sein, aber einen einseitigen Objektstatus zugeschrieben zu bekommen, sich als abhängig und ohne Bedeutung für bestimmte Funktionssysteme der Gesellschaft zu erleben[4]. „Ausgrenzung bedeutet in der Gesellschaft keinen anerkannten Ort zu haben" (Kronauer 2002: 156). Der Begriff der ‚Exklusion' als ‚Name für die soziale Frage' ist für Kronauer mit einer neuen gesellschaftlichen Spaltung durch „anhaltende Arbeitslosigkeit, Unterbeschäftigung und Armut", verbunden, die zusammenhängt mit dem „Ausschluss von wesentlichen Teilhabemöglichkeiten an der Gesellschaft" (ebd. 11). Kronauer beschreibt drei kategoriale Bestimmungen des Exklusionsbegriffs in den Sozialwissenschaften: 1. Exklusion als Bruch von Interdependenzbeziehungen; 2. Exklusion als Ausschluss von Konsum, Interessenvertretung, gesellschaftlich anerkanntem Status, materieller Sicherheit und Gestaltungsmöglichkeiten des eigenen Lebens; 3. den Prozesscharakter von Exklusion (vgl. ebd. 43ff.). Zunächst verweist er darauf, dass die Auflösung sozialer Bindungen und die Ausgrenzung aus dem Arbeitsmarkt als zwei Achsen des Exklusionsproblems zu betrachten sind (vgl. ebd. 43). Im Anschluss an Durkheim wird Inklusion als gesellschaftliche Zugehörigkeit sowohl über persönliche Nahbeziehungen und informelle Verpflichtungen als auch über Einbindungen in Sozialbeziehungen und die Kooperation in wechselseitigen Abhängigkeitsverhältnissen beschrieben. Die jeweils konkreten Beziehungen gelten als vorgeformt durch soziale Arbeitsteilungen und Normen des Zusammenlebens, mit denen sich zugleich Regeln der Anerkennung und Solidarität verbinden. Diese werden zum Problem für Betroffene und die Gesellschaft, wenn eine Einbindung in die Wechselseitigkeit sozialer Nahbeziehungen und/oder die gesellschaftliche Arbeitsteilung nicht mehr gegeben ist (vgl. ebd. 44). Exklusion als Verlust von Teilhabemöglichkeiten am gesellschaftlichen Leben zu begreifen setzt voraus, dass man so etwas wie gesellschaftlich geteilte Vorstellungen angemessener Lebenschancen annimmt. Dabei geht es um das Problem der ‚Qualität von Teilhabe in unterschiedlichen Bereichen des gesellschaftlichen Lebens' (vgl. ebd. 45).

---

[4] Andere Zugänge zum Begriff und Problem ‚Exklusion' werden ergänzend zu diesem Zugang im Kapitel 5 diskutiert.

Mit der Betonung des Prozesscharakters von Inklusion und Exklusion lässt sich die Entwicklung der Qualität materieller, politisch-institutioneller und kultureller Teilhabe sowie die Verschiebung von Exklusionsrisiken beschreiben. Nach Kronauer wäre dabei die „Doppelbestimmung gesellschaftlicher Zugehörigkeit" (ebd. 47) über Partizipation und Interdependenz zu berücksichtigen. Soziale Partizipation – die gesellschaftliche Zugehörigkeit über Teilhaberechte – verwirklicht sich über den Zugang zu Leistungen (Bildung, medizinische Versorgung, soziale Sicherung), die Wahrung persönlicher Integrität und die Wahrnehmung politischer Interessen. Interdependenz – die soziale Einbindung – realisiert sich in gesellschaftlicher Arbeitsteilung, die gemeinsam mit Teilhaberechten wesentlich den Lebensstandard beeinflusst und zudem über die Wechselseitigkeit sozialer Nahbeziehungen. Mit diesem mehrdimensionalen Zugang kann Exklusion aus sozialer Ungleichheit erklärt und qualitative Unterschiede der Teilhabe im Vergleich zu anderen Ungleichheiten untersucht werden. Dafür müssen Einbindung und Ausgrenzung zusammengedacht und in ihrer besonderen Art von Wechselbeziehung exploriert werden.

So lässt sich z.B. anhand biografischer Portraits zeigen, dass rechtliche und institutionelle Bindungen an den Ausbildungs- und Arbeitsmarkt zu Bedingungen für Ausgrenzungen werden können und Exklusion aus dem Arbeitsmarkt zu neuen Formen sozialer Teilhabe führen kann. Der Arbeitsmarkt stellt ein System dar, das „große Exklusionsrisiken involviert" (Stichweh 2005: 53). Insofern kann die Orientierung an beruflicher Ausbildung und Erwerbsarbeit zur Ausgrenzung aus anerkannter Arbeit werden. Zum Ausschluss wird die Ausgrenzung nur dann, wenn Anerkennung an Erwerbsarbeit gebunden wird und andere Formen sozialer Teilhabe keine Akzeptanz finden.

Für die biografischen Portraits wurden lebensweltliche Deutungen und Konstruktionen sozialer Netze als Formen ‚individueller Lebensführung' sowie ‚sozialer Teilhabe' rekonstruiert. Dabei scheint von besonderem Interesse, welche Vorstellungen Menschen im Kontext ‚prekärer Ausbildungs- und Arbeitsmarktchancen' entwickeln, „die Existenz auch ohne Lohnarbeit zu sichern und die persönliche Würde zu wahren" (Engler 2005: 1). Kronauer stellt die These auf, dass der Rückzug vom Arbeitsmarkt zwar ein verbreitetes Verhaltensmuster unter Langzeitarbeitslosen ist, dass dies aber nicht bedeutet, „dass die Arbeitslosen die Orientierung an Erwerbsarbeit aufgegeben oder gar zurückgewiesen hätten" (ebd. 199). Er erklärt das Phänomen des Rückzugs als „Antwort auf die wachsende Diskrepanz zwischen dieser verinnerlichten Orientierung [an Erwerbsarbeit, verbunden mit den Zielen des beruflichen Erfolgs sowie des eigenen Erwerbseinkommens, K.P.] und den schwindenden Möglichkeiten, sie zu realisieren“ (ebd.). Ginge man in diesem Kontext davon aus, dass ein ‚geteilter Hintergrund kultureller Ziele und Wertungen' – hier die Orientierung an anerkannter beruflicher Ausbildung und Erwerbsarbeit – eine ‚Folie für Erfahrungen der Kränkung, des Ausschlusses und des Scheiterns' bildet (vgl. ebd. 202), ließen sich in den Erzählungen von Menschen ohne anerkannte Ausbildung oder Erwerbsarbeit ‚typische Muster der Reproduktion der Ausgrenzungslage', wie Selbstverleugnung, sozialer Rückzug, anhaltende Abhängigkeit von institutionellen Hilfen, der Einstieg in Laufbahnen der Untergrundökonomie oder ein ‚konformistischer' Kampf um die Verwirklichung der eigenen Wünsche (vgl. ebd. 203) vermuten. Engler geht dagegen von folgender These aus: „Im Zeitalter der dritten industriellen Revolution ist die Vorstellung, jeder könne ein Leben auf Erwerbsarbeit aufbauen, anachronistisch geworden“ (Engler 2005: 1) und schlussfolgert: „Die Existenz auch ohne Lohnarbeit zu sichern und die persönliche Würde zu wahren wird für immer mehr Menschen zur wichtigsten Überlebenstechnik“ (vgl. ebd.). Folgt man diesem Gedanken, ließen sich in den Erzählungen der Männer und Frauen ‚typische Muster' der ‚Produktion persönlicher Würde' vermuten, alternative Selbstdefinition, Nicht-Akzeptanz von Etikettierungen, Inklusion in ein Netzwerk sozialer Nahbeziehungen, Wahrnehmung sozialstaatlicher Rechte, Unabhängigkeit durch hinreichende Einkommensquellen, positive Besetzung alternativer Lebensformen und Widerstand gegen strukturelle ‚Zwänge' (vgl. Glaß 1989: 55) sowie entsprechende ‚Bewältigungsstrategien' (vgl. Scherr/ Stehr 1995: 45ff.). In allen biografischen Portraits finden sich sowohl differenzierte ‚Muster' der ‚Reproduktion von Ausgrenzungslagen' als auch solche der ‚Produktion persönlicher Würde', die sich vor dem Hintergrund gesellschaftlicher Zugehörigkeits- und Ausgrenzungsprozesse über Partizipation und Interdependenz interpretieren ließen.

In der vorliegenden Arbeit sollen jedoch nicht Verhaltensmuster von Menschen analysiert werden, vielmehr wird der Versuch unternommen die jeweils besondere (falltypische) Art der Wechselbeziehung von Inklusion und Exklusion in biografischen Erzählungen zu re(konstruieren). Damit kann die Aufmerksamkeit auf eine mögliche Vielfalt ‚individueller Lebensführung' und ‚sozialer Teilhabe' gerichtet werden, die es ermöglicht, unterschiedlichste Bedeutungen ‚prekärer Ausbildungs- und Arbeitsmarktchancen' für individuelle Lebensgestaltung und soziale Beziehungen zu diskutieren.

2 Methodischer Zugang zu den biografischen Portraits

Die nachfolgenden Vorbemerkungen sollen es der Leserin und dem Leser ermöglichen, nachzuvollziehen, wie die biografischen Portraits dieses Buches entstanden sind. Dafür sind zunächst die Erhebungsmethode und der Modus der Vertextlichung kurz zu beschreiben. Im Anschluss werden die Verfahren der interpretativen Beschreibung der Lebensgeschichten sowie der Analyse der spezifischen Wechselwirkungen von Inklusion und Exklusion erläutert. Etwas mehr Raum nehmen Erläuterungen methodologischer und methodischer Art ein, weil bei der Arbeit an den hier vorgestellten Portraits ein Interpretationsverfahren zur Anwendung gekommen ist, das in der sozialwissenschaftlichen Biografieforschung noch nicht etabliert ist[5].

Textproduktion und Textinterpretation werden als zwei voneinander getrennte Prozesse aufgefasst. Die Interpretationen der lebensgeschichtlichen Erzählungen stützen sich auf Aspekte des jeweiligen Textes und des konstruierten theoretischen Bezugsrahmens, nicht auf zu rekonstruierende Erlebnisse, Erfahrungen, bewusste und unbewusste Absichten der Frauen und Männer, die für das Forschungsprojekt eine Lebensgeschichte beigesteuert haben[6]. Das heißt im

---

[5] Kokemohr arbeitet in seinen Analysen von ‚Bildung als Welt- und Selbstentwurf im Anspruch des Fremden' unter anderem auf der Basis der Erzähltheorie Riceurs (vgl. Kokemohr 2007: 35). Auf Unterschiede und Gemeinsamkeiten der dort und hier gewählten erzähltheoretischen Zugänge kann an dieser Stelle nicht eingegangen werden. Das bleibt einer folgenden Arbeit vorbehalten.

[6] Nicht alle 42 empirischen Autorinnen und Autoren gaben ihr Einverständnis zur Arbeit mit ihren Lebensgeschichten und zur Veröffentlichung von Interpretationen. Im weiteren Forschungsprozess wurden nur die 35 Texte verwendet, für die ein solches vorlag. Viele der Befragten erklärten sich auch bereit, das Textportraits mit einem fotografischen Portrait zu ergänzen. Einige Frauen und Männer nahmen mit großem Interesse Anteil an der Arbeit mit ihren Geschichten. Sie wurden nach jeder Phase der Textproduktion um Diskussion gebeten. In diesen Gesprächen oder Rückmeldungen per E-Mail wurden die Erzählungen kommentiert oder aktuell ergänzt, die interpretierenden Beschreibungen und Analysen angefragt und diskutiert. Dadurch entstanden neuen Texte – keine kommunikativen Validierungen – für den Interpretationsprozess.

Zentrum der Interpretationen steht nicht eine rekonstruierbare ,wahre Lebensgeschichte', ein ,konkretes Lebensschicksal'[7] oder situativ individuell bedeutsame Selbst-und-Welt-Vorstellungen eines Menschen, sondern der Text einer Erzählung, der „nicht aus einer Reihe von Wörtern besteht, die einen einzigen (...) Sinn enthüllt (...), sondern aus einem vieldimensionalen Raum, in dem sich verschiedene Schreibweisen, von denen keine einzige originell ist, vereinen und bekämpfen" (Barthes 2000: 190). Methodologische Grundlage sind kritische Auseinandersetzungen der literaturwissenschaftlichen Erzähltheorie mit dem Konzept des Autors ,als zentraler Bezugspunkt für die Textinterpretation' (vgl. Jannidis u.a. 2000: 8). Die Basis für die beschreibenden und analysierenden Interpretationen in Vorbereitung der Fallgeschichten bildet die Erzähltheorie Stanzels (vgl. Stanzel 2002), die es ermöglicht, Erzählsituationen mit differenten Erzählperspektiven, Fokussierungen und Erzählweisen zu unterscheiden und damit einer vereinheitlichenden Identifizierung einer Geschichte entgegenzuwirken. Nachfolgend soll der Prozess der Textproduktion beschrieben werden.

Die hier vorgestellten biografischen Portraits beruhen auf Transkriptionen initiierter narrativ-episodischer Interviews. Mit der Bitte um ein Interview wurden Absolventinnen und Absolventen aller Schulformen angesprochen, von denen aufgrund ihrer aktuellen institutionellen Verortung in berufsvorbereitenden Maßnahmen, überbetrieblichen Ausbildungsgängen und Arbeitsprojekten vermutet wurde, dass ihre Ausbildungs- und Arbeitsmarktchancen eingeschränkt sind. Parallel dazu wurden Frauen und Männer um ein Interview gebeten, die ohne anerkannte Erwerbsarbeit leben, jedoch in anderen sozialen Kontexten integriert und engagiert sind. Der Erstkontakt erfolgte zunächst über Institutionen, später auch über informelle Kontakte. Folgende institutionelle Zugänge wurden genutzt: überbetriebliche Berufsausbildungen; Qualifizierungsangebote zur Vorbereitung einer Berufsausbildung bzw. einer beruflichen Tätigkeit, Arbeitsprojekte für Jugendliche und junge Erwachsene, die keinen Zugang zu regulären Ausbildungen bzw. zum Arbeitsmarkt finden sowie Erwerbsloseninitiativen und Projekte zur Förderung der sozialen und beruflichen Integration. Mehrere Interviews konnten durch die Vermittlung von Menschen gewonnen werden, die bereits ihre Lebensgeschichte beigesteuert hatten.

---

[7] Mit dem Anspruch „einen möglichst ungefilterten Eindruck von jugendlichen Lebenswelten zu vermitteln" (Baacke/ Sander/ Vollbrecht 1994: 9) untersuchen z.B. Baacke, Sander und Vollbrecht das „konkrete Lebensschicksal konkreter Jugendlicher" (ebd. 8) mittels Fallanalysen.

Die Interviewpartnerinnen und -partner erklärten sich bereit, ihre Lebensgeschichte im Zusammenhang mit erschwerten Zugängen zu Berufsausbildungen, Problemen in Ausbildungssituationen bzw. einer Lebensgestaltung ohne anerkannte Erwerbsarbeit zu erzählen. Das Anliegen der Interviews war es, möglichst komplexe Erzählungen von lebensgeschichtlicher Vergangenheit, aktuellen Lebensvollzügen und individuellen Lebensentwürfen zu erhalten. Zunächst wurde jede und jeder Interviewte ohne konkrete Fragestellung gebeten, das, was sie oder er über sich und die eigene Lebensgeschichte ansprechen wollte, zu erzählen. Anschließend wurden die Aspekte der einleitenden Ausführungen genutzt, weitere Erzählungen zu angeschnittenen und zu anderen interessierenden Themen anzuregen. Entsprechend des theoretischen Bezugs sollten für möglichst vielseitige Darstellungen ‚individueller Lebensführung' und ‚sozialer Teilhabe' insbesondere Äußerungen zu folgenden Themen nachgefragt bzw. angestoßen werden:

- zum personalen Selbstverständnis mit Beschreibungen und Bewertungen der eigenen Person, der Lebensqualität sowie von Lebensvorstellungen;
- zum sozialen Netz mit Blick auf soziale Nahbeziehungen;
- zur Existenzsicherung mit Aspekten der individuellen Lebenserhaltung;
- zum räumlichen Netz mit Aspekten gesellschaftlicher Teilhabemöglichkeiten und sozialer Mobilität sowie
- zum zeitlichen Netz mit Vorstellungen zur Lebensgeschichte, zu Lebensentwürfen und Zukunftsperspektiven.

Mit diesem Verfahren konnten sehr verschiedene biografisch-episodische Darstellungen in Form von Erzählungen, Berichten, Kurzgeschichten, Skizzen, Collagen und Bildern gewonnen werden. Insbesondere einige der befragten Jugendlichen berichteten über ihre Erlebnisse und Erfahrungen nicht in Form einer längeren lebensgeschichtlichen Erzählung. Die ‚Anfangserzählungen' ebenso wie die nachfolgenden Textpassagen lassen sich eher als Kurzgeschichten und Berichte mit nur einem oder wenigen thematischen Schwerpunkten charakterisieren. Andere Erzählungen können eher als ‚narrative Interviews' (vgl. Schütze 1983) betrachtet werden. Darstellungsformen in Verbindungen mit semantischen wie textstrukturellen Abbrüchen und Sprüngen finden sich in allen Texten. Methodisch könnte man diese Art der Erzählung im Anschluss an Bude mit der Frage legitimieren, „ob es nicht auch Erfahrungen gebe, die nicht nach dem Muster einer Erzählung aufgebaut seien und deshalb auch nicht narrativ, sondern nur anders, etwa in Form einer Collage, dargestellt werden können" (Bude 1985: 334, zitiert nach Koller 1999: 176). Dabei ist zu berücksichtigen, dass in den Interviews verschiedene Formen von Erfahrungen thematisiert werden: a) „Erfahrungen, die für der Erzähler einen bestimmten Sinn haben, den er dem Zuhörer mitteilen möchte" (Koller 1993: 37) und b) „Erfahrungen, die (...) eines solchen Sinns gerade bedürfen, der deshalb im Prozeß des Erzählens allererst hergestellt werden soll" (ebd.).

Die Interviews, in denen Menschen verschiedene Sichtweisen von sich selbst sowie ihre Weltsichten einer Interviewerin in einer Szene, mit einem thematischen Rahmen vorstellen, dauern zwischen einer ¾ Stunde und 2½ Stunden. Im Anschluss wurden die Tonbandaufzeichnungen nach mittlerem Genauigkeitsgrad transkribiert. Dabei war einerseits zu beachten, dass für formale Textanalysen möglichst genaues Textmaterial zur Verfügung steht. Andererseits sollte die Differenziertheit der Transkription den Zugang zur Erzählung nicht verstellen. So entstanden unter weitgehender Berücksichtigung der gesprochenen Sprache[8] biografische Erzählungen im Umfang zwischen 12 und 54 Seiten.

Bezüglich der produzierten Textinhalte wird hier von methodologischen Annahmen ausgegangen, die es nahe legen, die Interviewtexte nicht als Autobiographien sondern als Erzählungen zu lesen. Individuelle Lebensgeschichten können als sprachlich verfasste kontingente Konstruktionen aufgefasst werden. Eine Erzählung entsteht im Zuge des Erzählens aus der differenten Vielschichtigkeit möglicher Ich- und Weltaspekte. Diese Geschichte trägt die Spuren der Situativität und Fragilität von Selbst- und Weltdarstellungen ebenso wie sie auf den konstruierenden Charakter mit Blick auf das Erzählen, das Erzählte, dessen Kontext, die/den Fragenden bzw. Hörenden und die Interpretationen verweist. Jede Lebensgeschichte enthält nach Vogt den „Entwurf des menschlichen Möglichkeitssinns" (Vogt 1998: 70).

---

[8] In den transkribierten Interviewtexten lassen sich sprachliche Eigenheiten, wie der Soziolekt der Erzählerin bzw. des Erzählers und der Interviewerin sowie deren Fragen nachvollziehen. Auf sogenannte Planungsmarkierer wie z.B. ‚äh', ‚ähm' oder ‚hm' wurde weitgehend verzichtet. Redepausen werden durch eine Dehnung ‚–' gekennzeichnet, emotionale Ausdrucksaktivitäten durch doppelte Klammer vom übrigen Text abgehoben ((z.B. lacht))'. In den folgenden Portraits sind Auslassungen aus Zitaten der Interviewtexte mit (…) verdeutlicht, Einfügungen der Interpretin mit […]. Die Interviewtexte, die Grundlage der hier veröffentlichten Portraits sind, können von der Autorin zur Verfügung gestellt werden.

Zum einen ist zu berücksichtigen, dass für äußere Daten des Lebenslaufs angesichts ‚zeitlich-biographischer, sozialer und sachlich-inhaltlicher Offenheit' (vgl. Luhmann 1993: 152) keine eindeutigen Erwartungen zur Verfügung stehen. Koller gibt dementsprechend zu bedenken, dass „im Zuge gesellschaftlicher Modernisierungsprozesse fraglos als gültig unterstellte Muster des Lebenslaufs und seiner narrativen Darstellung verloren gegangen sind" (Koller 1994: 8) und dass individuelle Lebensgeschichten schon wegen der Menge möglicher Erzählinhalte angesichts begrenzter Erzählzeit als kontingente Konstruktionen gelten. Zum anderen verweist die Form der Erzählung auf eine mögliche Version einer Geschichte unter anderen. Erinnern der eigenen Lebensgeschichte, Beschreiben des Selbst und der Lebenssituation sowie Vorstellen eines Lebensentwurfs kann man mit Osterland als Rekonstruktionen mit ‚konstruierendem und erfindendem Charakter' (vgl. Osterland 1983: 284) interpretieren. Eine erzählte ‚Lebensgeschichte' wird dabei zur „Präsentation eines Selbstbildes" (ebd.), zur Inszenierung einer Selbst-Darstellung „als ein während des Sprechens ablaufender dynamischer psychosozialer Prozess" (Bosse 1994: 82), welcher dem Sprechenden wie den Hörenden und Lesenden unverfügbar bleibt. Wenn man darüber hinaus annimmt, dass die Identität eines Menschen, „nicht als Wesenheit sondern als Prozess zu betrachten ist" (Kaufmann 2005: 95), als ein ‚Prozess differenter sinnstiftender Konstruktionen aus nichtverfügbaren Erfahrungen' (vgl. ebd.), ist davon auszugehen, dass solche Selbst-Darstellungen kein in sich konsistentes Bild ergeben. Griese und Griesehop bezeichnen Erzählungen über sich und die Welt als ‚aktuelle Konstruktionen einer Identität des Nicht-Identischen in der interaktiven Praxis des Interviews' (vgl. Griese/ Griesehop 2007: 41). Berücksichtigt man zudem die sprachliche Verfasstheit der lebensgeschichtlichen Erzählungen und damit die Unhintergehbarkeit der „konstitutiven Mehrdeutigkeit rhetorischer Figuren" (Koller/ Kokemohr 1994: 11) ohne dahinter liegenden Sinn als Bezugspunkt, sind keine Aussagen über ein ‚hinter' dem Text vermutetes wirkliches Leben möglich (vgl. ebd.). Sprachliche Darstellungen ermöglichen jedoch den einzigen Zugang zu Lebensgeschichten.

Diesen methodologischen Ausgangsannahmen galt es in den interpretierenden Beschreibungen der Lebensgeschichten gerecht zu werden. Dabei ist zu berücksichtigen, dass Kontingenz, Konstruktion, Nicht-Identität und sprachliche Verfasstheit sowohl für die Erzählungen als auch für die Beschreibungen gelten. So wie die Lebensgeschichten sind auch ihre Darstellungen mögliche, die sich dem Anspruch der Nachvollziehbarkeit, nicht der Wahrheit zu stellen haben. Um sich der Vielschichtigkeit, den wechselnden Perspektiven, den Differenzen, Widersprüchen, Sprüngen und Brüchen in den Erzählungen zu nähern (vgl. Seitz 2004: 82) und der Versuchung entgegenzuwirken, eine vereinheitlichte Person in oder auch hinter dem Text zu konstruieren, wurde ein dekonstruktives Hilfsverfahren angewandt, die Differenzierung von Erzählfiguren. Dieses soll nachfolgend beschrieben werden.

In dem hier skizzierten Theorieverständnis gelten biografische Texte als Erzählungen, in denen die Bezugnahme eines erzählenden Ich (im Folgenden Autor genannt) auf ein erzähltes Ich (Erzähler) nicht unvermittelt möglich ist (vgl. ebd. 81). Diese Mittelbarkeit gilt aber gerade als zentrales Gattungsmerkmal narrativer Texte (vgl. Stanzel 2002: 68). Oder wie Vogt festhält: „Die Grenze zwischen Roman und Autobiographie ist fließend, sowohl in inhaltlich-thematischer wie in struktureller Hinsicht“ (Vogt 1998: 70). Für das vorzustellende Verfahren der interpretativen Beschreibung bildet diese Annahme den Ausgangspunkt, weil mit ihr die strenge Unterscheidung von faktualen und fiktionalen Erzählungen (vgl. Martinez/ Scheffel 2005: 10) aufgehoben wird. Zur Beschreibung der Lebensgeschichten wird hier die Figur eines ‚differenten fiktionalen Erzählers' als methodische Hilfskonstruktion anstelle des Bezugs auf einen nicht im Text verfügbaren Autor eingeführt. Im Folgenden werden die erzähltheoretischen Positionen skizziert, an die sich die Interpretationen der biografischen Erzählungen und damit auch die biografischen Portraits in diesem Buch anlehnen[9].

Die Literaturtheorie kennt seit langem kritische Diskussionen zum Autor und verschiedenste Positionen, die „auf den empirischen Autor für Zwecke der Interpretation literarischer Texte verzichten“ (Jannidis u.a. 2000: 10). Für die fiktionale Erzählliteratur hat Friedemann schon 1910 eine „systematische Abgrenzung zwischen Autor und Erzähler“ (ebd. 18) eingeführt. Kayser, der als einer der Hauptvertreter der ‚werkimmanenten' Interpretation gilt, begründet diese Unterscheidung damit, „dass der Erzähler in aller Erzählkunst niemals der bekannte oder noch unbekannte Autor ist, sondern eine Rolle, die der Autor erfindet und einnimmt“ (Kayser 2000: 127)[10]. In Erzählungen und Romanen gilt die Stimme des Erzählers als narrative Instanz, die im Sinne einer bestimmten

---

[9] Diesen Zugang verdanke ich wesentlich einem Exkurs von Seitz auf Stanzels ‚Theorie des Erzählens' (vgl. Seitz 2004).

[10] Kayser besteht auf einer Unterscheidung von alltäglichen Erzählvorgängen und Erzählkunst und vermerkt: „Es gibt überhaupt keinen Weg von dem einen in den anderen Bereich. Es gibt nur den Sprung“. (Kayser 2000: 128f.). Als einen solchen Sprung könnte man zunächst die Verschriftlichung der flüchtigen gesprochenen Sprache auffassen, mit der ein Text entsteht, der keinem persönlichen Erzähler zuzuordnen ist.

Person gestaltet sein kann, aber nicht muss, als Vermittlungsinstanz der Handlung und der erzählten Welt (vgl. Martinez/ Scheffel 2005: 84ff.).

In Erzählungen können Erzählperspektiven wechseln, „denn der Erzähler ist nicht in die enge Perspektive einer bestimmten Figur gefesselt" (Kayser 2000: 131). Er kann sich „zwischen seinem (undeutlichen) Erzählerstandpunkt und dem Erzählten hin und her" bewegen (ebd. 132). Mit den wechselnden Erzählperspektiven einer Erzählung verschwimmt ein identischer Erzähler. Die Perspektiven der Darstellung sind so vielschichtig wie die dargestellten Ansichten. Gesagtes und Gedachtes lassen sich nicht klar voneinander unterscheiden. Die Sprache übernimmt die Vermittlungsfunktion dieses Nicht-Identischen und die Stimme des Erzählers bietet die Möglichkeit eine Einheit der Erzählung zu denken (vgl. Stanzel 2002: 211f.). Stanzel unterscheidet nach der Art der Thematisierungen zwischen drei idealtypischen Erzählsituationen, der Ich-Form, der personalen Erzählsituation und der auktorialen Form (vgl. ebd. 113ff.). Damit hat er versucht, Typen von Erzählungen zu charakterisieren ohne zu behaupten, dass in einer Erzählung nur eine Erzählsituation zu finden ist. Er ist davon ausgegangen, dass jede Erzählung von einer dominanten Erzählsituation bestimmt wird, aber gerade der Wechsel der Erzählsituationen die Eigenheit einer Geschichte ausmacht. Mit der Ich-Erzählsituation wird nach Stanzel ein erlebendes Ich thematisiert, das sich als Operierendes in Handlungen und Situationen seiner fiktionalen Welt darstellt. Das bringt ein stark eingegrenztes Blickfeld der Erzählperspektive mit sich. Andere Perspektiven lassen sich nur als Vermutungen erzählen. Die Erzählweise ist bestimmt durch die Relation zwischen erzählendem und erlebendem Ich als Figur der Erzählung sowie durch differenzierte Zeit- und Ich-Stufen. Seitz schreibt dieser Erzählform die Motivation einer ordnenden Überschau, Sinnsuche und Sinnstiftung zu (vgl. Seitz 2004: 85f.). Mit einer personalen Erzählsituation lässt sich ein beteiligter Beobachter als Sehender, Denkender und Fühlender thematisieren. In der Erzählung von Gedanken und Gefühlen vermischen sich die Bereiche von Erzähler und Figur. Eine entpersonalisierte Erzählfunktion erzeugt die Illusion von Unmittelbarkeit und damit einen Appell an das Mitgefühl mit der Figur der Erzählung, mit der das Erzählte in der Schwebe gehalten werden kann (vgl. ebd. 94ff.). In der auktorialen Erzählsituation erhält ein reflektierender Kommentator eine Stimme, der als distanzierter Allwissender mit Außenperspektive mehrere Blickwinkel ermöglicht. Im Zentrum dieser Erzählsituation finden sich Schauplätze, Handlungen sowie Charaktere und ihre Rede. Charakteristische Erzählweisen in Distanz zum erzählten Ich sind Darstellungen des Ich als allgemeiner Fall oder in der Einmaligkeit individueller Erfahrung. Nach Seitz dienen auktoriale Erzählsituationen der individuellen Entlastung des Erzählers und der Darstellung normativer Richtigkeit des Welt-Selbst-Verhältnisses (vgl. ebd. 90ff.).

Quer zur Charakterisierung einer Erzählung könnte man sagen, Stanzel ermöglicht es mit seiner idealtypischen Unterscheidung von Erzählsituationen das Nicht-Identische bzw. die Differenzen der Erzählfiguren, in einer Erzählung zu beschreiben[11]. Die Relationen zwischen den Thematisierungen in den einzelnen Erzählsituationen werden aufgefasst als produktive Gestaltung, die es ermöglicht, eine Einheit des Differenten der Erzählung zu konstruieren und zu dekonstruieren. Dieser Ansatz wird bei der interpretativen Beschreibung der Lebensgeschichten verfolgt. Jedoch wird nicht der gesamte Interviewtext bearbeitet. Einem Vorschlag von Griese und Griesehop folgend, werden zunächst das Eingangs- und Ausgangssegment in der dargestellten Weise beschrieben. Aus diesen Beschreibungen lassen sich strukturierende und inhaltliche Hypothesen ableiten (vgl. Griese/ Griesehop 2007: 73f.), nach denen korrespondierende und kontroverse Erzählpassagen ausgewählt wurden. Diese wurden wiederum in differente Erzählsituationen zergliedert und anschließend dem beschreibenden Verfahren unterzogen. Insofern kann in den hier vorliegenden Portraits dem Schema der Handlungszeit als ‚Synthesis des Heterogenen' (vgl. Seitz 2004: 141) keine angemessene Aufmerksamkeit gewidmet werden[12]. Unterschieden wird lediglich zwischen der Zeit in der eine Geschichte erzählt wird – der Erzählzeit – und den verschiedenen Zeiten, über die in der Geschichte erzählt wird – den erzählten Zeiten (vgl. Martinez/ Scheffel 2005: 31).

Für die Analysen der Wechselwirkungen von Inklusion und Exklusion ist die Perspektive noch einmal zu wechseln, weil hier ‚Theoriefragmente' als Interpretationsrahmen hinzukommen. Griese und Griesehop bezeichnen ‚Theoriefrag-

---

[11] An Stanzels Unterscheidung von Erzählsituationen wird sowohl kritisiert, dass sie einer systematischen theoretischen Grundlage entbehren (vgl. Vogt 1998: 84), als auch, dass sie differenzierte Mischformen des Erzählens nicht erfassen kann (vgl. Martinez/ Scheffel 2005: 93). Aber gerade die beschreibenden Merkmale, mit der Stanzel Erzählsituationen idealtypisch unterscheidet, sind hier von Interesse.

[12] Das Abkürzungsverfahren, das für die Erstellung der biografischen Portraits gewählt wurde, ermöglicht keine Zeitanalysen der Ordnung, Dauer und Frequenz einer Erzählung. (vgl. Genette 1994). Für differenzierte Analysen vollständiger biografischer Erzählungen bietet sich das von Genette entworfene methodologische Verfahren an, weil damit die Heterogenität einer Erzählung noch systematischer analysiert werden kann.

mente als drittes Element im Interpretationsprozess' (vgl. Griese/ Griesehop 2007: 75), die zwischen Text und Interpretation vermitteln. Auch bei den Analysen kann es in dem hier skizzierten Theorieverständnis nicht darum gehen, dass die Texte „hermeneutisch im Hinblick auf einen richtigen und endgültigen Sinn ‚entziffert' werden; stattdessen sind ihre diffusen Sinngebungsstrategien zu ‚entwirren'" (Jannidis u.a. 2000: 182). Mit solchen Interpretationen verbindet sich die Idee Selbst- und Weltdarstellungen in ihrer ‚Theorieförmigkeit' zu verstehen. Als strukturierendes Theoriefragment für die Analysen der Wechselwirkungen von Inklusion und Exklusion wird die „Doppelbestimmung gesellschaftlicher Zugehörigkeit" (Kronauer 2002: 47) über Partizipation und Interdependenz eingeführt (siehe Kapitel 1). Der Analyseprozess selbst wird als Verstehensprozess aufgefasst, als Über-Setzen, Über-Springen, Über-Tragen mit Nicht-Wissen und Nicht-Verstehen als elementare Bestandteile des Verstehens (vgl. Griese/ Griesehop 2007: 75). Verstehen als Konstruktion von Sinn, hier von ‚Inklusion' und ‚Exklusion', konstituiert sich durch Bedeutungen, von denen keine den jeweiligen Begriff vollständig erfassen kann. In ihrer vielfältigen Differenz öffnen sie differente Annäherungen. So steht im Zentrum der Analysen von Inklusion und Exklusion im Kontext ‚prekärer Ausbildungs- und Arbeitsmarktchancen' die Frage nach der differenten Vielfalt möglicher Bedeutungen von ‚Erwerbsarbeit' für ‚Inklusion' und ‚Exklusion', auf die es keine abschließende Antwort gibt. Jede Erzählung einer Lebensgeschichte öffnet den Zugang zu weiteren Bedeutungen.

Den Abschluss dieser Methodendarstellung bildet die Ablaufskizze für die Erstellung der biografischen Portraits mit den angefügten Zusammenfassungen der Re(konstruktionen) der jeweiligen Wechselbeziehungen von Teilhabe- und Ausgrenzung.

Zum Arbeitsprozess:

1. Textproduktion
   Interviewvorbereitung und Durchführung; Transkription und Korrektur; Genehmigung und ggf. gewünschte Ergänzung des Textes durch die Autorin bzw. den Autor
2. Hypothesenbildung
   Festlegung des Eingangs- und Ausgangssegments; Zuordnung der Textpassagen zu Erzählsituationen; Interpretierende Beschreibung der gegliederten Textstruktur bzgl. der Erzählsituationen; Bildung von strukturierenden und inhaltlichen Hypothesen

3. Strukturelle und inhaltliche interpretative Beschreibungen
   Hypothesengeleitete Auswahl der zu bearbeitenden Textpassagen; Zuordnung der Textpassagen zu Erzählsituationen[13]; Beschreibung der gegliederten Textstrukturen bzgl. der Erzählsituationen (durch zwei Interpretinnen)
4. Vorbereitung der Analysen (durch zwei Interpretinnen)
   Zuordnung der Textsegmente und zugehörigen Beschreibungen zur theoriegeleiteten Struktur (Materielle, politisch-institutionelle und kulturelle Teilhabe mit Exklusionsrisiken);
   Analytische Beschreibung der individuellen Fallcharakteristik mit Blick auf soziale Partizipation über Teilhaberechte:
   Zugang zu Leistungen (Bildung, medizinische Versorgung, soziale Sicherheit), Wahrung persönlicher Integrität und Wahrnehmung politischer Interessen sowie Interdependenz durch Einbindung in gesellschaftliche Arbeitsteilung und Wechselseitigkeit sozialer Nahbeziehungen zuzüglich der Kategorien: aktuelle Situation des Erzählers und Besonderheiten der erzählten Person;
   analytische Beschreibungen strukturell und thematisch korrespondierender und kontroverser Textsegmente
5. Vorbereitung eines biografischen Portraits
   Interpretation der Charakteristik des Falls: Besonderheiten der sozialen Teilhabe und Ausgrenzung in ihrer je besonderen Art von Wechselbeziehung
6. Verfassen eines biografischen Portraits
   Verbindung der interpretativen Beschreibungen, Textanalysen und der Fallcharakteristik einschließlich der Erzählsegmente, die diese nachvollziehbar machen, zu einem Portraitentwurf
7. Diskussion des Entwurfes unter den Interpretinnen und Überarbeitung ggf. unter Aufnahme sowie Beschreibung und Analyse zusätzlicher Erzählpassagen
8. (wenn möglich) Diskussion des Portraitentwurfes mit dem Autor der Lebensgeschichte und nachvollziehbare Einfügung von Diskussionsergebnissen als andere Interpretationsperspektiven.

---

[13] Von diesem Arbeitsschritt an bis zur Fertigstellung sind alle hier veröffentlichten biografischen Portraits in Zusammenarbeit mit Constanze Söllner entstanden.

3 Zum Zusammenhang von beruflicher und sozialer Inklusion

Die Konzepte ‚Ausbildung' und ‚Erwerbsarbeit' stellen „soziale Konstruktionen, gesellschaftlich situiert und kulturrelativ" (Koch 1999: 20) dar. Im Rahmen der hier vorzustellenden Auseinandersetzungen werden eingeschränkte Teilhabechancen am Ausbildungs- und Arbeitsmarkt als individuell bedeutsame Aspekte einer gesellschaftlichen Situation aufgefasst. Verschiedene sozialwissenschaftliche Studien zur Teilhabe am Arbeitsmarkt geben mit unterschiedlichen Thesen und Ergebnissen zur Bedeutung des Konzeptes ‚Erwerbsarbeit' Anlass zur Problematisierung.

Einerseits wird Erwerbsarbeit mit einer materiellen, sozialen und symbolischen Funktion thematisiert. Dass Menschen eigenständig ihre individuelle Lebenserhaltung, ihre Lebensqualität und eine Teilhabe am gesellschaftlichen Leben durch Erwerbsarbeit sichern können, lässt sich als deren materielle Komponente auffassen. Die Beschreibung der sozialen Funktion bezahlter Beschäftigung ermöglicht die Interpretation der Organisation gesellschaftlicher Strukturen durch Arbeitsteilung und des Potentials gesellschaftlicher Veränderung und sozialer Mobilität aus Erwerbsarbeit. Mit der Zuschreibung einer symbolischen Funktion von Arbeit wird sowohl soziale Anerkennung als auch personales Selbstverständnis wie innerer und äußerer Selbstwert durch Erwerbsarbeit diskutiert (vgl. z.B. Galuske 1993: 36ff., Heinz 1995: 17ff., Friedemann/ Schroeder 2000: 9ff., Bieker 2005: 12ff.). Dabei wird das Konzept ‚Erwerbsarbeit' als Standardentwurf und als normative Verpflichtung an jede/jeden Einzelne/n thematisiert (vgl. Stuckstätte 2001: 21). Sie gilt als Basis für die eigene Existenzsicherung, individuelle Lebensgestaltung und soziale Teilhabe, trotz alternativer Lebensentwürfe, vermehrter Langzeitarbeitslosigkeit und damit verbundenem Angewiesensein auf Arbeitslosengeld II oder Sozialgeld, obwohl „die zwar schon seit jeher prekären, dennoch bedeutenden ‚Identitätsgehäuse der Berufsarbeit' und die ‚sozialen Schnittmuster für alltägliche Lebensführung' stetig an entlastender Bedeutung verlieren" (Friedemann/ Schroeder 2000: 8).

Für diese Bedeutungszuschreibung lassen sich verschiedene Begründungen angeben. Mathern beschreibt ‚erhebliche Verunsicherungen der Lebens-, Berufs- und Zeitperspektive' sowie ‚Zukunftsungewissheit als stärkste Belastung' eines Lebens ohne Erwerbsarbeit (vgl. Mathern 2003: 60f.). Als typische personale Risiken längerfristiger Erwerbslosigkeit werden finanzielle Folgen mit Einschränkungen von Konsum und Sicherheit, ‚sozialer Rückzug und familiäre Belastungen', die ‚Entwicklung von psychischen und somatischen Belastungssymptomen', ‚Dequalifizierung und Reduzierung des Aktivitätsniveaus' sowie ‚soziale Gefährdungen' genannt (vgl. zusammenfassend Bieker 2005: 17f.). Auch unter Berücksichtigung verschiedenster Zumutungen und Risiken des Erwerbslebens, wie unsichere, schlecht entlohnte und familienunfreundliche Arbeitsverhältnisse, geht Bieker deshalb nicht davon aus, dass es schlüssig wäre „die Teilhabe an der Erwerbsgesellschaft als biographisches Leitmodell in Frage zu stellen" (ebd. 19). Heinz vermutet sogar, „daß berufliche und betriebliche Sozialisationsprozesse an subjektiver und gesellschaftlicher Bedeutung gewinnen, weil Individualisierung dazu führt, daß nicht nur alle Optionen zur Selbstverwirklichung – also auch die Berufstätigkeit – genutzt werden, sondern gleichzeitig die Abhängigkeit des Einzelnen von Erwerbsarbeit zunimmt" (Heinz 1995: 14). Keupp u.a. argumentieren mit der Organisation sozialen Zusammenlebens und konstatieren, „solange die Gesellschaft ein bestimmtes – an der Logik des Kapitals orientiertes Verständnis von Erwerbsarbeit in das Zentrum ihrer gesellschaftlichen Organisation stellt, solange soziale Anerkennung und gesellschaftlicher Einfluss dadurch vermittelt werden (...) bleibt Erwerbsarbeit eine wesentliche Schnittstelle, an der sich die einzelnen an dieser Gesellschaft beteiligen und sie mitgestalten können" (Keupp u.a. 1999: 123f.).

In der aktuellen politischen Debatte wird eine verfehlte Arbeitsmarktpolitik wesentlich verantwortlich gemacht für soziale und politische Unsicherheit und damit für eine Gefährdung des demokratischen Staates. Für Kronauer stellt „Marginalisierung am Arbeitsmarkt, bis hin zum gänzlichen Ausschluss von Erwerbsarbeit" (ebd. 151) ein Moment sozialer Ausgrenzung dar. Er analysiert, wie Langzeitarbeitslosigkeit zum Ausschluss von materieller, politisch-institutioneller und kultureller Teilhabe führt und konstatiert: „Wenn Individuen von wesentlichen Teilhabemöglichkeiten abgeschnitten werden, stellt dies zugleich den Geltungsbereich und die sozialen Grundlagen der Demokratie in Frage" (Kronauer 2002: 227). Schumm vertritt im Rahmen einer empirischen Studie zum Stellenwert von Arbeit und Beruf die These, „daß auch unter der Voraussetzung einer Pluralisierung von Werteorientierungen für männliche Beschäftigte der Beruf und der mit dem Beruf sich verbindende Lebensentwurf seine zentrale Bedeutung behält. Erst auf der Basis dieser Orientierung werden differente Muster der Lebensplanung sichtbar, die nicht durch die Sphäre der Arbeit geprägt werden“ (Schumm 1991: 226).

Andererseits lassen sich Positionen finden, welche die scheinbare Selbstverständlichkeit dieser Bedeutungszuschreibungen an Erwerbsarbeit in Frage stellen. „Erwerbsarbeit (...) verliert zwar nicht generell ihren zentralen Stellenwert für die materielle Reproduktion der Menschen, sie ist aber längst nicht mehr Kristallisationspunkt der Identitätsbildung und verliert zusehends ihren dominanten Stellenwert in der Lebensorientierung“ (Ferchhoff 1985: 84). Ferchhoff analysierte bereits Anfang der 80-er Jahre eine ‚zaghafte' Umorientierung Jugendlicher hin zu ‚manieristischen' oder ‚postmodernen' Wert- und Lebensvorstellungen (vgl. ebd. 85). Leben ohne Erwerbsarbeit stellt sich als eine mögliche Lebensform unter anderen – auch in einer arbeitsteilig organisierten Gesellschaft – dar (vgl. Hübner/ Ulrich 1994: 614). „Gerade Arbeitslosigkeit, die Erwerbsverläufe unterbricht, wird oft auch vorübergehend als produktive, kreative und gegebenenfalls notwendige Phase der individuellen Entwicklung interpretiert“ (Krafeld 2000: 60). Dennoch ist Forschung zum Thema ‚Leben ohne Erwerbsarbeit' auch aktuell zumeist ‚Belastungsforschung' (vgl. ebd. 14).

Die Erzählungen von ‚Doris' und ‚Daniel' geben jeweils Beispiele für Inklusionschancen und Exklusionsrisiken, die sich mit einer alternativlosen Orientierung an dem Konzept ‚Erwerbsarbeit' in individuellen Lebensgeschichten verbinden können.

3.1 Doris: Ich wär gern weiter gegangen. Aber als Lb-Kind darf man nur Hauptschulabschluss machen bei uns.

Die Erzählerin der Doris-Erzählung ist eine 19-jährige auszubildende Kinderpflegerin im ersten Lehrjahr. Diese Ausbildung wird als so etwas wie eine Notlösung dargestellt: „Ich wollte schon immer was in der sozialen Schiene machen (...) Und denn haben wir überlegt. Mach ich nun Altenpfleger? Wollt ich nich. Kinderpfleger (...) wollt ich zwar auch nich, aber sagt meine Mutti: ‚Nimm's erstmal als Grundausbildung, dass de erstmal was hast'“. Für das berichtete Zureden der Mutter zur nicht gewollten Ausbildung sprechen viele Aspekte der Erzählung, aber auch textexterne Argumente. Zwei mögliche externe Begründungen, die für den Zugang zur Doris-Erzählung relevant erscheinen, sollen hier genannt werden. Für ‚Doris' als Schülerin mit sonderpädagogischem Förderbedarf im Bereich Lernen war der Hauptschulabschluss die einzige Möglichkeit eines Schulabschlusses: „Ich wär gern weiter gegangen, ja. Aber ich durfte nich, weil als Lb-Kind[14] darf man nur Hauptschulabschluss machen bei uns". Dieser Schulabschluss schränkt Ausbildungsoptionen erheblich ein, so dass im sozialen Bereich kaum Alternativen zum Beruf einer Kinderpflegerin – der im Wesentlichen als ein ‚Helferberuf' zur Unterstützung Professioneller beschreiben wird[15] – zu finden sind. Mit dem Berufsabschluss als Kinderpflegerin werden jedoch die formalen Bedingungen für eine weiterführende pädagogische Ausbildung erfüllt. Insofern könnte die Kinderpflege als „Grundausbildung" Ausbildungsoptionen öffnen.

Das dominante Thema der biografischen Erzählung ist die Zuschreibung einer Lernbehinderung, die in Distanz zum erzählten Ich als ‚Status' in unterschiedlichen Spannungsverhältnissen charakterisiert wird: „Denn hab ich den Status ‚lernbehindert' gehabt bis zur neunten Klasse". Aus der Perspektive sozialer Teilhabe scheint das Besondere der Erzählung, dass der Status ‚Lernbehinderung' als ungerechtfertigter, aber auch gerechtfertigter thematisiert wird: „Ich denke mal, es hat Vor- und Nachteile. Aber wenn man jetzt so richtig lang überlegt, sind's eigentlich mehr Nachteile als Vorteile". Im folgenden Portrait soll dieser Ambivalenz und deren thematisierten Konsequenzen für Teilhabe und Ausgrenzung nachgegangen werden. Dabei kommt sowohl das Problem der Normalität als auch das der Stellvertretung in der Integrationspädagogik in be-

---

[14] Schülerinnen und Schüler mit diagnostiziertem sonderpädagogischem Förderbedarf im Förderbereich Lernen

[15] „Kinderpfleger/innen unterstützen Erzieher, Sozialpädagogen, Krankenpflegekräfte oder Eltern bei der Betreuung und Erziehung von Säuglingen, Kleinst- und Kleinkindern. Zu ihren Aufgaben gehören die Anleitung zum Spiel und altersmäßiger Beschäftigung, die Pflege von Spiel- und Beschäftigungsmaterial, das Werken und Musizieren mit Kindern sowie Körperpflege und die häusliche Kinderkrankenpflege. Darüber hinaus bereiten sie Speisen zu, pflegen die Kinderwäsche und erledigen Hausarbeiten, soweit sie im Zusammenhang mit der Erziehung und Pflege von Säuglingen und Kleinkindern stehen. Vorwiegend sind Kinderpfleger/innen in Kindergärten, -krippen, -horten, -heimen sowie in Kinderkrankenhäusern und Privathaushalten tätig." (BfA 2008: 280)

sonderer Weise in den Blick, das schon vor 20 Jahren in Kritiken aus der Behindertenbewegung formuliert wurde. „Alle existierenden Integrationsmodelle wurden gemacht, und zwar von nichtbehinderten Eltern, LehrerInnen, Fachleuten (...); sie sind es selbstverständlich auch, die beurteilen, ob diese Versuche als gelungen oder fehlgeschlagen gelten. Das Normalitätsdenken, der ständige Konfliktbereich zwischen behinderten und nichtbehinderten Menschen, fällt in den Beurteilungen und Überlegungen unter den Tisch. Dabei spielt gerade dieses Denken bei allen Ansätzen zur Integration die letztlich ausschlaggebende Rolle" (Sierck 1989, zitiert nach Schildmann 1993: 16f.).

Die Doris-Erzählung beginnt mit der Geburt. Nach der Angabe von Ort und Zeit berichtet die Erzählerin im Duktus einer individuellen Erfahrung, dass Ihre Geburt aufgrund fehlender Herztöne vor dem festgelegten Geburtstermin eingeleitet wurde: „Die haben mich nich mehr gehört ebend – bei meiner Mutti im Bauch. Und da mussten se mich eben schon eher holen". Die Dramatik der Geburt wird zunächst erörtert: „war eigentlich fast schon ne Totgeburt gewesen (...) war auch schon blau angelaufen ebend so als kleines Kind, als Baby". Anschließend wird der Eintritt ins Leben durch einen Redebericht reflektiert: „Na ja und denn durch den Versuch, dass der Arzt dreimal da auf den Po gehauen hat und beim dritten Mal richtig mit Schwung, hat meine Mutti gesagt, hat er mich eigentlich zurück zum Leben geholt". Ein unmittelbarer Zusammenhang zwischen der Geburt und der nachfolgenden Lebensgeschichte als Kind mit ‚schwierigem' Verhalten und ‚Lernbehinderung' bleibt als Frage offen: „des könn se bis heut noch nich erklären". Geht man davon aus, dass keine gesicherte Erklärung für das ‚schwierige' Verhalten und die ‚Lernbehinderung' von ‚Doris' zur Verfügung steht, ergibt sich für die Thematisierung des eigenen Erlebens die Möglichkeit den Status ‚Lernbehinderung' sowohl als gerechtfertigt als auch als ungerechtfertigt zu thematisieren.

In der gesamten Erzählung kommt der sozialen Beziehung zwischen der pflegenden, fördernden Mutter – später auch des unterstützenden Stiefvaters – und der Tochter, die als ‚schwieriges' Einzelkind aufwächst, eine große Bedeutung zu; „Ach, ich war sehr auffällig vom Verhalten her." Man könnte sagen, das Verhalten der ‚Doris' wird zunächst nicht-wertend als ‚auffällig' – hier interpretiert als ungewöhnlich oder Aufmerksamkeit erregend – vorgestellt: „Ja ich war auch so – zu Hause vom Verhalten her ganz schwierig. (...) Des war so ganz, ganz schwierig". In diesem Textausschnitt wird der Bedeutungsumfang der Auffälligkeit verengt im Sinne einer Wertung ‚schwierig' – hier interpretiert als kompliziert, nicht mühelos zu behandeln. Der soziale Rahmen des thematisierten

Verhaltens ist die Familie. Es scheint, als hat die Mutter in Konfliktsituationen das Kind wenig reglementiert: „Na ja, die hat's eben akzeptiert und hat gesagt: ‚Ach geh in Dein Zimmer'". Das Kind hat „da ebend gespielt oder (…) die ganzen Kopfkissen auseinander gerissen". Letzteres ist eine der Verhaltensweisen mit denen sich die Erzählerin als ‚schwieriges' Kind charakterisiert. Die Mutter scheint dem Verhalten ihrer Tochter zumindest teilweise mit Zuwendung zu begegnen: „sie hat mich denn ebend ooch mal umarmt", das in anderen sozialen Bezügen als Anlass für Ausgrenzungen gedeutet wird: „Hab den Kindergarten wechseln müssen, weil se mich nich mehr ertragen haben". Die Darstellung im Text legt einen Zusammenhang zwischen der Akzeptanz des ‚schwierigen' Verhaltens des Kindes durch die Mutter und ihre Erklärung dafür nahe: „Aber die hat des akzeptiert, ja? (...) Meine Mutti hat aber gewusst, na ja, sie ist zu früh gekomm, dadurch vielleicht auch n Sauerstoffmangel oder so". Der Blickwinkel der Mutter wird anderen gegenübergestellt, wobei weitere Perspektiven nicht näher ausgeführt sind. Die Art der Thematisierung lässt darauf schließen, dass andere Personen als die Mutter das Verhalten des Kindes nicht akzeptiert haben: „weil ja keiner wusste, wieso, weshalb, warum". Erzählungen in denen ein Verhalten thematisiert wird, das zumindest als schwer erträglich charakterisiert werden könnte, finden sich sowohl im Kontext der Kindergartenzeit als auch der Schulzeit. Die Erzählerin berichtet von sich als schlagendes, unkontrolliert um sich werfendes Kindergartenkind: „Also ich hab andre Kinder geschlagen" und „da sind die Teller geflogen, da is alles geflogen, de Kopfkissen, alles". Sie stellt sich aber auch als ein Kind vor, das keinen Zugang zu den pädagogischen Angeboten in der Kindergartengruppe hatte: „Hab mich zurückgezogen, hab bei ganz vielen Bastelangeboten oder Singeangeboten nich mitgemacht". In den Erzählungen der Schulzeit sind die beschriebenen Verhaltensweisen mit Szenen verbunden, die als mögliche Anlässe angenommen werden können. So erscheint der Tisch, der „da flog" als Reaktion der Schülerin ‚Doris' auf eine unerwartete Situation, die ihren gewohnten Tagesablauf durcheinander bringt. Ebenso die Auseinandersetzung mit eigenen Leistungen: „da hast de n Wort falsch geschrieben" oder auch nur „zeig mal" scheint ein Problem. „Denn is des Blatt zerknüllt worden, sind die Blumen geflogen. (…) durfte keiner sehen". Vielleicht spricht daraus eine Verunsicherung des Kindes, wie auch aus der nachfolgend erzählten Reaktion auf eine Provokation: „Einer sagt: ‚Eh Du bist doof' und so hat er n paar gekriegt".

An die Erzieherinnen des zweiten – eines integrativen – Kindergartens erinnert sich die Erzählerin als „sehr liebe Erzieher". In einem kleinen Textsegment über einen sportlichen Wettkampf werden drei mögliche Gesichtspunkte dafür benannt. Ermutigung: „Komm Doris, das schaffst de auch“, Inklusion: „Machst de auch mit“ und individuell bedeutsamer Erfolg: „da haben wir den dritten Platz belegt, des weiß ich heut noch.“ Diese Aspekte können als pädagogische Sensibilität interpretiert werden, einen spezifischen Verweis auf sonderpädagogische Förderung enthalten sie nicht. Dennoch gab wohl das ‚auffällige' Verhalten des Kindes ‚Doris' den Anlass, Empfehlungen für sonderpädagogische Förderung auszusprechen. Sie werden im Text in Form eines ‚guten Rates' dargestellt: „Frau D, wenn Ihr Kind in die Schule kommt, lassen Se's begutachten. Haben Se mehr Chancen. Da hat Ihr Kind, glaub ich, nen besseren Lebensweg. (...) Sonst haben Sie keine Chance, Ihr Kind da rein zu kriegen“. Thematisiert wird der Hinweis an die Mutter, einen Antrag auf sonderpädagogischen Förderbedarf zu stellen, mit der Begründung dadurch eine bestimmte Schule für das Kind ‚Doris' wählen zu können, dies wiederum mit der Aussicht auf einen ‚besseren Lebensweg'. Es wird berichtet, dass die Mutter dieser Empfehlung gefolgt ist. Man könnte vermuten, dass sie durch eine medizinische Diagnosehypothese: „vielleicht auch n Sauerstoffmangel“ in der Rechtfertigung des ‚schwierigen' Verhaltens bestärkt wurde und dass dies auch die Orientierung auf Lernbehinderung beeinflusst hat. Zu der Zeit als ‚Doris' geboren wurde und Kleinkind war, ging man davon aus, dass Sauerstoffmangel während des Geburtsvorgangs die Zerstörung von Hirnzellen und in der Folge ‚Verhaltensstörungen' und ‚Lernbehinderungen' verursacht. Diese Theorie wird unterstützt von der Diagnose eines Intelligenzmangels: „Im Kindergarten hatt ich nen IQ[16] von 50% (...) das wär lernbehindert“. Man könnte unterstellen, dass damit der Mutter eine Erklärung gegeben wurde, die es ihr ermöglichte, das Kind so zu akzeptieren, wie es sich verhielt, sie von der Suche nach anderen möglichen Bedingungen entlastete und zudem die Möglichkeit einer professionellen Hilfe durch Förderpädagogik eröffnete. Ob diese Option auch zu einer separierenden schulischen Förderung geführt hätte, muss offen bleiben. Die Empfehlung der Statusüberprüfung ‚Lernbehinderung' erfolgte ja gerade mit der Option an einer integrativen Schule lernen zu können: „weil ebend die M-Schule aufgemacht hat“. Es könnte sein, dass die Bezeichnung ‚Dummenschule', die der ‚Volksmund' für Förderschulen hat – mit der entsprechenden Zuschreibung an die Schülerinnen und Schüler, die in ihr lernen – eine mögliche Erklärung zur Ablehnung der Sonderschule öffnet.

---

[16] Intelligenzquotient

Die Entscheidung, sie als ‚lernbehinderte' Schülerin in einer integrativen Schule lernen zu lassen, wird von der Erzählerin nur die Grundschulzeit betreffend akzeptiert: „Also ich würd sagen, so (...) hat se mir schon Vorteile gebracht bis zur Grundschule, aber dann warn's eben Nachteile". Das bereits angesprochene und später angewendete Begutachtungsverfahren widerspricht den Ergebnissen der ersten Diagnose: „Dann hat ich in der Grundschule einen IQ von 60 bis 70 und das wär eigentlich nich mehr lernbehindert. Aber sie haben mich auf diesem Status gelassen". Warum, darüber kann nur spekuliert werden. Hintergrund könnte eine andere These über den Zusammenhang von auffälligem Verhalten und Lernschwierigkeiten sein, nämlich die, dass ‚schwieriges und auffälliges' Verhalten das schulische Lernen massiv beeinträchtigen kann. Dies könnte eine entsprechende Fortschreibung des Förderbedarfs begründen. Es könnte aber auch sein, dass nur der Sonderstatus spezielle pädagogische Unterstützung ermöglichte. Berichtet wird zum Beispiel von einer Integrationslehrerin, die scheinbar nicht nur wegen der sonderpädagogischen Förderung, sondern auch wegen ihres Interesses für die Schülerin ‚Doris' bedeutsam war: „‚Ach Mensch, die ‚Doris' ist ja echt interessant, so als Mensch'". Es wird erzählt, dass sie zur Teilhabe eingeladen hat: „Kommst de mit zur Integrationsfahrt?'", sich für die Interessen der Erzählerin einsetzte: „Ich konnte die Grundkurslehrerin nich leiden (…) und denn haben die nen Antrag gestellt (…). Da saß ich ein Jahr unter den ganz Schlauen" und persönliche Unterstützung gegeben hat: „was wir für Mathe gebüffelt haben in der zehnten Klasse", verbunden mit privater Nähe: „Also jeden Tag war ich bei der zu Hause. Die Kinder kenn ich. Ich kenn die Freunde und die Freundinnen von den Kindern". Eine Rolle könnten auch schulinterne Aspekte gespielt haben; eine integrative Schule muss, um als solche anerkannt und gefördert zu werden, einen bestimmten Anteil von Schülerinnen und Schülern mit diagnostiziertem Förderbedarf ausweisen. Der Kommentar zum Statusvorteil in der Grundschulzeit thematisiert zwar eine Entlastung des Schulkindes ‚Doris': „dass es für mich ooch nich, nich so schwer is", aber gleichzeitig auch eine der Pädagoginnen und Pädagogen von dem möglichen ‚schwierigen' Verhalten: „weil keiner wusste, wie ich im Moment reagiere, ob ich des zerreiße oder zerknülle oder wie ooch immer". Entsprechend des Berichtes vom Ergebnis des IQ-Testes in der Grundschule, dessen Ergebnis keine Diagnose einer Lernbehinderung gerechtfertigt hätte, urteilt die Erzählerin: „so ab der Integrativen Schule, da hätten se's schon wegnehmen könn, dann ab der Sechsten oder so" und begründet: „ich hab alles normal gekriegt, normale Unterrichtssachen".

Die ‚Lernbehinderung' als schulischer Nachteil wird an zwei Themen sehr ambivalent dargestellt. Das sind die Themen Englischunterricht und Schulabschluss. Offenbar wurde für ‚Doris' nach anfänglicher Teilnahme festgelegt, dass eine Beteiligung am Englischunterricht entfällt. In der Art der Darstellung hört sich das wie eine Bestrafung an: „Englisch bin ich, bin ich rausgeflogen". Andererseits wird eine individuelle Förderung beim Erlernen der englischen Sprache angesprochen, aber als nicht sehr erfolgreich gekennzeichnet: „Na die Frau S, die war ausgebildete Englischlehrerin, hat denn immer n bisschen versucht, mir was beizubringen, aber es hat immer nich viel geholfen". Mit der fehlenden Fremdsprache wird anschließend auch der Hauptschulabschluss als Grenze für Schülerinnen und Schüler mit Förderbedarf im Bereich Lernen erklärt: „weil als Lb-Kind darf man nur Hauptschulabschluss machen bei uns, weil man ja keine zweite Fremdsprache machen darf". Diese Regelung gilt scheinbar zur Erzählzeit nicht mehr: „Jetzt dürfen die auch ne Fremdsprache machen oder zweie, aber trotzdem nur Hauptschulabschluss machen"[17]. Damit wird also die Zuschreibung des Status ‚Lernbehinderung' für ‚Doris' zum Nachteil, weil sie, vermutlich aufgrund einer förderpädagogischen Entscheidung – Nichtteilnahme am Fremdsprachenunterricht – formal von der Möglichkeit eines qualifizierteren Schulabschlusses ausgeschlossen wurde: „Des weiß ich bis heute nich wieso. Drei Wochen durft ich mitmachen, denn durft ich rausgehen". Die Leserin wird auf zwei inhaltliche Aspekte aufmerksam. Zum einen lässt der erzählte Wechsel von Teilhabe und Ausschluss an der integrativen Schule – der ohne weitere Ausführungen bleibt – aufmerken. Und zum anderen fällt die Nicht-Begründung des Ausschlusses auf, die sich sowohl auf die erzählte Zeit beziehen kann – es war eine Entscheidung, die zumindest der Schülerin ‚Doris' nicht erklärt wurde – als auch auf die Erzählzeit – die Erzählerin hat auch anschließend keine Erklärung für den Ausschluss.

Neben dieser zeitlichen Unterscheidung von Vor- und Nachteilen werden soziale Aspekte des Status ‚Lernbehinderung' thematisiert. Zunächst wird der zugeschriebenen Lernbehinderung eine unterstützende Funktion abgesprochen: „Weil ich hab damit nischt gewonnen. Ich musste mich immer behaupten". Diese Einschätzung wird im Anschluss verschärft und der Status nachteilig als Anlass für besondere Anstrengungen im sozialen Vergleich gekennzeichnet: „N Norma-

[17] Mit der Teilnahme am Englischunterricht besteht formal auch für Schülerinnen und Schüler mit Förderbedarf im Förderbereich Lernen die Möglichkeit im Anschluss an den Hauptschulabschluss einen Realschulabschluss zu erwerben.

ler muss sich nich behaupten, n normales Kind, was kein Gutachten hat, in dem Sinn jetzt. (...) Na ja, die wissen gar nich, was ich hier eigentlich für Spießruten laufe, ja"? Aus diesem Zitat lassen sich verschiedene Aspekte der Benachteiligung mit Blick auf die Akzeptanz von Leistungen rekonstruieren. Zunächst wird eine Außenperspektive konstruiert, mit der erbrachten Leistungen ein Eigenwert verweigert wird: „Die sehn nur das Gutachten n paar und denken, na der hat's ja eigentlich leicht". Anschließend wird aus der Perspektive der ‚Doris' besondere Anstrengung als Notwendigkeit reflektiert: „Aber des man sich jedes Mal behaupten muss, dess man für sein Leben kämpfen muss, des sehn die nich". Eine mögliche Begründung für diese Einschätzung könnte sein, dass die Erzählerin meint, Menschen mit einem zugeschriebenen Förderbedarf traut man weniger zu, deshalb müssen sie mehr investieren, damit ihre Leistung anerkannt wird. Für diese Interpretationsmöglichkeit spricht z.B. nachfolgende Textpassage: „Und ich will der Gesellschaft aber zeigen, (...) dass wir nich doof sind, nur weil Begutachter vielleicht meinen, sie müssten uns begutachten. (...) weil ich diesen Leuten beweisen will: ‚Ich bin nich doof' und die Begutachtung, die sie machen is eigentlich falsch". Dieser Erzählausschnitt stellt explizit zugleich eine Ablehnung des Verfahrens zur Feststellung des sonderpädagogischen Förderbedarfs für die eigene Person dar. Man könnte die Passage aber auch vor dem Hintergrund differenter Leistungsfähigkeit lesen. Wenn man davon ausgeht, dass das Leistungspotential der ‚Doris' geringer eingeschätzt wird als z.B. das der Mitauszubildenden in der Berufsschule, wäre für eine vergleichbare Leistung auch mehr Anstrengung notwendig: „Und des man denn grad in Berufsschulen sein Bestes geben muss und noch mehr, 100% geben muss als irgendwo anders, des sehn die meisten nich mehr".

Gegenteilig lässt sich die Reflexion des Einflusses der zugeschriebenen Lernbehinderung auf Freundschaften charakterisieren. Zunächst wird das Fehlen möglicher ungünstiger Reaktionen durch Nichtwissen begründet: „Ich denk mal, das is jetzt nicht so der Nachteil. Man muss es ja nich jedem off die Nase binden" und das obwohl soziale Ausgrenzungen in der Schulklasse angesprochen und mit der ‚Lernbehinderung' in Verbindung gebracht werden: „Die Klassenkameraden haben (…) viele ein nich angeguckt, haben gedacht: „Na, des is des Kind mit Lernbehinderung. Das lassen wir mal in der Ecke stehn, ja?" Dass dieses für die Erzählerin nicht ohne Spuren bleibt, wird weiter unten deutlich. Im Anschluss wird jedoch ein anderer, besonderer Zugang zu Freundschaften mit der Gemeinsamkeit des Behindertenstatus erklärt: „des hat vielleicht mehr Freunde gebracht, denn man hat ja mehr Kinder kennen gelernt, die auch n Gutachten hatten". Man könnte also sagen, für den Aufbau sozialer Beziehungen mit Gleichaltrigen wird ‚Lernbehinderung' als Vorteil thematisiert.

In diesem Kontext erscheint der Status ‚Lernbehinderung' darüber hinaus bedeutsam für die eigene Identität als ‚Freiheitskämpferin' und die Erfahrung eines Lebenssinns: „Wir I[18]-Kinder (...) haben uns ebend zusammengeschlossen, – dass wir für diese Rechte ebend kämpfen". „Des is meine Berufung jetzt und ich kämpfe für meine Rechte, für andere Rechte, für andere Kinder, für meine Kinder im Heim kämpfe ich". Im Text finden sich verschiedene Kommentare zu ‚Doris' als Kämpferin. Zunächst wird aus einer vermuteten Perspektive von Lehrerinnen und Lehrern das angreifende Kind als Risiko dargestellt: „Ich gloob, des war dann doch schon manchmal etwas riskant gewesen, wenn dann die Doris mit den kleinen kurzen roten Haaren dann auf die Lehrer losgegangen ist". In Betrachtung der nachfolgenden Textausschnitte könnte man interpretieren, dass die Kampfbereitschaft: „Na ja und ich war schon immer (...) n Freiheitskämpfer (...) so n bisschen der Anführer" später ein Thema gefunden hat: „hab dann für das Recht gekämpft (...) auf Freiheit, (...) Gleichheit, auf Berechtigung aller Schüler in der Integrations-Schule. Und dass man nich immer abgestempelt wird – von den Klassenkameraden". Angesprochen werden einerseits die formale Inklusion von Schülerinnen und Schülern mit Förderbedarf in die allgemeine Schule als auch der Wunsch nach sozialer Teilhabe in der Gruppe der Gleichaltrigen als Gleiche. Als mögliche Grundlagen dieser Kampfbereitschaft schreibt die Erzählerin ihrer Person Ehrgeiz, Offenheit und Direktheit zu: „ich war schon immer n ehrgeiziger Mensch (...), der schon immer gerne geredet hat und ooch sagen konnte, dess, was off n Punkt gebracht werden musste".

Die sich anschließenden Textpassagen bieten mit dem Blick auf Leistungsanforderungen eine andere Sicht auf den kämpferischen Einsatz für Integration und Inklusion: „Aber es ist immer n Konkurrenzkampf. Man muss immer mithalten mit andern ebend, ja? Man muss sich immer wieder beweisen, jeden Tag. Man muss sich ooch selber beweisen, ob ich's schaffe". Diese zeitlose, scheinbar unmittelbare Präsentation eines Erlebens lässt sich als Erfolgsorientierung unter Leistungsdruck interpretieren. Der Wunsch nach einem „besseren Lebensweg", der schon als Anlass für eine Überprüfung des sonderpädagogischen Förderbedarfs benannt wurde, taucht in der Doris-Erzählung immer wieder auf, zum Bei-

[18] Schülerinnen und Schüler mit sonderpädagogischem Förderbedarf, die nicht an einer Förderschule sondern im gemeinsamen Unterricht mit Schülerinnen und Schülern ohne besonderen Förderbedarf lernen.

spiel mit der Thematisierung der Lieblingsband. Diesen Musikern wird ganz direkt eine Vorbildfunktion zugesprochen: „wo ich sage, Mensch, die haben's ooch geschafft, die haben off der Straße gelebt all die Jahre. Da wirst de des wohl ooch schaffen, die integrative Schule und die Berufsschule und dies und jenes". Man könnte sagen, als Vorbild für ‚Doris' eignet sich die Band wegen ihres Erfolges trotz schwieriger Lebenssituation. In diesem Sinne wären hier sowohl die integrative Schule als auch die Berufsschule als schwierige Lebenssituationen angesprochen. Der eigene Erfolg wird in einer Art Eigenzuspruch suggeriert. Er scheint zwar dringend erhofft, aber nicht sicher: „Da wirst de des wohl ooch schaffen". Über eine ähnliche Erfahrung berichtet die Erzählerin aus der integrativen Schule: „Ich bin der einzige der Hauptschüler, der von der integrativen Schule kommt, der droff gedrillt wurde, schon all die Jahre: Du musst was – in der Gesellschaft bringen! Du musst Dich drillen!" Ob der hier angesprochene Leistungsdruck von den Pädagoginnen an der integrativen Schule ausging oder von ‚Doris' im Sinne einer Selbstaufforderung, bleibt im Text offen.

Der Zusammenhang, indem dieser Leistungsdruck thematisiert wird, ist die Berufsausbildung. Zunächst wird diese schon aus der integrativen Schule mitgebrachte Erfahrung als eine Bedingung für den eigenen Erfolg in der Ausbildung dargestellt: „Und das hat mir ebend sehr viel weiter geholfen, dieses: Du musst das schaffen und Du musst dafür kämpfen! (...) Ich komm gut mit, wunderbar. Ich hab Supernoten, also von der Eins bis zur Fünf ist alles dabei". Die Bedeutung dieser ‚Kampferfahrung' wird besonders hervorgehoben, zum einen durch die Schilderung des Verdrängungsmechanismus am Ausbildungsmarkt und zum anderen durch den Bericht über das Ausgrenzungspotential in der Ausbildung selbst. Die Erzählerin berichtet, wie schwierig und wie wichtig es für sie war, einen regulären Ausbildungsplatz zu finden: „Ich hab mich beworben (...) und denn ebend (...) nur Absagen gekriegt". Die Tragweite dieser Absagen wird zunächst als Gedanke an Erwerbslosigkeit thematisiert: „hab ich gedacht: ‚Wenn de des jetzt nich kriegst, musst de Hartz IV[19] beantragen. Denn musst de in die K[20]". Der Gedanke an die mögliche Alternative – eine besonders geförderte berufliche Bildung für Jugendliche mit Beeinträchtigungen – schließt sich als Aufzählung an und scheint in gleicher Bewertung wie die Arbeitslosigkeit. Als

[19] Angesprochen wird hier das Sozialgesetzbuch II als so genanntes IV. Hartzgesetz zur Reform der Arbeitsmarkpolitik und des Sozialrechts bei Arbeitslosigkeit.
[20] Geannt ist ein Träger besonderer beruflicher Bildung für Jugendliche mit Beeinträchtigungen.

Grund der Ablehnung dieser Möglichkeit wird das Etikett ‚für Lernbehinderte' genannt: „Und in die K willst de ooch nich, des is ja grad des für Lernbehinderte. Des willst de ooch nich'". Abgelehnt werden könnte die Möglichkeit dieser Ausbildung wegen der daraus folgenden Separierung. Aus der Perspektive der Erfolgsorientierung könnte es aber auch sein, dass eine Ausbildung, die gerade für Jugendliche mit Beeinträchtigungen vorgesehen ist, von ‚Doris' nicht als eigener Erfolg anerkannt wird. Dass sie selbst an der schulischen Berufsausbildung zur Kinderpflegerin teilhaben kann, schreibt die Erzählerin in doppelter Weise ihrer Mutter zu. Zunächst ermöglichte sie den Zugang: „Na ja, meine Mutti kannte den Chef" und anschließend die materiellen Grundlagen: „Ich krieg gar nichts. Meine Mutti finanziert ebend alles für mich". Die Bedeutung dieser Unterstützung wird in der Erzählung ebenso betont, wie die schon beschriebene Erfolgsorientierung mit dem ihr eigenen Leistungsdruck: „des is ne Ausbildung für Hauptschüler (…). Aber es sind nur vier Hauptschüler drinne und der Rest sind alles Realschüler. Na ja und dann, entweder bist de mit dabei vorne und kannst was oder du kannst nischt, dann kannst de aufhörn". Das Ausgrenzungspotential innerhalb der Berufsausbildung wird durch die Schilderung des Ausschlusses von Mitauszubildenden verdeutlicht: „Ich bin jetzt noch der einzige Hauptschüler, der jetzt noch übrig bleibt (…) Der Rest geht (…) Hauptschüler von Sonderschulen, die aber dem ganzen Druck nicht gewachsen sind". Wenn die Erzählerin erklärt, dass sie die Leistungsanforderungen ‚wunderbar' bewältigt, schließt das ein erzähltes Erleben von Schwierigkeiten ein: „Ich bin ja schon Druck gewöhnt, aber des is n bissel zu viel Druck". Bemerkenswert scheint die gemeinsame Thematisierung von Kampfbereitschaft und Resignation, die sich bezogen auf ersteres wie eine bewusste Selbstmotivierung liest: „dass ich mir eben sage, des schaff ich, des halt ich durch" und bezogen auf letzteres wie die Darstellung eines relativ häufig auftretenden Gefühls: „Des ist oft psychisch, wo ich sage, ich mach nich mehr weiter". Die Entscheidung gegen letzteres wird im Text wie folgt begründet: „Für mich würde es weitergehen, wenn ich wirklich sagen könnte, ich hör jetzt auf. Ich geh arbeiten sofort in mein Heim. Aber des geht ja nich, hab ja noch keine Grundausbildung".

In der Erzählung scheint es, als wäre die Angst vor einem Leben ohne Erwerbsarbeit ein wesentliches Argument für die Erfolgsorientierung. Die Erzählerin stellt sich als sehr aktiven Menschen dar: „Also ich muss (...) jeden Tag raus. Ich muss immer irgendwas haben". Die thematisierte Vorstellung von einem Leben ohne Erwerbsarbeit bildet dazu das Gegenteil: „aber wenn ich dann keine Arbeit hätte und denn nur die Tage rumgammle". Der Gedanke an eine mögliche

Arbeitslosigkeit scheint ‚Doris' so fremd zu sein, dass sie ihn als Krise bezeichnet: „Da würd ich die Krise kriegen, gloob ich". Nach einer Unterbrechung der Äußerung, die wie ein kurzes Nachdenken wirkt: „Oh ich glaube da würd ich / Was würd ich n da machen?" wird die Möglichkeit des Suizids thematisiert und bekräftigt: „Oh, ich glaube, da würd ich mich umbring. Also das würd ich wirklich machen". Leben ohne Erwerbsarbeit wird gleichgesetzt mit Langeweile und man könnte auch sagen mit einem fehlenden Lebenssinn: „wenn man denn wirklich nich mehr weiß, was man machen soll vor langer Weile, da würd ich, da würd ich, ja, da würd ich mich umbringen, gloob ich". Allerdings lassen die stockende Rede und das „gloob ich" diesen Zusammenhang offener. Auch der lachend erzählte Gedanke, sich gemeinsam mit ihrem Vogel umzubringen: „Da würd ich mich vom Balkon stürzen mit P [Wellensittich] oder so" lässt zumindest für den Leser andere Optionen möglich erscheinen. Für ‚Doris' scheinen solche Gedanken zur Zeit der Erzählung allerdings nicht möglich, das legt zumindest die wiederholte Bekräftigung des Erzählten nahe: „Aber des würd ich wirklich machen". Die Möglichkeit eines Leben auf der Basis von Lohnersatzleistungen wird in dem Text rigoros abgelehnt: „Also Hartz IV auf keinen Fall" mit einem reflektierenden Kommentar zur eigenen Person: „Ich bin n Mensch, ich muss mich auspowern". Man könnte davon ausgehen, dass es auch andere Möglichkeiten des ‚Auspowerns' gäbe. Dass sie an dieser Stelle nicht genannt werden, verweist auf ‚Hartz IV' als nichtakzeptablen Status.

Die Hoffnung, nach der Ausbildung eine Arbeitsstelle zu finden, verbindet sich für die Erzählerin konkret mit ihren Erfahrungen im sozialen Jahr, in ‚ihrem Heim', in dem sie Anerkennung und so etwas wie ihren Lebenssinn gefunden zu haben scheint: „Ich habe also (…) n freiwilliges soziales Jahr gemacht. (…) Und da wollt ich eben in nen Kinderheim. Aber ich wollt in kein normales (…) eins mit geistig und schwerstmehrfach behinderten Kindern und Jugendlichen. (…) ich bin ganz normal behandelt worden (…) von den ganzen Kollegen und des war n ganz tolles Jahr. (…) Ich würde gerne zurückgehen (…) weil des warn so Menschen, wo ich sage: ‚Also des war ja einmalig' (…) Ich will irgendwas begleitend machen, dass ich ebend arbeite in meinem Heim (…) und ne Ausbildung weiter anfange."

Die Erzählerin der Doris-Geschichte ihre Ausbildung als Kinderpflegerin erfolgreich abgeschlossen hat und eine Ausbildung als Erzieherin aufnehmen können, aus der sie jedoch nach kurzer Zeit wieder ausgeschlossen wurde. Die Begründung für den Ausschluss war, dass sie keine schulischen Englischleistungen vorweisen konnte. Das war für ‚Doris' eine völlig unerwartete Situation, die sie sehr betroffen machte. Sie konnte nicht verstehen, dass diese Tatsache erst bemerkt wurde, nachdem sie an der Schule war, hatte sie doch ihre Bewerbungsunterlagen, aus denen ihre schulische Laufbahn ersichtlich war, ordnungsgemäß eingereicht. Gegen diese Entscheidung zu kämpfen, hatte sie keine Kraft. Man könnte vermuten, dass sie sich so unangemessen behandelt fühlte, dass sie mit dieser Einrichtung nichts mehr zu tun haben wollte. Inzwischen geht sie stundenweise in einer Kindereinrichtung arbeiten, in der sie schon Praktikum gemacht hat, in der Hoffnung, so wenigstens eine Anstellung als Kinderpflegerin zu erhalten.

Die Doris-Erzählung und diese ergänzende Information könnten Anlass zu „einer kritischen und selbstkritischen Analyse des integrativen Geschehens im pädagogischen Alltag“ (Schildmann 1993: 16) geben, zumal die Integrationspädagogik aktuell nicht mehr unter dem enormen Legitimationsdruck steht, den Schildmann noch als Erklärung für eingeschränkte Selbstkritik anführte (vgl. ebd.). Aus der Perspektive der Wechselwirkung sozialer Teilhabe und Ausgrenzung scheint das Besondere der Erzählung, dass der Status ‚Lernbehinderung' in der integrativen Beschulung als ungerechtfertigter, aber auch gerechtfertigter thematisiert wird. Die Ambivalenz der zugeschriebenen ‚Lernbehinderung' für Inklusion und Exklusion wird u.a. an den Themen Gleichaltrigenbeziehungen und Englischunterricht diskutiert. Im Zusammenhang mit ungewohnten Verhaltensweisen werden Ausgrenzungen aus der Kindereinrichtung und der Schulklasse berichtet, aber ebenso die intensive Einbindung in ein Netzwerk von Kindern mit Förderbedarf. Die Strukturen des integrativen Bildungssystems thematisiert ‚Doris' als Bedingungen für Lernmöglichkeiten wie für Ausgrenzungen. Der Hauptschulabschluss erfordert von ihr, sich mit einer ungewollten Ausbildung abzufinden. Als Grundlagen diese Ausbildung – als einzige Auszubildende mit Hauptschulabschluss in einer Klasse mit Realschulabsolventen – erfolgreich abzuschließen, gelten in der Doris-Erzählung die integrative Beschulung mit individueller Förderung, ihre Erfolgsorientierung sowie der vorherrschende Leistungsdruck. Die Differenzen geforderter Bildungsinhalte in den Systemen von Schule und Ausbildung verwehren ‚Doris' die Möglichkeit, einen qualifizierten, anerkannten Berufsabschluss zu erwerben. Andererseits ist es gerade der Status ‚Lernbehinderung', der den Zugang zu alternativen Schulangeboten, Entlastung von Anforderungen, persönliche Zuwendung und Unterstützung durch Pädagogen, intensive soziale Beziehungen in der Schule und eine Selbstbeschreibung als ‚Kämpferin' für schulische Integration öffnet. Die pflegende, fördernde Mutter und der unterstützende Stiefvater scheinen als ein stabiles familiäres Unterstützungssystem zu wirken, das sich für schulische Förderung, Ausbildung und Arbeitsgelegenheit im freiwilligen sozialen Jahr einsetzt und zudem materielle Absicherung gewährleistet.

In der Selbst-Darstellung der Erzählerin finden sich zwei bedeutsame Themen, die man der Wahrung persönlicher Integrität zuschreiben kann. Das ist zum einen der Kampf für die Rechte benachteiligter Menschen und zum anderen der Wunsch mit ‚schwerstmehrfach behinderten' Kindern zu arbeiten. Letzteres scheint der Erzählerin langfristig verwehrt, durch die vereitelte Möglichkeit der Ausbildung zur staatlich anerkannten Erzieherin. In diesem Zusammenhang wird auch eine Entmutigung für ersteres angenommen, so dass die Gestaltungsmöglichkeiten eines eigenen Lebens insgesamt eingeschränkt scheinen. Da ‚Doris' für sich die Möglichkeit eines Lebens ohne anerkannte Erwerbsarbeit vollständig ausschließt, werden Chancen und Probleme der Lebensgestaltung wesentlich davon abhängen, ob sie eine Beschäftigung als Kinderpflegerin finden wird. So könnte man sagen, dass im Fall ‚Doris' alle Hoffnungen auf einen ‚Helferberuf' gerichtet sind, der mit eingeschränkten Aussichten auf langfristige Arbeitsverträge oder Vollbeschäftigung, mit niedrigem Einkommen und geringer sozialer Anerkennung unsichere Perspektiven bietet und insofern gleichermaßen Inklusionschancen wie große Exklusionsrisiken enthält. Auch im Fall ‚Daniel' scheinen alle Hoffnungen auf einen Ausbildungsberuf, mindestens jedoch auf anerkannte Erwerbsarbeit gerichtet.

3.2 Daniel: Ich hoffe, ich krieg Arbeit. Sonst kann ich mir nischt andres vorstellen eigentlich.

Der Erzähler der Daniel-Geschichte ist 19 Jahre alt und Teilnehmer an einer berufsvorbereitenden Bildungsmaßnahme, die er ebenso wie ein vorheriges Grundbildungsjahr absolviert, in der Hoffnung einen Ausbildungsplatz und im Anschluss einen sicheren Arbeitsplatz zu finden. Seine Erzählung ist durch den Wunsch nach Struktur und nach einem geregelten Leben mit Erwerbsarbeit geprägt. Mit dieser deutlichen Orientierung an Erwerbsarbeit könnte der Daniel-Erzähler zu den Jugendlichen zählen, über die Raab in Auswertung einer Längsschnittstudie zum Berufseinstieg Jugendlicher schreibt: „dass ein ‚normales' Arbeitsleben mit Erwerbsarbeit (...) zu den zentralen Lebensvorstellungen der (...) Jugendlichen gehört. (...) Für die Jugendlichen existiert – auch wenn der

Einstieg in eine qualifizierte Berufsarbeit noch immer nicht gelungen ist – jenseits von Arbeit und Beruf keine denkbare alternative Grundlage für gesellschaftliche Teilhabe" (Raab 1996: 193f.). Diese dominante Ausrichtung sozialer Teilhabe durch Erwerbsarbeit wird für ‚Daniel' zum Problem. Sein Hauptschulabschluss reduziert realistische Hoffnungen auf eine betriebliche Ausbildung, der fehlende qualifizierte Berufsabschluss schmälert die Chance, eine langfristig sichere Arbeitsstelle mit angemessenen Einkommen zu finden. Der Erzähler berichtet von der Erfahrung, dass er trotz vieler praktischer Fertigkeiten und seines klaren Ziels, anderen gegenüber, die besser qualifiziert sind, benachteiligt ist: „Na, ich hatte gedacht, ich könnt es schaffen aber – es gibt (...) eben immer irgendwie bessere Leute, die irgendwas besser könn als man selbst." Trotz dieser Enttäuschungen scheint ‚Daniel' nicht zu resignieren. Er hält an seinem Wunsch fest. Statt von Teilhabe an anerkannter Erwerbsarbeit berichtet der Erzähler von Bemühungen, von Barrieren und von erlebter Ausgrenzung: „Am schlechtesten ist das eben mit der Arbeit – dass man heutzutage kaum was kriegt". Im folgenden Portrait soll der Zwiespältigkeit der Orientierung an Erwerbsarbeit als alternativloser Rahmen für Inklusion und Exklusion nachgegangen werden.

Die biografische Erzählung ‚Daniel' weist sprachliche Besonderheiten auf, die sich als Ausdruck einer Auseinandersetzung des Autors mit seinen ‚Lebensthemen' interpretieren lässt. In der Geschichte werden immer wieder einerseits unerfüllte Wünsche nach Teilhabe und Ausgrenzungserfahrungen andererseits mehr oder weniger geglückte Versuche, diesen Erfahrungen zu begegnen angesprochen. Vielleicht entsprechen die vielen Darstellungen in Distanz zum erzählten Ich, die scheinbar zeitlosen Erörterungen und reflektierenden Kommentare nichtdarstellbaren Gedanken und Gefühlen, die man als Lesende in der Erzählung ‚findet'. So zum Beispiel wird die Kindheit eher distanziert beschrieben, auf schulische Erfolgs- oder Misserfolgserlebnisse als Förderschüler geht der Erzähler fast gar nicht ein. Sein Familienleben spielt in den Darstellungen nur eine bedingte Rolle, dennoch scheinen familiäre Erfahrungen für ‚Daniel' prägend. Die Fokussierung auf eine anerkannte Tätigkeit lässt sich als sinngebend deuten. Sie könnte als Ausdruck des Wunsches nach Sicherheit und als Gegenentwurf zu der über viele Jahre erlebten Arbeitslosigkeit der Mutter gesehen werden: „Bei meiner Mutter ist es eben zur Arbeitslosigkeit gekommen, weil sie eben – damals drei Kinder gekriegt hat (...) Und na ja, dann eben von eener Maßnahme in die andre gerutscht. – Ich weeß nich. Also ich arbeite von daher gern".

Nach Nennung seines Geburtsjahres, der Aufzählung der Stationen seiner schulischen und berufsvorbereitenden Laufbahn sowie der Darstellung der Arbeits- bzw. Nichtarbeitssituation der anderen Familienmitglieder beginnt ‚Daniel' seine Geschichte mit der Charakterisierung des Wohngebietes, in dem er aufgewachsen ist. Er beschreibt es mit einem eindrucksvollen Bild als eines, das für seine raue Art und die häufig stattfindenden Schlägereien bekannt ist: „Leider war N [Stadtteil] ja nun ooch nich gerade – für Zärtlichkeiten oder sonst irgendwas bekannt". Weiter kommentiert er: „Na ja, also spannend war es nicht". Vielleicht könnte man in dieser Charakteristik den Ausdruck eines Erlebens lesen. Versteht man ‚Zärtlichkeit' als Bezeichnung für Zuneigung, Fürsorglichkeit sowie Einfühlungsvermögen und ‚spannend' für anregend, dann könnte man unterstellen, dass der Erzähler sein kindliches Lebensumfeld als ein für sich nicht anregendes, eben mit wenig Zuneigung, Fürsorglichkeit und Einfühlungsvermögen erlebt hat. Raab hält in seiner Zusammenfassung der schon erwähnten Studie fest: „durchaus spürbar ist der Einfluss von Regionalität auf die individuellen Sozialisationsverläufe, die aber stärker durch andere (familiale und schulische) Einflüsse geprägt sind" (ebd. 197). Vor dem Hintergrund einer solchen Einschätzung erscheint der starke Bezug auf Einflüsse der Lebensumfelder in der Erzählung und das geringe inhaltliche Gewicht familiärer und schulischer Bezüge in der Daniel-Erzählung besonders bemerkenswert.

Der Erzähler der Geschichte berichtet zunächst, dass er mit seinen beiden Brüdern bei seiner allein erziehenden Mutter aufgewachsen ist. Auf den Vater kommt er erst später, nur auf Nachfragen und scheinbar nur ungern zu sprechen. Seine älteren Geschwister werden im Verlauf der Geschichte kaum oder nur am Rande erwähnt. Bis auf eine Tante, die mit ihrer beruflichen Situation vorgestellt wird, kommen keine weiteren Familienmitglieder zu Sprache. Überhaupt scheint es, als definiert ‚Daniel' seine Familie in erster Linie über Arbeit: „Also meine Familie / meine Mutter ist selber seit mehreren Jahren arbeitslos und von daher weiß ich, wie es is. Mein großer Bruder ist ebenfalls arbeitslos. Mein Bruder schließt im August seine Lehre ab und meine Tante ist bei der Bahn". Über das Verhältnis der Brüder untereinander, die Art der beruflichen Ausbildung des einen Bruders, die Lebenssituation des anderen Bruders, die Bedeutung der Tante für die Familie und andere mögliche familiäre Bezüge erzählt die Lebensgeschichte nichts. Lediglich das Verhältnis zwischen dem Erzähler und seiner Mutter, sowie deren Lebenssituation wird, wenn auch nur andeutungsweise, angesprochen, später auch die Rolle des Vaters.

Die Berichte über die Kindheit des Erzählers beginnen erst mit der Grundschulzeit. Allerdings wird nicht das Lernen und Leben als Schüler geschildert. Vielmehr stellt sich ‚Daniel' als kleiner Junge vor, der genau dem Klischee des Milieus entspricht, in dem er aufwächst. Das lässt sich z.B. daran ablesen, dass ‚Daniel' sich als Jungen beschreibt, der in der ersten Klasse mit Rauchen anfängt, die Schule schwänzt und zu Hause Geld wegnimmt: „Ich habe meiner Mutter, um's mal so zu sagen, auch Geld entwendet, öfters". In der Erzählung werden diese Verhaltensweisen als kleinere Probleme ohne größere öffentliche Relevanz dargestellt: „Da hab ich nur gerocht, bin noch nich groß in Erscheinung getreten". ‚Daniel' berichtet weiter, dass er mit Beginn der vierten Klasse verstärkt Schwierigkeiten bekommen hat: „Aber dann so ab vierte Klasse (…) mit dem ersten Halbjahr ungefähr, bin ich dann abgerutscht". Damit wird das Verhalten des Kindes ‚Daniel' als Anlass für eine Abwärtsbewegung – vielleicht weg vom Erwarteten – bezeichnet und für dieses ‚Abrutschen' eine zeitliche Festlegung getroffen. Auch der soziale Kontext wird benannt: „der Umgang, war schlechter Umgang". Mit der Redewendung ‚das ist kein guter Umgang für Dich' lässt sich sowohl die Meinung ausdrücken, dass die gemeinten Personen einen schädigenden Einfluss ausüben, als auch dass sie nicht zum eigenen Milieu gehören und deshalb besser zu meiden sind. In der Daniel-Erzählung kommt nur der erste Aspekt zum Tragen. ‚Daniel' schildert, dass er sich von älteren Jungen mittels Gewalt zu illegalem Handeln animieren ließ und erklärt: „Na ja, das waren eben brutale Leute. Und na ja, hab mich früher eben ooch unterdrücken lassen. Hab mich zu Straftaten anstiften lassen". Begründet wird das Verhalten auf zweierlei Weise. Einerseits argumentiert der Erzähler: „Man hat eben Angst und dann lässt man sich zu irgendwelchen Taten überreden". Hier wird Furcht als allgemeine Erklärung für das unerlaubte Handeln angeführt. Auf die Frage, ob denn kein Ausweichen möglich gewesen wäre, antwortet ‚Daniel': „Das hätte nichts gebracht. (...) Weil man muss ja ooch in die Schule gehen und da sind die einem ständig über den Weg gelaufen". Als Lesende kann man sich im Anschluss an diese Antwort fragen, ob das oben berichtete ‚Schwänzen' der Schule zu den Taten gehörte, zu denen sich das Kind ‚Daniel' überreden ließ oder ob es vielleicht als Versuch interpretiert werden könnte, den ‚brutalen Leuten' in der Schule nicht ‚über den Weg zu laufen'. Die Frage bleibt offen. Andererseits erläutert ‚Daniel' dass er sich freiwillig ‚unterdrücken und anstiften' ließ: „mit den Leuten (...) mit denen man in der ersten Klasse schon offeinander getroffen ist. Und dann kamen eben die Großen. Und na ja, da wollte man halt ooch mal dazugehören". Nach dieser Textpassage kann das illegale Verhalten auf ein Zugehörigkeitsbedürfnis sowie den Wunsch nach Anerkennung zurückgeführt werden. Der Lesenden stellt sich die nicht aus dem Text zu beantwortende Frage, ob es für das Kind ‚Daniel' andere soziale Beziehungen gab, in denen es sich zugehörig und anerkannt fühlen konnte, nicht oder nur mit Einschränkungen. Das Fazit dessen ist: „Es war keene schöne Zeit."

In ‚Daniels' Geschichte findet sich ein zeitlicher Zusammenhang zwischen der eben beschriebenen Grundschulzeit und einem Bericht über das Verhalten des Vaters, von dem sich der Erzähler in einer zusammenfassenden Einschätzung distanziert: „Ich hab nicht viel von dem. – Sagen wir mal so". Auf die Bemerkung „Sie haben von Ihrem Vater gar nichts erzählt" betont ‚Daniel' zunächst: „Über den möchte ich ooch nich sprechen. – Des is durch und durch n Arschloch" und erzählt dann doch ohne gedrängt zu werden, dass der Vater die Familie verlassen hat, als ‚Daniel' sieben Jahre alt war: „Dann hat er sich verpisst und keen Unterhalt gezahlt. (...) sämtliche Klagen gegen ihn wegen Unterhaltshinterziehung (...) haben ooch nischt gebracht." Damit wäre eine mögliche Begründung für die Tabuisierung des Vaters mit dem Verlassen werden und der unterlassenen Unterhaltszahlung gegeben. Die Lesende mag sich vorstellen, was das für die materielle Lebenssituation einer Familie mit drei Kindern und einer Mutter ohne Erwerbsarbeit bedeutet. Vor dem Hintergrund erscheint auch die Erzählung darüber, dass ‚Daniel seiner Mutter Geld entwendet hat' in einem anderen Licht. Man kann sich ausdenken, dass ein Kind in dieser Situation anderes als andere kein Taschengeld bekommt, aber gern welches hätte und dass eine Mutter, die ohnehin schon sehr sparsam wirtschaften muss, den Verlust auch kleinerer Beträge nicht toleriert. In der Erzählung werden die Sanktionen der Mutter mit einer Vermutung gerechtfertigt: „Und na ja, ihr wird das eben ooch nich gefallen haben. Hab dann Strafen gekriegt und so, wie sich das eigentlich ooch gehört". Als ein weiterer Grund für die Tabuisierung lässt sich entgegen der Distanzierung: „Ich hab nicht viel von dem" ein als Vermutung geäußerter Zusammenhang zwischen den kindlichen Erfahrungen und dem Verlauf, der Lebensgeschichte ‚Daniels' interpretieren. Er berichtet, dass der Vater sowohl seine Mutter als auch ihn und seine beiden Brüder häufig geschlagen hat und bringt sein eigenes delinquentes Verhalten mit dieser häuslichen Gewalterfahrungen in eine mögliche Verbindung: „Und vielleicht liegt's daran, dass ich irgendwie off die falsche Bahn geraten bin. Ich weeß es nich".

Das dargestellte und kommentierte Verhalten des Grundschulkindes hat unabhängig von möglichen Einflussbedingungen in Familie und Milieu wesentlichen Einfluss auf die zeitlich nachfolgenden Themen der Daniel-Geschichte. Raab betont die Bedeutsamkeit des Zusammenhanges von sozialer Herkunft und sozialer Zukunft (vgl. ebd. 198) und erklärt die geringe Wirksamkeit von „Individualisierung im Sinne einer Überwindung der durch die sozialen Herkunftsmilieus gesetzten Vorgaben in den schulischen und beruflichen Karrieren" (ebd. 197).

Mit scheinbarer Selbstverständlichkeit berichtet ‚Daniel', dass er als Folge der nichterfüllten Schulpflicht in seinem sechsten Schuljahr in ein Heim[21] gekommen ist: „Na ja, und da kam das eben noch mit der Schulschwänzerei zu der Zeit und dann bin ich abgegangen". Er erzählt, dass er in dieser Zeit angefangen hat, Drogen zu nehmen: „Manchmal een bisschen was gerocht oder so sich irgendwas geschmissen". Dies scheint jedoch nur eine kurze Episode gewesen zu sein. ‚Daniel' erklärt die aktuelle Erzählzeit betreffend, dass er raucht: „bin nicht mehr weggekommen von dem Gelumpe" und gelegentlich am Wochenende Alkohol trinkt. Die Zeit im Heim charakterisiert der Erzähler als schwierig: „Von Zuhause weg, die Eltern nich da, irgendwie nen Haufen fremde Leute um sich, die man nich kannte. Es war schwer". ‚Daniel' inszeniert sich als Gewohnheitsmenschen, der Mühe hat, sich mit Ungewohntem auseinander zu setzen. „Ich übe nämlich schwer an neuen Sachen". An anderer Stelle erklärt ‚Daniel', dass er vor allem Probleme hatte, weil er im Heim vorrangig mit Älteren zusammen war, mit den Erziehern nicht zu recht kam und des Öfteren aus dem Heim weggelaufen ist: „Weil ich mich da nich etablieren konnte". Er berichtet, dass er schließlich in ein anderes Heim verwiesen wurde, wo er sich nach einiger Zeit mit seiner Lebenssituation abgefunden zu haben scheint. ‚Daniel' sagt diesbezüglich über sich: „Anfangs war es sauschwer. Aber so dann nach nem halben, dreiviertel Jahr hat man sich dran gewöhnt. (…) Na ja bis ich's dann mal geschnallt habe. Und dann hab ich das locker so gemacht, wie die es wollte". Die

---

[21] Heimerziehung stellt eine familienergänzende bzw. familienersetzende Hilfe zur Erziehung „in einer Einrichtung über Tag und Nacht" dar. Sie „soll Kinder und Jugendliche durch eine Verbindung von Alltagsleben mit pädagogischen und therapeutischen Angeboten in ihrer Entwicklung fördern. Sie soll entsprechend dem Alter und Entwicklungsstand des Kindes oder des Jugendlichen sowie den Möglichkeiten der Verbesserung der Erziehungsbedingungen in der Herkunftsfamilie 1. eine Rückkehr in die Familie zu erreichen versuchen oder 2. die Erziehung in einer anderen Familie vorbereiten oder 3. eine auf längere Sicht angelegte Lebensform bieten und auf ein selbstständiges Leben vorbereiten. Jugendliche sollen in Fragen der Ausbildung und Beschäftigung sowie der allgemeinen Lebensführung beraten und unterstützt werden" (SGB IIIV, Kinder- und Jugendhilfegesetz, §34).

Lesende erfährt, dass ‚Daniel' letztlich drei Jahre in der Einrichtung war und die dort angegliederte Schule besuchte. In Bezug auf sein schulisches Lernen kann vermutet werden, dass sich seine früher schon etablierte Schulverweigerung, die als Anlass für die Heimunterbringung benannt wurde, auch in der Anfangszeit seines Heimlebens fortsetzt. Darauf weist folgende Aussage hin: „Ich bin nur einmal / In der siebenten Klasse bin ich sitzen geblieben. Aber das war wegen Schwänzen. Und da musste ich die Siebente noch mal wiederholen". Schulabsentismus ist ein häufiges Problem in familienergänzenden bzw. familienersetzenden Maßnahmen der Jugendhilfe. Kinder und Jugendliche, die in stationären oder teilstationären Wohn- und Lebensformen der Kinder- und Jugendhilfe leben, haben ihre aktuelle Lebenssituation selten selbst gewählt oder dieser ohne Not zugestimmt. Insofern wären Hilfen zur Erziehung nicht nur als mögliche Unterstützungsangebote zur Intervention bei Lern- und Schulverweigerungen einzubeziehen. Sie können auch zu einem Teil eines Bedingungsgefüges von Schulabsentismus werden (vgl. Puhr 2003: 67). ‚Daniel' erzählt von seinem Drang nach Veränderung, um die Ausschlusssituation zu beenden: „hab keine Scheiße mehr gebaut, weil ich wusste, ich will ooch irgendwann mal raus" und in sein gewohntes Lebensumfeld zurückkehren zu können. Er berichtet, dass er die achte Klasse in seinem Heimatort beginnt. Die Leserin denkt dabei an eine Förderschule, vielleicht entsprechend der Vorgeschichte mit dem Schwerpunkt Verhalten. Dies wird in der Erzählung nicht ausdrücklich gesagt, lässt sich jedoch aus einem Bericht über den Schulerfolg ableiten: „Na ja soviel ist dann da ooch nich passiert (…) Ich habe da den Abschluss gemacht. (...) Wir waren ja nich viele, waren vielleicht wenn's rund kam sieben bis acht Schüler"[22]. Von dieser Zeit wird auch erzählt, dass ‚Daniel' wieder Kontakt zu einem alten Freund aufgenommen und mit ihm seine Freizeit verbracht hat. Von diesem Freund berichtet er: „Mit dem hab ich nie Scheiße gebaut oder so (...) Rampen hat er mir beigebracht, dann so diese kleenen Tricks, die man so im Flat machen kann, so während der Fahrt, wie Ollie, Kickflip und Heelflip, Hardflip, gibt's tausende Varianten".

Damit grenzt sich der Erzähler deutlich von den berichteten Erfahrungen vor Heimeinweisung und -aufenthalt ab, was sich auch als Wunsch nach neuen

[22] Die Unterrichtung von Schülerinnen und Schülerin in Förderschulen zur Erziehungshilfe soll in zahlenmäßig kleinen Klassen nach den Rahmenrichtlinien der Grund- und Sekundarschulen unter besonderer Berücksichtigung von diagnostischen Prozessen, therapeutischen und sozialpädagogischen Angeboten sowie pädagogischen Beratungen erfolgen.

Perspektiven interpretieren lässt. In diesem Kontext wird ein Bezug zur Mutter thematisiert. So, wie ‚Daniel' reflektiert, dass er vielleicht durch seinen Vater bestimmte unangemessene Verhaltensweisen entwickelt hat, vermutet er, dass er diese durch den Einfluss seiner Mutter wieder abgelegt hat. Er schildert, dass er im Heim die finanzielle und vor allem auch emotionale Unterstützung seiner Mutter erfahren hat. Das wird von ihm als mögliche Ursache für eine grundlegende Änderung seiner Einstellung und seines Verhaltens angeführt: „Jedes Mal, wenn meine Mutter im Heim war, hat se uns eben unterstützt, mich, finanziell wie ooch mal angerufen und so. (…) Na ja, ich schätze mal dadurch wird's dann gekommen sein, dass ich mich dann eben wieder – ins normale Leben zurückgefunden habe. So, wegen Scheiße bauen oder so, das habe ich nich nötig, nich mehr".

Das Hauptthema des ‚normalen Lebens' ist in der Daniel-Geschichte die Suche nach einer beruflichen Ausbildung und anschließenden Berufstätigkeit. ‚Daniel' berichtet, dass er nach der neunten Klasse seinen Hauptschulabschluss gemacht und anschließend ein berufliches Grundbildungsjahr absolviert hat: „Und dann haben wir da auf dem BGJ[23] unser Ding durchgezogen und dann – sind wir da ooch rausgegangen". Diese Aussage lässt sich lesen, als war dieses Jahr eine Art Überbrückungszeit ohne eigene Bedeutung. Weitere Details zu dieser Zeit lassen sich nicht finden. Lediglich die Wahl seiner Fachrichtung wird kritisiert: „Maler, also Farbtechnik und Raumgestaltung. Hat mir aber nich zugesagt". Warum sie gewählt wurde, erfährt man nicht, aber die Ablehnung wird mit fehlendem Interesse und Können begründet: „Was hat Ihnen da nicht gefallen? – Einfach alles. Tapezieren, ich weeß nich, aber da bin ich wahrscheinlich n bisschen zu doof für, um's mal so auszudrücken. Ja, dann Malern allgemein. (...) Und eben hier diese ganzen Abbrucharbeiten hier, wie Tapete abmachen und so (...), gefällt mir gar nich". Die Mitarbeiterinnen der Arbeitsagentur, so erzählt ‚Daniel', raten ihm dazu, sich während dieser Zeit weiterhin auf Ausbildungsstellen zu bewerben, woraufhin er jedoch nur mit Absagen konfrontiert wird. Das führt er einerseits auf seinen Hauptschulabschluss zurück: „Wenn da eener kommt, der Hauptschule hat und die kriegen een der Abitur hat oder so, nehmen die natürlich nen Abiturienten, weil der mehr in der Birne hat". Aus dieser Ein-

[23] In einem Berufsgrundbildungsjahr können Jugendliche mit einem anerkannten Schulabschluss eine berufsfeldweite Grundbildung mehrerer verwandter Berufe erwerben. Es hat das Ziel, die Berufswahl zu erleichtern und zugleich den ersten Teil der Berufsausbildung zu vermitteln (vgl. Puhr 2007b: 124).

schätzung entsteht die Idee, einen Realschulabschluss nachzuholen. Dafür erhält ‚Daniel' jedoch keine Unterstützung von Seiten der Arbeitsagentur: „Ich könnte natürlich versuchen, meinen Realschulabschluss in irgend ner Abendschule, die ich natürlich selber bezahlen muss, irgendwie nachzuholen. (…) Aber von was bezahlen? (...) Bei der Agentur hab ich's schon oft angesprochen, die haben immer gesagt: ‚Nee, nee warten Se mal damit. (...) Wir finden schon irgendwas für Sie', so nach den Motto".

Andererseits sagt der Erzähler auch, dass er früher nicht bereit war, sich in einer anderen Stadt oder einem anderen Bundesland zu bewerben und begründet: „Na ja, weil da hätt / ich hatt da irgendwie Angst, dass ich dann da eben wieder keene Freunde finde und so". Damit wird so etwas wie ein Paradoxon ausgedrückt: Die Einbindung in den Arbeitsmarkt würde für ihn soziale Isolation bedeuten, wohingegen sein Wunsch nach sozialer Sicherheit die Ausgrenzung auf dem Arbeitsmarkt nach sich zieht. Vielleicht meint ‚Daniel' deswegen, dass er sich in seinem Freundeskreis so sicher fühlt, dass er sich auch woanders bewerben würde: „Ich würde jetzt auch weggehen, ja. Weil jetzt hat sich mein Freundeskreis so halbwegs – gefestigt, dass man sagen kann, wenn er zurückkommt, hier den kenn ich noch". Von konkreten deutschlandweiten Bewerbungen wird in der Geschichte nicht gesprochen.

Zur aktuellen Erzählzeit besucht ‚Daniel' eine ‚Berufsvorbereitende Bildungsmaßnahme' der Arbeitsagentur, die auf den Arbeitsbereich Bau spezialisiert ist. Nach Raab sind diese Maßnahmen besonders für ‚sozial benachteiligte Jugendliche' „zu einem unverzichtbaren Bestandteil des Übergangssystems geworden (...) und haben durchaus einen positiven Einfluss auf ihre berufliche Sozialisation, auch wenn ihre Funktion als Mittel zum Einstieg in Ausbildung und Arbeit unter ungünstigen Arbeitsmarktbedingungen in der Region nicht zum Tragen kommt" (Raab 1996: 197). Beide Aspekte finden sich in der Daniel-Erzählung wieder. Die von ‚Daniel' als Kinderträume formulierten Berufswünsche können als typisch für einen Jungen gewertet werden, gelten jedoch für einen Jugendlichen mit einem Hauptschulabschluss als unrealistisch: "Ich wollte zum Beispiel früher Busfahrer werden. Ich wollte / Kfz-Mechaniker wollte ich werden". Die Erfahrungen in der Bildungsmaßnahme eröffnen neue Möglichkeiten. ‚Daniel' hat ein Interesse an der Baubranche entdeckt, auch seine Bewerbungen sind auf dieses Feld ausgerichtet. Wenn er über die verschiedenen Tätigkeitsfelder spricht, so fällt auf, dass diese klar benannt werden: „Also (...) wo die mich (...) eingeladen haben zu dem (...) Vermittlungsgespräch (...) Da haben se mich ooch gefragt: ‚Was würden Sie alles machen?' Da haben se das eben offgezählt alles was zum Bau gehört. (...) Zum Straßenbau hab ich ‚ja' gesagt, zum Kanalbau / würd ich ooch machen. Mauerer, Fliesenleger war da mit dabei. Was war denn das noch? Hochbau, Tiefbau, eben alles, was da so zum Bau gehört. Tiefbau hab ich natürlich ooch ‚ja' gesagt, würd ich ooch machen". Diese Textpassage kann jedoch auch so gedeutet werden, dass ‚Daniel' durch das Gespräch Kenntnis über die vielfältigen Möglichkeiten auf dem Bau erhalten hat. Trotz der erworbenen Fertigkeiten berichtet der Erzähler, dass er auf seine Bewerbungen nur Absagen oder keine Antwort bekommen hat: „Mit der Arbeit is es nich wirklich besser geworden, lehrstellenmäßig". Dennoch wird das Arbeiten auf dem Bau enthusiastisch beschrieben: „Beim Bau, da reißt man ab, das was abzureißen is oder man mauert und da vergeht die Zeit. Also das is für mich ne schöne Arbeit, auch was so Verputzen betrifft und Fliessen legen. Ja jetzt kann ich's zwar noch nich, aber man lernt ja immer wieder dazu. – Das macht mir Spaß, ooch so". Bei diesen Schilderungen fällt auf, dass einige Grundqualifikationen als fehlende benannt werden. 'Daniel' erzählt von Problemen der Qualifizierung und ‚Selbsthilfe': „Es is jetzt nichts gegen unsern Meister, aber ich muss sagen, wir haben uns das alles eigentlich gegenseitig beigebracht. Unser Meister hat uns kaum was beigebracht." Auch vorgesehene Zertifizierungen wurden laut Erzählung nicht realisiert: „Unser Meister hat das bis jetzt noch nicht mit uns gemacht (...) mit den Quali-Bausteinen, das wird wohl nichts". Solche Nachweise über vorhandene Fähigkeiten gelten als wesentliche Elemente Berufsvorbereitender Bildungsmaßnahmen, die Jugendlichen und jungen Erwachsenen auch ohne Berufsausbildung den Zugang zum Arbeitsmarkt erleichtern sollen. Trotz dieser Erfahrungsberichte scheint der Erzähler an einer Ausbildung unbedingt festzuhalten. Raab resümierte aus den Ergebnissen der Längschnittstudie: „Es gibt fast keine Jugendlichen mehr (...), die von vornherein auf eine qualifizierte Berufsausbildung verzichten". In der Daniel-Erzählung wird einer Ausbildung ein eigener Wert zugesprochen, bei gleichzeitig thematisierter eingeschränkter Hoffnung auf eine anschließende Berufstätigkeit: „Ne Maurerlehre oder irgendwie was in dem Bereich, irgendwas, was mit Bau zu tun hat oder Kfz würd ich machen. Auch wenn's nur ne überbetriebliche Ausbildung wäre, wo man dann eben nicht übernommen wird, aber man hat dann wenigstens irgendwie ne Ausbildung".

Auf die Frage nach seiner Zukunftsperspektive antwortet ‚Daniel': „Ich hoffe, ich krieg Arbeit. Sonst kann ich mir nischt andres vorstellen eigentlich. (…) Na ja, vielleicht ooch ne kleene Familie gründen, das wär vielleicht ooch was. Na ja. – Vielleicht ein Auto, das war's dann". Die Einbindung in Erwerbsarbeit scheint bestimmend. Andere Wünsche werden erst auf Nachfrage benannt. Dabei kann das Auto vielleicht als soziales Prestige und die Familie als Wunsch nach sozialem Halt gesehen werden: „Glauben Sie, dass Sie sich mit Ihrer Freundin hier gemeinsam ein Leben aufbauen werden? Bestimmt. – Ich hoff's“. Der Erzähler der Geschichte spricht von der Hoffnung auf Kontinuität in der Partnerschaft und damit verbundener Stabilität in seinem Leben. Schließlich resümiert er seine momentane Lebenssituation: „Am besten is mein jetziges Leben, also Familienleben und so. Am schlechtesten is das eben mit der Arbeit“. Was das Familienleben betrifft, so berichtet ‚Daniel' von einem engen Kontakt zu seiner Mutter und seinen Brüdern: „Zur Zeit schlafe ich bei meiner Mutter, weil jetzt die ganzen Geburtstage sind, meine Mutter, Montag habe ich, mein Bruder hatte letzte Woche“. Während die Geschwister nur benannt werden, findet seine Mutter weitere Erwähnung. Sie hilft ‚Daniel' beim Schreiben von Bewerbungen und dem Vorbereiten auf Vorstellungsgespräche: „wenn man sich eben davor vorbereitet (...) so n Vorgespräch mit der Mutter irgendwie (...) Meine Freundin und meine Mutter, die haben das dann ooch kontrolliert, zwecks Rechtschreibung und so am Computer“. Mit seiner Freundin, von der ‚Daniel' berichtet, dass er sie schon aus Kinderzeiten kennt, hat er mittlerweile seit zwei oder drei Jahren eine gemeinsame Wohnung, die wahrscheinlich von ihren Eltern finanziert wurde und zur Erzählzeit noch teilweise wird: „Früher haben's die Eltern noch bezahlt. Heute steuern wir n bisschen was dazu“. Diese Art der Unabhängigkeit wird von ‚Daniel' als bedeutsam beschrieben: „Da hat man was Eignes. Da muss man nich so ‚Hotel Mama' leben oder so.“

Ebenso bedeutsam stellt der Erzähler das Leben in seinem Wohngebiet dar: „Ich weeß nich, auf nem Dorf wär's mir zu langweilig, zu ruhig. Also man hat sich jetzt von kleen off schon an das Stadtleben gewöhnt. (...) Ich weeß nich, will ich ooch gar nich wieder weg“. Diese Textpassage widerspricht der Einschätzung, dass ‚Daniel' für eine Ausbildung die Stadt verlassen würde. Neben Familie und Freundin berichtet der Erzähler von Fußball und vor allem vom Skaten mit Freunden: „da haben die Zwee mir eben die Grundregeln beigebracht. Weil die konnten ja schon een bisschen was. Na ja und heute mach ich die fertig“. Mit dieser Darstellung wird eine gewisse Zugehörigkeit, Verbundenheit und Souveränität gegenüber den Freunden ausgedrückt, die vielleicht auch darauf verweisen kann, dass der junge Mann ‚Daniel' den ‚schlechten Umgang' des Kindes ‚Daniel' nicht mehr sucht: „Na ja sind wir eben alle drei immer unterwegs gewesen. Und seitdem hab ich mir ooch nichts zuschulden kommen lassen“. Trotz einer ihn zufrieden stellenden Einbindung in das familiäre und soziale Umfeld thematisiert ‚Daniel' vorrangig seine Ausschlusserfahrungen und die Bemühung um Einbindung in Erwerbsarbeit: „Keene Lust Heeme dumm rum zu sitzen". Für eine mögliche Alternative lassen sich in dieser Erzählung keine Ansätze finden.

Entsprechend beschließt ‚Daniel' seine Geschichte, indem er seinen Unmut über die Regierung und die politische Situation in Deutschland kundtut: „Und die Regierung kotzt mich an, weil egal wer an die Macht kommt oder so, da ändert sich nischt. Das wird immer schlimmer". Mit diesem Thema stellt er sich und seine Geschichte als allgemeinen Fall dar, indem er von ‚Volk' redet. Der Erzähler übt Kritik, nicht nur an der problematischen Arbeitssituation in Deutschland: „Die – Politiker sollten einfach mal n bisschen mehr off's Volk hören, (...) als nur ihren Dickschädel im Bundestag oder irgendwo im Parlament durchzusetzen. (...) wie hier dieses dämliche Gesundheitsministerium, die des festgelegt haben mit den zehn Euro. (...) Oder mit der Mehrwertsteuer, da haben se ooch keen gefragt. (...) Aber das is alles so n Mist (...) als Normalbürger kann man da nischt machen. – Ja, das is schon Scheiße." ‚Daniel' fordert von Politikern mehr ‚volksnahe' Entscheidungen und eine Orientierung an den Bedürfnissen von Jugendlichen, die eine berufliche Ausbildung suchen und Menschen, die ohne anerkannte Erwerbsarbeit leben: „Da sollen se mal Geld in nen Topf schmeißen und den Leuten, den Jugendlichen oder den Arbeitslosen wirklich helfen. Nur mit dem Hartz IV, des kann nich sein. (...) Oder mit den Ein-Euro-Jobs, des is ooch nur ne Übergangslösung".

‚Daniels' Forderungen sprechen für „ein Vertrauen in die Leistungsgesellschaft, die individuelle Bemühungen und Anstrengungen belohnt" (Raab 1996: 194) ebenso wie von einer Macht- und Hilflosigkeit, trotz Engagements für Ausbildung und Erwerbsarbeit von diesen ausgeschlossen zu sein. Bezüglich der Wechselwirkung von Inklusion und Exklusion scheinen die widersprüchlichen Anforderungen sozialer Einbindung in den Arbeitsmarkt und sozialer Nahbeziehungen das Besondere des Falls ‚Daniel' zu sein. Die Möglichkeiten beruflicher Ausbildung und anerkannter Erwerbstätigkeit würden sich mit einer großen räumlichen Flexibilität erweitern lassen. Der gewünschte soziale Halt durch Familie und langjährige Freundschaftsbeziehungen erfordern eher räumliche Nähe. In der Erzählung gewinnt man den Eindruck, dass der Jugendliche ‚Daniel' wesentlich durch soziale Nahbeziehungen und durch das Lebensumfeld eingebunden ist. Das scheint in Anbetracht der Gewalt- und Ausgrenzungserfahrungen des Kindes ‚Daniel' in einem instabilen familiären Netzwerk, in einem nicht anregenden Lebensumfeld und einer erzwungenem Distanz zu beiden durch stationäre Erziehungshilfe nicht selbstverständlich. Vielleicht könnte man sagen, dass gerade die erfahrene Unsicherheit sozialer Beziehungen den Wunsch nach Sicherheit verstärkt, die Bereitschaft der Übernahme informeller Verpflichtungen zur Aufrechterhaltung der Nähe erhöht und damit Gestaltungsmöglichkeiten des eigenen Lebens einschränkt. In der Daniel-Erzählung selber wird die Teilhabe an Erwerbsarbeit als bedeutsamster Aspekt sozialer Inklusion thematisiert. Auch das ließe sich anders vorstellen angesichts gelebter Langzeitarbeitslosigkeit in der Familie, Leben von staatlichen Transferleistungen, eigenen Schulverweigerungen, Hauptschulabschluss an einer Förderschule und erfolglosen Bemühungen um berufliche Ausbildung. Dagegen sprechen könnten zudem die dargestellte fehlende Unterstützung für den Erwerb eines Realschulabschlusses durch die Arbeitsagentur, die Einschränkungen der Förderung und Zertifizierung von berufsrelevanten Kompetenzen in einer Berufsvorbereitenden Bildungsmaßnahme und auch die erlebte mangelnde Berücksichtigung Benachteiligter in politischen Entscheidungen. ‚Daniel' scheint bereit, seine Vorstellungen von Erwerbsarbeit den verschärften Zugangsbedingungen anzupassen. Die Teilnahme an berufsvorbereitenden Maßnahmen, das Interesse an der Erweiterung der eigenen Kompetenzen, die Hinwendung zu verschiedenen beruflichen Optionen, das – wenn auch zaghaft wirkende – Öffnen für räumliche Flexibilität sowie das Erwägen der Möglichkeit eine unsichere Erwerbsarbeit ohne Berufsausbildung aufzunehmen sprechen dafür, dass ‚Daniel' trotz aller Ausgrenzungserfahrungen nicht zu den „ausbildungsmüden Jugendlichen“ (Bude 2008: 93) zu zählen ist, auch wenn er beschreibt, wie „Ausbildungslosigkeit zum Makel für sozialen Ausschluss“ (ebd. 98) werden kann. Vielleicht könnte man im Fall ‚Daniel' sagen, dass die Unsicherheit sowohl der Einbindung in soziale Beziehungen als auch der Teilhabe an gesellschaftlicher Arbeitsteilung zwar große Exklusionsrisiken mit sich bringt und Gestaltungsmöglichkeiten des eigenen Lebens einschränkt, dass aber Unsicherheit zugleich das Potential der Möglichkeit und damit Inklusionschancen enthält.

4 Jugendliche mit schlechteren Startchancen

Heranwachsende, die nach der Beendigung der Sekundarstufe I keine berufliche Ausbildung aufgenommen haben, gelten in der aktuellen berufspädagogischen Diskussion als „Jugendliche mit schlechteren Startchancen" (Schierholz 2001: 12). Dem Übergang in das ‚Arbeitsleben' und eine ‚gelingende berufliche Teilhabe' wird eine wesentliche Bedeutung für individuelle Lebensgeschichten, hier von Jugendlichen mit Beeinträchtigungen und sozialen Benachteiligungen, zugeschrieben. Olk und Strikker konstatieren für die ‚nachwachsende Generation' Möglichkeiten und Handlungsspielräume, „höhere Ansprüche an Arbeit und Beruf zu entwickeln und distanzierter, also kritischer und reflexiver, mit den Zumutungen und Anforderungen erreichbarer Tätigkeiten umzugehen" (Olk/ Strikker 1990: 188). Zugleich sprechen sie von „der Gruppe der ‚Individualisierungsverlierer', die (...) eine durch Arbeitslosigkeit, Berufs- und Betriebswechsel geprägte Erwerbskarriere ‚zusammenbasteln' müssen" (ebd. 189) und die sich mit einer „Vermehrung von Risiken und Ungewißheiten und eine[r] Vorenthaltung möglich gewordener und subjektiv angestrebter persönlicher Entfaltungschancen" (ebd.) auseinander zu setzen haben.

In zahlreichen sozialwissenschaftlichen Studien[24] werden Bildungs-, Ausbildungs- und Erwerbsverläufe von sozial benachteiligten Jugendlichen und die Folgen von Benachteiligungen beim Übergang in Ausbildung und Erwerbsarbeit analysiert (vgl. z.B. Friebel 1985, Heinz/ Krüger 1987, Baethge u.a. 1989, Lex 1997, Bylinski 2001, Schumann 2003) bzw. Angebote zur Verbesserung der Chancen beruflicher Integration untersucht (vgl. z.B. Braun 1996, Friedemann/ Schroeder 2000, Ginnold 2000, Gericke u.a. 2002, Braun/ Lex 2005). Jugendliche mit und ohne Hauptschulabschluss gehören zu den Schülerinnen und Schülern, die nach den Analysen der PISA-Studie über so geringe schulisch erworbe-

---

[24] wie u.a. in der Bremer Längsschnittstudie zum Übergang von der Schule in den Beruf mit dem Thema ‚Berufsbiographie und Delinquenz' oder auch in den Studien im Rahmen des DJI Forschungsschwerpunktes ‚Übergänge in Arbeit'

ne, systematisch erfassbare Basiskompetenzen verfügen, dass ihre ‚berufliche Integration gefährdet' erscheint und damit auch die ‚Teilhabe am gesellschaftlichen Leben' (vgl. Baumert/ Stanat/ Demmrich 2001: 19f.). Raab gab an, dass er im Rahmen seiner Studie auf keine Jugendlichen traf, „in deren Lebensentwurf von vornherein der Verzicht auf eine Berufsausbildung enthalten ist" (Raab 1996: 41), jedoch auf ‚große Orientierungs- und Hilflosigkeit' bei der konkreten Realisierung des Berufseinstiegs (vgl. ebd.). Kraheck untersuchte im Kontext des DJI Forschungsschwerpunktes ‚Übergänge in Arbeit' ‚Karrieren jenseits normaler Erwerbsarbeit'. Von den Befragten hatten 14,8% ihre Ausbildung abgebrochen und 53,2% waren ohne Berufsausbildung geblieben, dennoch äußerten sie laut Kraheck ‚den dezidierten Wunsch' nach einer Ausbildung (vgl. Kraheck 2004: 97). Heinz, Krüger u.a. haben – im Rahmen der Bremer Längsschnittstudie – Berufspläne, Bewerbungserfahrungen und Einschätzungen von Jugendlichen rekonstruiert. Sie hielten fest, dass die ‚restriktiven Arbeitsmarktverhältnisse', mit denen sich die Befragten auseinander setzten, „nicht nur die Erwerbschancen, sondern auch die Fähigkeits- und Persönlichkeitsentwicklung insgesamt stark beeinträchtigen" (Heinz/ Krüger u.a. 1987: 14). Nach Einschätzung des Autorenteams zeigten besonders die befragten Hauptschülerinnen und Hauptschüler Engagement, Kompromissbereitschaft und Anpassungsleistungen, „da gerade sie auch angesichts extrem reduzierter Lebens- und Berufsperspektiven nicht auf eine aktive Berufssuche verzichten können" (ebd. 240). Der ‚Berufsrolle' wurde auch von Baethge, Hantsche, Pelull und Vosskamp – in einer Studie des Soziologischen Forschungsinstitutes Göttingen – eine bleibend hohe Bedeutung für die ‚persönliche Identitätsfindung' von Jugendlichen zugeschrieben. Ihr Fazit: „Für die Mehrheit [der Jugendlichen, K.P.] gilt, dass sie Arbeit und Beruf bei ihrer Suche nach Identität einen hohen, häufig einen zentralen Stellenwert zuspricht" (Baethge/ Hantsche/ Pelull/ Vosskamp 1989: 5). Bei 31% der Befragten fanden die Autoren ein ‚arbeitsorientiertes Lebenskonzept' mit einem zentralen Stellenwert von Arbeit als ‚sinnstiftende Tätigkeit, dominant für Lebensentwurf und Selbstverwirklichung' (vgl. ebd. 188). Weiteren 30% schrieben sie ein ‚zwischen Arbeit und Privatleben ausbalanciertes Lebenskonzept' zu (vgl. ebd.). Als weiteres wichtiges Ergebnis der Studie hielten die Autoren allerdings fest: „gleichzeitig aber scheint sie [die Erwerbsarbeit, K.P.] für immer weniger Jugendliche den Kristallisationspunkt für kollektive Erfahrung und die Basis für soziale und politische Identitätsbildung abzugeben" (ebd. 5). Diese Interpretation erklärt sich angesichts der beiden anderen gefundenen Konzepttypen: Bei 23% der befragten Jugendlichen wurde ein ‚familienorientiertes Lebenskonzept' festgestellt, in dem Erwerbsarbeit nicht so ein starkes ‚Bedeutungsgewicht für die Selbstdefinition' zukommt (vgl. ebd. 189). Die anderen 16% der Jugendlichen ließen sich einem ‚freizeitorientierten Lebenskonzept' zuordnen, das laut Autoren zwar selten eine explizite Ablehnung von Erwerbsarbeit enthielte, aber in dem eine ‚innere Distanz' dazu ebenso charakteristisch wäre wie ein ‚hohes Maß an Vorläufigkeit des Lebenskonzeptes' (vgl. ebd.).

Friedemann und Schroeder systematisieren ‚Erwerbsverläufe benachteiligter Jugendlicher und junger Menschen' zu Mustern beruflicher Eingliederung und analysierten die Verteilung der „Karriereverläufe in den verschiedenen Segmenten des Arbeits- und Ausbildungsmarktes einschließlich des Bereichs der Nichterwerbsarbeit" (Friedemann/ Schroeder 2000: 20). ‚Gelingende Ausbildungskarrieren' fanden die Autoren nur in geringer Zahl (vgl. ebd. 65). Mit dem Verweis auf Ausbildung als „einen durchaus erstrebenswerten schulischen Anschluss, der zu besseren Optionen auf Erwerbsarbeit führen kann" (ebd.), erscheint es ihnen „als grob fahrlässig, den Schülerinnen und Schülern der Förder- und Hauptschulen das Konzept Berufsausbildung als einzig gangbare Alternative vorzuhalten" (ebd.). Dennoch werden Lebensweisen ohne Erwerbsarbeit im Fokus der Muster beruflicher Eingliederung als ‚Arbeitslosigkeitskarrieren' beschrieben.

Die Angst vor eintretender Ausbildungs- und Erwerbslosigkeit bezeichnet Mathern als eine ‚prägende Generationserfahrung' (vgl. Mathern 2003: 58). Sie beruft sich dabei auf Wolf, der von einer ‚blockierten, verzögerten und zerrissenen Lebensphase Jugend' spricht und analysiert: „aufgezwungene, zumindest befürchtete Erwerbs- und Ausbildungslosigkeit trägt einen Großteil zu dieser Zerrissenheit und Orientierungslosigkeit bei" (ebd. nach Wolf 1986: 258). Prekäre Ausbildungs- und Arbeitsmarktchancen gelten als des-integrierende Bedingungen für sozialen Zusammenhalt und gesellschaftliche Teilhabe von Jugendlichen, „die sich weder in der Schule noch am Ausbildungsmarkt behaupten können" (Kronauer 2002: 49). Kronauer konstatiert die Auflösung traditioneller Sozialbeziehungen im Zusammenhang mit schwindenden Beschäftigungschancen insbesondere für ‚Un- und Angelernte' (vgl. ebd.: 48). Auch alternative individualisierte Zugänge gesellschaftlicher Teilhabe anstelle „der sozialen Integration durch Einbeziehung in kollektive Lebens- und Erfahrungsweisen" (ebd.) scheinen ihm für diese Jugendlichen erschwert, weil sie für „Aufstiegsmöglichkeiten durch Bildung" (ebd.) oder eine ‚Selbstdefinition vor allem durch Konsum' (vgl. ebd.) nur über geringe Ressourcen verfügen können.

Mögliche Alternativen zu den hier skizzierten Bedeutungen der Risiken prekärer Ausbildungs- und Arbeitsmarktchancen für Jugendliche mit und ohne Hauptschulabschluss werden selten diskutiert. Anregungen dafür finden sich in Studien der Jugendforschung, z.B. in den Untersuchungen Scherrs zu ‚subjektiver Handlungskompetenz und sozialem Handeln' Jugendlicher, Auszubildender und Studierender (vgl. Scherr 1995). Laut Autor liefern diese Studien eine Bestätigung der These „eines sozialen Wandels, der dazu geführt hat, daß Arbeit und Beruf nicht mehr das selbstverständliche und alternativlose Sinnzentrum individueller Identitätsbildung sind" (vgl. ebd. 98). Er findet bei Studierenden und Auszubildenden sowohl „ausbildungs- und berufszentrierte Lebenskonstruktionen" (ebd.) als auch „solche, die Ausbildung und Beruf nicht als den zentralen subjektiven Focus des eigenen Lebensentwurfs darstellen" (ebd.).

Als Grundtendenz der hier skizzierten Studien wäre jedoch festzuhalten: „Gerade die, die keine Arbeit hatten, maßen einer geregelten Arbeit einen umso größeren Stellenwert bei" (Böttger/ Seus 2001: 114). Lebensweisen ohne Erwerbsarbeit werden als ‚Ersatzwege' beschrieben, auf die Jugendliche bei Arbeitslosigkeit ausweichen, „dabei aber in der Regel nur jugendkulturell-gegenwartsorientiert reagieren, nicht aber optimal-biographisch kalkuliert" (Böhnisch 1999: 153). Bei diesem thematischen Rahmen rückt das begrenzte Angebot an Ausbildungsplätzen und die hohe Zahl von Arbeitslosen in das Zentrum der Beobachtung. Unter Berücksichtigung der 50.000 Jugendlichen und jungen Erwachsenen in berufsvorbereitenden Kursen und Praktika sind im Jahre 2007 rund 70.000 Ausbildungssuchende ohne Lehrstelle geblieben (vgl. Statistisches Bundesamt Deutschland 2008). Die Anzahl der Jugendlichen und jungen Erwachsenen in der Arbeitslosenstatistik übersteigt mit 404.911 die der Schulabgängerinnen und Schulabgänger ohne Lehrstelle um ein Vielfaches (vgl. Bundesagentur für Arbeit 2008a: 77). Für Jugendliche mit und ohne Hauptschulabschluss scheinen „die in der Schulzeit entwickelten und nicht selten auch in den Bildungsangeboten genährten Hoffnungen auf eine qualifizierte Vollzeitbeschäftigung (...) eine trügerische Zukunftsperspektive" (Friedemann/ Schroeder 2000: 79). Im Rahmen der 15. Shell Jugendstudie wurden Jugendliche dazu befragt. Zusammenfassend heißt es hier: „Angesichts der Herausforderungen einer allgemein als sehr problematisch wahrgenommenen Arbeitsmarktsituation, angesichts der Unsicherheit, ob sie ihren Platz in der Gesellschaft finden, ob sie ihre Berufswünsche realisieren können, reagieren Jugendliche mit einer Vielfalt von Strategien" (Picot/ Willert 2006: 254).

Die Erzählungen von ,Vera' und ,Hajo' geben Beispiele dafür, dass Arbeit und Beruf nicht mehr das selbstverständliche und alternativlose Sinnzentrum individueller Identitätsbildung sein müssen. Dieses kann man in beiden Fällen sicher nicht als ,optimal-biografisch kalkuliert' bezeichnen, aber vielleicht als biografisch legitimiert und optional spekuliert.

4.1 Vera: Das wurde dann nachher alles zuviel für mich.

Die Erzählerin der Vera-Geschichte ist eine Absolventin einer ,Maßnahme zur Eingliederung in den allgemeinen Arbeitsmarkt' (vgl. SGB III), wo sie einen Hauptschulabschluss erworben hat. Davor und im Anschluss war sie ohne Beschäftigung. In der Erzählung heißt es: „Da sitze ich jeden Tag zu Hause und versuche meine Zeit zu vertreiben".

Mit der ersten Äußerung der Erzählerin scheint bereits eine Fallcharakteristik vorgegeben: „Oh schwierig". Die Vera-Erzählerin inszeniert sich als unselbstständige, unbeholfene junge Frau, die auf ständige Unterstützung angewiesen ist: „Hm – meistens brauch ich nen Anstoß von anderen. (…) Ich brauche meistens jemand der mir hilft, also ich krieg eigentlich nichts alleine gebacken". Ganz im Gegensatz dazu steht eine Selbst-Darstellung als Tänzerin: „Ich hab ja auch getanzt. (…) Da habe ich ne Ausstrahlung, nicht schlecht. (…) Ich bin halt Eine, die n bisschen Spaß haben möchte, sportlichen Spaß". Solche unterschiedlichen Darstellungen der Person der Erzählerin finden sich in der Geschichte immer wieder, dennoch tritt die agierende ,Vera' immer wieder zugunsten der resignierenden zurück. So berichtet die Erzählerin, dass sie das Tanzen aufgrund gesundheitlicher Probleme aufgegeben hat und stellt in diesem Zusammenhang ihr Leben als inhaltsleer und bedeutungslos dar: „Tja, nun hab ich gar nichts mehr". ,Vera' könnte eine der jungen Frauen sein, die Preiß als „beruflich gescheiterte junge Frauen" beschreibt (Preiß 1996: 107). Einerseits scheint sich ,die Frage nach dem Sinn des Arbeitens in Ihrem Lebenskontext' (vgl. ebd.) nicht mehr zu stellen. ,Vera': „Weeß nich, des hat für mich keen Sinn, wenn ich so was sehe, des zieht een einfach alles runter". Andererseits finden sich auch Passagen in der Erzählung, in denen Erwerbsarbeit insbesondere in ihrer symbolischen Funktion als individuell bedeutsam charakterisiert wird: „Ich möchte eigentlich nur beschäftigt sein. Das Geld is mir auch egal. Ich möchte einfach nur was zu tun haben, einfach nur nen Platz haben, wo ich hingehen kann, um meine Sachen, die ich im Kopf habe, mal zu vergessen (…) und mal das Wichtige vorzuholen". Die Erzählerin thematisiert für sich keine aktuelle Perspektive: „Im Moment steh ich voll im Dunkeln. – Weil ich gar nich weiß, wie es überhaupt weitergehen soll". Die am Ende angesprochene Hoffnung: „Was ich mir wünsche, is halt ne Familie", wirkt im Kontext der Erzählung wie ein Wunsch nach Entlastung von zugeschriebenen Erwartungen an berufliche Ausbildung und Arbeit und zugleich nach sozialer Anerkennung eines Lebens als Mutter und Hausfrau. Eine mögliche Erklärung für diesen Wunsch könnten ‚Veras' schlechte Startchancen für eine qualifizierte Beschäftigung auf dem ersten Arbeitsmarkt bieten. Mit dem folgenden Portrait soll diesem Gedanken nachgegangen werden.

Die Erzählung ist in zwei Teile geteilt, die durch den Schulabschluss mit dem Abgangszeugnis der achten Klasse voneinander getrennt werden: „Groß zu erzählen gibt es eigentlich erst nachdem ich aus der Schule raus bin. Vorher gab's eigentlich nich viel, das ich erlebt hätte. Das ging eigentlich immer nur dasselbe. Jeder Tag lief eigentlich gleich, bis – ich aus der Schule raus bin. Des is in der achten Klasse gewesen". Zunächst soll der zeitlich erste Teil der Erzählung dargestellt werden. Die Leserin fragt sich, was könnte das Immer-Selbe gewesen sein, um das es bis zum Schulabschluss ging? In der Erzählung ist die Zeit vor Schuleintritt kein Thema und auch über ihre Familie erfährt man zunächst lediglich deren Zusammensetzung: „Aufgewachsen bin ich eigentlich ganz normal (...) mit ner kleinen Schwester und halt mit beiden Elternteilen. Weder die Lebenssituation, noch der Familienalltag oder besondere Ereignisse, noch Arbeitstätigkeiten der Eltern werden angesprochen. Später wird der Vater ausführlich als wichtigste Bezugsperson des Kindes ‚Vera' dargestellt: „Ich hatte bis jetzt immer jemanden, der mir geholfen hat und meistens war's mein Vater. (...) Mein Vater hat sich dann nachher schon mehr um mich gekümmert als um jeden anderen in meiner Familie. (...) Na, wenn ich zum Beispiel – ich sag jetzt mal – Scheiße gebaut habe in der Schule, dann / und es gab dann Konferenzen ((lacht)) oder Elternabende, da hat mein Vater dann halt immer zu mir gehalten. (...) Und dann hat mein Vater mich denn halt ooch immer vor meiner Mutter in Schutz genommen, wenn ich zum Beispiel mal was gemacht habe, was meiner Mutter nich gefällt. (...) Ich weiß nich, zwischen meinem Vater und mir is irgendwie ne große Verbindung.

(…) Ich hab all die Jahre mit meinem Vater verbracht. Ich hatte niemand andern“. Die Bedeutung des Vaters als Bezugsperson des Schulkindes ‚Vera' wird unterstrichen durch die im Zitat angedeuteten und in der Erzählung immer wieder thematisierten fehlenden kontinuierlichen sozialen Beziehungen außerhalb der Familie.

Der Akzent der Thematisierung liegt dabei auf dem Verlust von sozialen Beziehungen, die mit zwei unterschiedlichen Begründungsmustern erklärt werden. Zum einen wird ein aktives Bemühen um Freundschaften und ein passives Auseinanderdriften dargestellt: „Ich hab Freundschaften angefangen und die sind dann nachher irgendwann auseinander gegang. Wie ‚aus den Augen, aus dem Sinn' sozusagen“. Zum anderen schreibt sich die Erzählerin eine grundsätzliche Entscheidung gegen Freundschaften nach Verlusterfahrungen zu: „Es gab ja auch so hellere Tage (…) wo ich dann auch wieder Freunde fand. – Aber so schnell, wie ich die Freunde immer fand, so warn se dann auch wieder weg. Und irgendwann hab ich dann beschlossen, gar keine Freundschaften mehr zu machen, mehr anzufangen oder sonst irgendwas“. Im Gegensatz zu der engen Beziehung zum Vater – und auch im Zusammenhang damit – wird das Verhältnis zwischen Mutter und Tochter sowie das zwischen den Geschwistern als konfliktreiches vorgestellt: „Tja und deswegen hatte ich eigentlich ständig Stress mit meiner Mutter und mit meiner Schwester auch. Meine Schwester und ich haben uns nachher gar nich mehr irgendwie normal unterhalten gehabt. Und meine Mutter, da musste ich aufpassen, was ich sage“.

Im Zusammenhang mit schulischen Leistungsanforderungen werden indirekt Konflikte mit beiden Eltern angesprochen. Auf Nachfrage nach den Gründen für den Schulabschluss nach der achten Klasse erzählt ‚Vera' von frühzeitigen Erfahrungen des Schulversagens: „Und schon in der zweiten Klasse bin ich das erste Mal sitzen geblieben“. Die Begründung dafür: „weil ich alleine war“, könnte ein Szenario sozialer Isolation in der Schule eröffnen, bleibt aber in der Erzählung unausgeführt. Die Erklärung für eine zweite berichtete Klassenwiederholung thematisiert Leistungsversagen in Folge der schon angemerkten Verlusterfahrungen: „Denn hatte ich ne Freundin gefunden, das erste Mal. (…) Sie ist dann halt nach vier Jahren weggezogen (…) Und nachdem (…) sackte ich dann ganz ab. Weil, ich hatte nur sie und niemand andern und – des wurde denn nachher immer schlimmer“. Die Erzählerin beschreibt in diesem Zusammenhang eine Verweigerungshaltung des Kindes ‚Vera' gegen Lernhilfen der Eltern. „Meine Eltern (…) haben sich zwar mit mir zusammengesetzt und mit mir gelernt. Aber ich hatte nicht so wirklich Lust gehabt. (…) Also sie haben sich viel

Mühe gegeben mir zu helfen, dass ich's in der Schule packe. Aber ich wollte nich". Diese ‚Verweigerung' kann als Abwehr schulischer Leistungsanforderungen interpretiert werden. Die Erzählung lässt aber auch noch eine andere Interpretation zu. ‚Vera' erzählt: „Ich hab das auch auf der einen Seite nicht verstanden. Meine Schwester (...) kam nach Hause und durfte dann gleich wieder runter. Und wenn ich das gemacht habe, dann hab ich Ärger bekomm. Dann wurde rumgemeckert, dass ich nichts mehr mache und alles". Die Leserin stellt sich ein Szenario vor, in dem die Eltern ‚Vera' „ein Hinausgehen aus dem engen familiären Familienkreis in die weitere offenere Welt" (Hagemann-White 1996: 842) mit dem Verweis auf zu bewältigende schulische Aufgaben beschränken, statt ihr ‚Vertrauen und Stärkung' zu geben. Im Anschluss an Gilligan verweist Hagemann-White auf „einen tiefen Konflikt, der mit der Angst des Verlustes aller Möglichkeit von Beziehung einhergeht, um das Verhältnis zwischen gelingender Verbundenheit mit anderen Menschen und dem eigenen, als authentisch erlebten Selbst" (ebd. 841). Dies kann zum Verlust von Sozialkompetenzen führen (vgl. ebd. 844). So ließe sich möglicherweise die unselbstständige, unbeholfene junge Frau erklären, die auf ständige Unterstützung angewiesen ist und damit schlechte Startchancen für eine selbstständige aktive Lebensführung hat. Im Anschluss an die zitierte Erzählpassage heißt es im Text: „Meine Eltern konnten mir aber nich das geben, was ich wollte". Erst im Resümee der Erzählung findet sich ein möglicher Hinweis darauf, was die Erzählerin gemeint haben könnte. ‚Vera' äußert am Ende ihrer Geschichte einen unmittelbar wirkenden Gedanken: „Ich würde gern noch mal von vorne anfangen, ich würde gern noch mal in die Schule gehen und meinen Eltern zeigen, dass ich was drauf habe". Das liest sich wie der Wunsch nach einer neuen Lebenschance verbunden mit der Hoffnung auf Anerkennung durch die Eltern. Man könnte vermuten, dass eben diese der Erzählerin fehlte, weil sie die erwarteten schulischen Leistungen nicht zeigte. Der geäußerte Wunsch wird anschließend zurückgenommen. Die verallgemeinernde Feststellung: „Tja, das sind aber halt Sachen, die kann man nich machen." scheint sich in der Erzählung nicht nur aus der Unmöglichkeit Vergangenes ungeschehen zu machen abzuleiten, sondern auch aus der Differenz zwischen schulischen Anforderungen und ‚Veras' Potentialen. Sie beschreibt das wie folgt: „Na ja und dann bin ich vor allem in Mathe immer mehr abgesackt und stand dann in Mathe schon auf Sechs, egal, wie viel Mühe ich mir gegeben hatte. Ich bin in jedem Fach abgesackt und denn hab ich denn nachher mein Selbstvertrauen verloren und gar nichts mehr gemacht. (...) Da hab ich sehr viel gezeichnet, soviel gezeichnet, dass ich vom Unterricht gar nichts mehr mitbekommen hab. (...) Da bin ich dann das zweite Mal sitzen geblieben“. Das hier Dargestellte lässt sich vorstellen als der Immer-Selbe Kreislauf von Leistungsversagen, Angewiesensein auf Hilfe, von Minderwertigkeitsgefühlen – vielleicht auch in Verbindung mit Einsamkeitserleben –, enttäuschten Erwartungen, Rückzug und erneutem Leistungsversagen. Damit wäre eine mögliche Erklärungsperspektive für die Dominanz der resignierenden ‚Vera' in der Erzählung und ein weiterer Aspekt schlechter Startchancen angesprochen.

In der Erzählung werden für die Zeit nach dem Schulabschluss zwei Erzählstränge thematisiert, die – wie schon in der Geschichte über die Schulzeit – ineinander verwoben und einander bedingend wirken – eine prekäre Ausbildungssituation und anhaltende ‚Beziehungskrisen'. Nachfolgend sollen zunächst berichtete Etappen der Teilhabe am Ausbildungs- und Arbeitsmarkt dargestellt werden. Die zeitlich parallel erzählten Beziehungsaspekte werden erst im Anschluss betrachtet und in ihrer möglichen Bedeutung für die Ausbildungssituation reflektiert. Die Erzählerin setzt so etwas wie einen Wendepunkt mit dem Eintritt ins Berufsvorbereitungsjahr nach dem Schulabschluss: „Also nach der 8. Klasse bin ich dann ins BVJ[25] gekomm. Und da fing es dann eigentlich an, bei mir oben klick zu machen, wo ich mir dann gesagt habe, hör zu ‚Vera', jetzt reicht's. Jetzt reiß dich mal n bisschen zusamm, jetzt musst de ooch mal was machen“. Begründet wird diese angesprochene Veränderung mit einem nachträglichen Verständnis für das Engagement einer Lehrerin: „Des war eigentlich nur durch ne Lehrerin, die eigentlich immer versucht hat, alles richtig zu machen bei uns Schülern. Und wir haben das aber nicht richtig gesehen und erst wo des denn alles vorbei war, hab ich's denn begriffen. In der Vera-Erzählung gibt es keine Ausführungen zur Art der Veränderung, der des Engagements der Lehrerin oder der Reaktionen der Schülerinnen und Schüler. Auch konkrete Erlebnisse und Erfahrungen im Berufsvorbereitungsjahr werden nicht thematisiert. Zeitlich nachgeordnet folgt ein Aufenthalt der Protagonistin in einem Berufsbildungswerk. Aus diesen Erzählpassagen im Zusammenhang mit einem entsprechenden textexternen Wissen lässt sich schließen, dass ‚Vera' einen Förderlehrgang[26] mit

---

[25] Das Berufsvorbereitungsjahr stellt eine schulische Vollzeitmaßnahme für Jugendliche dar, die nach dem Schulabschluss noch keinen Hauptschulabschluss erreicht und die allgemeine Schulpflicht noch nicht erfüllt haben. Es ist nicht Teil einer Berufsausbildung, soll aber eine berufspraktische Ausbildung in zwei Berufsfeldern, eine elementare berufstheoretische Ausbildung und allgemeinbildenden Unterricht anbieten (vgl. Puhr 2007b: 124).

[26] „Die Berufsbildungswerke bieten spezielle berufsvorbereitende Maßnahmen an, die die persönliche und fachliche Eignung der Rehabilitanden ermitteln, fördern und verbessern können. Dies sind

dem Schwerpunkt Gastronomie absolviert hat. „Und ich hab dann in der Gastronomie gearbeitet im Berufsbildungswerk". ‚Vera' erklärt ihre Entscheidung mit unmittelbaren Arbeitserfahrungen: „Im Berufsbildungswerk hatten wir ja auch am Anfang wo wir rein gekommen sind, sechs Wochen in verschiedene Berufe reingeschnuppert. Da war ich in – Hauswirtschaft, im Tierbereich – da mussten wir uns um die Tiere kümmern, Fressen machen, Käfige sauber machen und so was – ähm Gartenbau / Was war n des noch alles? Ja, denn bin ich noch mal in Hauswirtschaft rein gegangen, weil es gab Hauswirtschaft eins und Hauswirtschaft zwei und in dem einen Hauswirtschaft machte man Essen nur für die Gruppe und in dem andern Hauswirtschaftsbereich kam das Essen geliefert und man musste es austeilen. Das hat mir mehr Spaß gemacht. Da hab ich immer das Essen auf die Teller gemacht und zu den Gästen gebracht". Entsprechend des Arbeitsfeldes hat ‚Vera' vermutlich einen Ausbildungseignungstest erfolgreich bestanden: „Und ich habe also den Beruf gewählt – Restaurantfachfrau[27] (...) und musste so ne Prüfung machen, ne schriftliche und ne mündliche und die hab ich bestanden und somit vom Arbeitsamt ne Ausbildung bekommen". Die Erzählerin macht deutlich, dass ihr das nicht leicht gefallen ist. Sie sagt, dass sie „darum gekämpft" hat: „hab die Prüfungen gemacht, hab mit meinem Vater zusammen mich hingesetzt und gelernt". Aus ‚Veras' Erzählung könnte man schließen, dass die Erfahrungen im geschützten Raum des Berufsbildungswerkes dennoch keinen ausreichenden Eindruck über die Anforderungen der beruflichen Ausbildung ermöglichten.

‚Vera' begründet den Ausbildungsabbruch, von dem sie berichtet, unter anderem mit den Arbeitsanforderungen: „Die Ausbildung hab ich ein Monat gemacht und danach wurde ich gekündigt, weil ich nicht klar kam, mit der – Ausbildung. Des war denn nachher doch nich mehr so mein Fall. Und des war dann nachher ooch alles zuviel". Auf die Nachfrage: „Das war ja nur ganz kurz dann, dass sie in dieser Ausbildung waren, ja?" werden nicht die Ausbildungsanforderungen als Begründung für den Abbruch angegeben, sondern soziale Konflikte: „Das hat mich so runter gezogen, die Lehre. An sich die Arbeit hat mir Spaß

Berufsfindung, Arbeitserprobung und Förderlehrgänge. (...) Die Förderlehrgänge bereiten die Behinderten intensiv auf eine Ausbildung und den zu ergreifenden Beruf vor. Es gibt verschiedene Arten, die zwischen sechs Monaten und drei Jahren dauern" (BM für Arbeit und Sozialordnung 2001: 9).

[27] Restaurantfachfrau ist ein anerkannter Ausbildungsberuf mit einer dreijährigen Ausbildungszeit. Die Ausbildung erfolgt meist als betriebliche. Das heißt auch, dass die Zugangsvoraussetzungen von Ausbildungsbetrieb selbst festgelegt werden können (vgl. (BfA 2008: 372).

gemacht, aber die Leute. (…) Ich muss ooch ganz ehrlich sagen, so n bisschen war ich dann ooch froh, dass ich die Ausbildung verloren hab". Eine andere Erzählvariante zur Geschichte über die Entscheidung gegen das Berufsfeld bietet der Bericht über eine Erkrankung, die Kündigung als Folge unentschuldigter Fehlzeiten wegen fehlender Krankenscheine, die wiederum wegen des fehlenden Geldes für die Praxisgebühren nicht vorgelegt werden konnten: „Da wurde ich denn krank (…) und in der zweiten Woche habe ich keinen Krankenschein mehr gekriegt, weil ich die zehn Euro nicht hatte. Und somit wurde ich dann nach drei Tagen gekündigt". Erfahrungen der geringen Belastbarkeit thematisiert ‚Vera' aus verschiedenen Praktika und begründet diese ebenfalls mit ihrer gesundheitlichen Verfassung: „Ich hab Praktikum im Dings gehabt, im K, im L [Namen verschiedener Einkaufsketten], Praktikum in einem Pflegeheim (…) und nach drei, vier Stunden merkte ich schon, wie mir der Rücken weh getan hat. (…) Und da habe ich eigentlich schon gemerkt, dass irgendwas nicht stimmte (…) weil ich hab (…) irgendwas mit der Hüfte, irgendwas Chronisches". Unter anderem mit gesundheitlichen Schwierigkeiten wird zudem das Nicht-Bemühen um eine erneute Ausbildung begründet: „Ich war vor kurzem beim Orthopäden und ich darf meine Wunschberufe, die ich hab, nich mehr machen (…) als Restaurantfachfrau – oder Verkaufsfrau im Einzelhandel oder Großhandel oder halt Garten- und Landschaftsgestalter". Andere berufliche Optionen, die trotz körperlicher Beeinträchtigung möglich wären, werden abgelehnt mit dem Verweis auf eine Berufsausbildung als nicht hinreichende Bedingung für Erwerbsarbeit: „Bürokauffrau und so was will ich nich machen, weil ich seh's (…) von meinem Freund die Schwester hat (…) ne abgeschlossene Berufsausbildung als Bürokauffrau, Realschulabschluss und sitzt trotzdem zu Hause". Es scheint, als wäre eine berufliche Ausbildung keine von ‚Vera' angestrebte Option. Begründet wird das sowohl mit Erfahrungen von Ablehnungen auf Bewerbungen als auch mit der aktuellen Lebenssituation: „Also des is so, Ausbildung hin oder her, ich hab mich schon mal beworben und habe ständig ne Absage bekommen und ich sage mal so, jetzt im Moment kann ich sowieso nichts machen". An anderer Stelle scheint es, als habe ‚Vera' mit der Krankheit eine Begründung für eine Entscheidung gegen eine Ausbildung, die weniger verletzend ist, als andere mögliche Erklärungen: „Und die Absagen find ich auch jetzt, in dem Moment gar nicht mehr so schlimm, weil ich hätte es eh nich machen können". Dieser Gedanke entsteht bei der Leserin vielleicht auch, weil in der Erzählung sowohl konkrete Alternativen zu einer beruflichen Ausbildung angesprochen werden als auch der eingangs dargestellte generelle Wunsch nach Beschäftigung.

Die Erzählerin berichtet, dass sie nach dem Ausbildungsabbruch lange ohne Beschäftigung war – nach rekonstruierbarer erzählter Zeit etwa ein bis eineinhalb Jahre als 18- und 19-Jährige –, aber in letzter Zeit an zwei Maßnahmen teilgenommen hat. An die Beschäftigungsmaßnahme scheint sich ‚Vera' eher zufällig zu erinnern: „Und dann war ich zu Hause, bis das hier angefangen hat. Nee halt, ‚Jump Plus'[28] kam ja auch noch dazwischen". Obwohl das ‚Jump Plus Programm' für „junge Menschen mit Sozialhilfebezug" (BM für Bildung und Forschung 2005: 242) wie ‚Vera' konzipiert wurde, erweckt die Erzählung den Eindruck, als hätte diese Maßnahme weder den Intentionen des Programms noch ‚Veras' entsprochen: „Aber Jump Plus des war genauso so n Dilemma. (…) So und des Schlimmste aber an der Arbeit war, (…) wir waren immer nach zwei Stunden fertig. Und jetzt hatten wir aber immer noch sieben Stunden zum Arbeiten und dann saßen wir die ganzen sieben Stunden rum. Und des war mir zu blöd. Da bin ich zu Jump Plus gegangen, hab gesagt: Für die Zeit, die ich da rumsitze, könnte ich mir schon wieder andre Arbeit suchen. Und denn hab ich gekündigt. (…) Na auf die Jump Plus Arbeit hab ich mich auch gefreut, ganz ehrlich, schon weil's Hauswirtschaft war, aber ich hätte nich gedacht, dass es so abläuft". Die Evaluationsergebnisse des Programms ließen auch eine andere Interpretation zu. Zwar wird ein „Mangel an innovativen Ansätzen" vermerkt und kritisiert, dass „ein großer Teil der Angebote aus Kurzzeitmaßnahmen bestand, die keine verwertbaren Qualifikationen und Abschlüsse vermittelten" (ebd. 246). Jedoch wird auch darauf verwiesen, dass ‚junge Leute mobilisiert und erreicht wurden, die Resignationstendenzen und Demotivierungserscheinungen' aufweisen (Schierholz 2001: 198, zitiert nach ebd.). Das könnte man bei ‚Vera' sowohl im Hinblick auf den Ausbildungsabbruch und die erfolglosen Bewerbungen als auch mit Blick auf die später darzustellende Lebenssituation

[28] Das Programm ‚Jump Plus' (07/2003 bis 12/2004) „verfolgte das Ziel, für 100.000 Jugendliche den Zugang zu kommunalen Beschäftigungs- und Qualifizierungsangeboten zu fördern. Das (…) Sonderprogramm des Bundes soll damit für Jugendliche unter 25 Jahren, die Sozialhilfe oder Arbeitslosenhilfe und ggf. ergänzende Sozialhilfe beziehen sowie langzeitarbeitslos oder von Langzeitarbeitslosigkeit bedroht sind, den Einstieg in Beschäftigung und Qualifizierung fördern sowie die Chancen ihrer Eingliederung in den ersten Arbeitsmarkt verbessern" (BM für Bildung und Forschung 2005: 244). Aus dem Vorgängerprogramm ‚Jump' mündeten 30% der Teilnehmenden in eine Erwerbsarbeit auf dem regulären Arbeitsmarkt und 3% in eine betriebliche Ausbildung ein. 30% der Teilnehmenden waren im Anschluss wieder arbeitslos (vgl. ebd.). Ähnliche Tendenzen zeigen die Daten nach ‚Jump Plus' im November 2004. Von den 48% der Teilnehmenden, von den eine Aussage zum Verbleib gemacht werden konnte, hatten 5% eine Ausbildung aufgenommen, 8% eine Beschäftigung gefunden, 7% waren in andere Maßnahmen gewechselt und 28% waren arbeitslos (vgl. ebd. 245).

annehmen. Als ein weiterer Vorteil des ‚Jump Plus Programms' gilt die „gegenüber ‚Regelmaßnahmen' der Bundesagentur für Arbeit erheblich reduzierte Regelungsdichte und damit erhöhte Flexibilität“ (ebd. 244). Diese Flexibilität thematisiert indirekt auch die Erzählerin: „Des se mich nich gekürzt haben, des war mein Glück. Und mich haben se aber nur nich gekürzt, weil ich in das Projekt rein gekommen bin“. Angesprochen werden hier die Sanktionsmaßnahmen, die im SGB II vorgesehen sind für Jugendliche, die eine angebotene Maßnahme der beruflichen Orientierung und Vorbereitung nicht annehmen oder ablehnen (vgl. SGB II § 31). Erwerbsfähigen Jugendlichen zwischen dem 15. und 25. Lebensjahr können bei der ersten Verletzung von Eingliederungs- und Arbeitspflichten die Regelleistungen des Arbeitslosengeld II für den „fürsorgetypischen Bedarf an Ernährung, Strom/Gas, Kleidung, Körperpflege, Hausrat, Haushaltsgeräte, Freizeit, Verkehr, Soziales und Kulturelles“ (SGB II § 20) für drei Monate vollständig gestrichen werden[29]. Man könnte vermuten, dass dies ‚Vera' nach dem Ausbildungsabbruch getroffen hat, dieses Mal jedoch erspart geblieben ist, weil das Programm ‚Jump Plus' auch einen flexiblen Übergang in eine Arbeitsförderungsmaßnahme nach SGB III ermöglichte und sich der Maßnahmeträger bzw. das Fallmanagement[30] um einen solchen Anschluss bemühte: „Ich wurde angeschrieben vom Arbeitsamt und habe mir gedacht: Probierst es einfach mal“. Unmittelbar angeschlossen hat sich laut Erzählung eine Maßnahme zur Erlan-

[29] „Im Dezember 2007 waren 3,5 Prozent der von ARGEn betreuten Bedarfsgemeinschaften mit wenigstens einer Sanktion belastet. Im Durchschnitt hat dies zu einer Reduktion der Geldleistungen um 138 Euro geführt. Am häufigsten waren Paare mit minderjährigen Kindern durch Sanktionen belastet, der Anteil an Bedarfsgemeinschaften mit wirksamen Sanktionen betrug dort 4,2 Prozent. Den niedrigsten Anteil weisen Alleinerziehende mit 2,2 Prozent auf. Durchgehend zeigt sich, dass Bedarfsgemeinschaften mit volljährigen Kindern im jeweiligen Typ überdurchschnittlich mit Sanktionen belastet waren (Bundesagentur für Arbeit 2008b: 24). Das heißt, von den insgesamt 3.620.392 erfassten Bedarfsgemeinschaften wurden im Dezember 2007 106.980 jeweils durchschnittlich 138 Euro vom Arbeitslosengeld II und Sozialgeld abgezogen. Da ‚Vera' unter 25 Jahre alt ist, gilt sie als Teil der Bedarfsgemeinschaft ihrer Eltern (vgl. dazu auch Fußnote 54 im Kapitel 5.3). Im Dezember 2007 waren 53.544 Bedarfsgemeinschaften Paare mit volljährigen Kindern erfasst. Von ihnen waren 2.830 mit Sanktionen von durchschnittlich 131 Euro belastet (vgl. ebd. 25).

[30] „Junge Menschen, die eigenständig oder als Mitglied einer Bedarfsgemeinschaft Ansprüche nach dem SGB II geltend machen können, haben (...) künftig Anspruch auf umfassende Beratung und Betreuung durch die persönlichen Ansprechpersonen, Fallmanager und -managerinnen in den Jobcentern. Diese sind verpflichtet, die unter 25-Jährigen unverzüglich in eine Arbeit, eine Ausbildung oder eine Arbeitsgelegenheit zu vermitteln. Im Rahmen der Umsetzung der Agenda 2010 wird diese Verpflichtung aufgegriffen und mit dem Ziel untermauert, die durchschnittliche Dauer der Jugendarbeitslosigkeit für alle arbeitslosen Jugendlichen bis zum Jahresende auf unter drei Monate zu senken“ (BM für Bildung und Forschung 2005: 226).

gung des Hauptschulabschlusses, die ‚Vera' auch erfolgreich abgeschlossen hat. Allerdings thematisiert die Erzählerin eher eine situative Bedeutung dieses Erfolgs: „Und denn hab ich aber von meiner früheren Schule hier wieder die Lehrer gesehen. Das heißt, die Lehrer, die jetzt früher auf meiner Schule waren, sind jetzt hier gewesen und haben mich unterrichtet und den wollte ich zeigen, dass ich's drauf hab. Den wollte ich zeigen, dass ich's kann. Ich hab das eigentlich größtenteils nich für mich gemacht. (…) aber – des hat Spaß gemacht. Auf Dauer hätte ich's jetzt vielleicht nich gemacht, aber so wie's jetzt war, war es schon schön. Also, es hat Spaß gemacht. Des sind ja auch die Lehrer, also, die haben ja uns auch geholfen, vor der Prüfung, in der Prüfung, nach der Prüfung. Des war nich schlecht. Ich sag mal so, ohne die Lehrer hätte ich auch die Matheprüfung nich bestanden ((lacht)). Weil Mathe war eigentlich denn immer bei mir so das Fach". Die Leserin unterstellt, dass die erlebte Hilfe und der erfolgreiche Schulabschluss ‚Veras' Selbstwertgefühl und vielleicht auch ihre Motivation für eine Ausbildung beeinflusst haben könnten. Die Möglichkeit einer besseren Chance für eine erneute Berufsausbildung oder weitere Qualifizierungen wird jedoch nicht thematisiert.

Für die Zeit der Erzählung wird eine offene Situation geschildert, die sich einerseits so liest, als hätte die Protagonistin zwei Arbeitsoptionen, die sie beide gleichermaßen willkommen heißt: „Aber jetzt bin ich am Überlegen, ob ich meinem Freund folge, weil der Arbeiter von meinem Freund hat gesagt, ich könnte das auch machen. (…) Und ich könnte aber (…) auch n Praktikum machen, hier in dem Kindergarten. Und da bin ich jetzt am Überlegen, was ich mache". Diese Zustimmung wird in der Erzählung mit der Hoffnung auf ein gemeinsames ungestörtes Leben mit dem Freund und möglichen gemeinsamen Erlebnissen begründet: „Weil, wenn ich jetzt ne Ausbildung oder Arbeit finden sollte, werde ich versuchen, mit meinem Freund ne eigene Wohnung aufzubauen. (…) Wenn ich dann auch noch Arbeit habe, dann können wir uns das am Wochenende immer richtig gemütlich machen und können in Urlaub fahren, was wir nie geschafft haben. Ich glaub schon, es gibt Schlimmeres". Zugleich wird eine erlebende ‚Vera' thematisiert, die überfordert scheint: „Das sind Entscheidungen, die musste ich nie treffen und das ist auch nicht leicht – für mich jetzt". Um diese Interpretation zu belegen – und damit auch die eingangs formulierte Hypothese vom fehlenden Sinn von Erwerbsarbeit und einer gleichzeitig zugeschriebenen symbolischen Funktion mit einer möglichen Alternative – soll im Folgenden der zweite Erzählstrang, die anhaltenden ‚Beziehungskrisen', nachgezeichnet werden.

Das Bild der sozialen Beziehungen in der Vera-Erzählung verändert sich nach dem Abschluss der Schule grundlegend. Wenn die Erzählerin so etwas wie einen Wendepunkt mit dem Eintritt ins Berufsvorbereitende Bildungsjahr setzt, ist die einzige Veränderung, die konkret angesprochen wird, eine entspannte soziale Situation: „Ich hab mich mit jedem angefreundet. (...) Zu der Zeit, wo ich aus der Klasse raus bin, habe ich alle auf meiner Seite gehabt, sage ich mal". Diese Einschätzung wird in der Reflexion der Zeit im Berufsbildungswerk noch übertroffen: „Also die neun Monate / Neun Monate war ich auf m Berufsbildungswerk. (...) Des war eigentlich die schönste Zeit, die ich bis jetzt in meinem ganzen Leben hatte". Erzählt wird von erlebter sozialer Akzeptanz und einem Gefühl von Gemeinschaft auch in schwierigen Situationen: „Ich hab da das erste Mal gemerkt, (...) was überhaupt ein Team ist, was das heißt, zusammenzuhalten und alles. (...) Auch die Lehrer waren (...) ziemlich freundlich, haben sich mit uns zusammengetan, als es Probleme gab". Berücksichtigt man, dass Berufsvorbereitungen und -ausbildungen in Berufsbildungswerken meist mit Internatsunterbringungen verbunden sind, könnte man vermuten, dass ‚Vera' im pädagogischen Schonraum auch Selbstständigkeit erproben konnte[31].

Die wesentlichste soziale Veränderung und zwar in einem doppelten Sinne, als Gewinn und Verlust, von der in der Vera-Erzählung zu lesen ist, beginnt mit dem Lebenspartner: „Tja, und dann hab ich mein Freund kennen gelernt. (...) Silvester hab ich mich denn mit meinem Freund verlobt – Wir hatten zwar keen Geld für Ringe, aber er ist auf eine unglaublich niedliche Idee gekommen. Er hat einfach zwei Ringe aus Alufolie gebastelt und mir einfach an n Finger gesteckt". ‚Veras' Hoffnungen auf ein gemeinsames Leben unabhängig von der bzw. den Herkunftsfamilien wurden schon im Zusammenhang mit den Arbeitsoptionen angesprochen. Der Gewinn dieser neuen Partnerschaft geht einher, mit einem sehr dramatisch erzählten Ablösekonflikt zwischen Tochter und Vater: „Ich hab mich denn aber so immer mehr von meinem Vater abgekapselt, je mehr ich meinen Freund kennen gelernt hatte. Und des fand mein Vater halt nich so gut ((holt tief Luft beim Sprechen)). (...) Ich weeß nich, er wollte einfach nich begreifen, dass ich versuchen wollte, mein eigenes Leben aufzubauen. Das hat er einfach nich verstanden". In einer Erzählpassage liest es sich so, als hätte sich ‚Vera' um

[31] „Zum Angebot der Berufsbildungswerke gehört fast ausnahmslos die Unterbringung der Rehabilitanden (...). In der Regel ist den BBW ein Internat angeschlossen (...). Die Rehabilitanden wohnen dort (...) in kleinen Wohngruppen, die unter fachkundiger Betreuung zur Selbstständigkeit herangeführt werden" (BM für Arbeit und Sozialordnung 2001: 9).

Entspannung bemüht, aber eine Eskalation mit körperlicher Gewalt nicht abwenden können: „Und ich wollte aber, dass wieder normale Stimmung herrscht zu Hause. Und das wurde dann aber nich besser sondern immer schlimmer. Ich hab mich dann nachher schon mit meinem Vater geprügelt in der eigenen Wohnung". In anderen Erzählpassagen liest sich der Konflikt zwischen Vater und Tochter wie eine Wiederholung der Problematik von nicht erfüllten Leistungsansprüchen und vergeblicher Hoffnung auf Anerkennung aus der Schulzeit. ‚Vera' berichtet: „Ich dachte eigentlich, das legt sich, wenn ich meinem Vater zeige, dass ich die Prüfungen bestanden habe (...) auf m BBW. Und des wurde dann aber nachher nich besser. (...) Ich hab's einfach meinen Eltern nich mehr recht machen könn". Diese Konflikte führten laut ‚Vera' zu ihrem Entschluss, aus der elterlichen Wohnung auszuziehen und zum Freund, das heißt in die Wohnung seiner Mutter, zu ziehen: „Ich bin dann drei Monate vor meinem achtzehnten Geburtstag ausgezogen. (...) Ja und zwei Tage bevor meine Lehre anfing, bin ich dann zu meinem Freund gezogen". Mit der räumlichen Trennung verbindet die Erzählerin eine Entspannung ihrer Beziehung zur Herkunftsfamilie: „Und jetzt herrscht eigentlich n ganz ruhiges Klima bei mir zu Hause. – Des is schön. Ich besuche meine Eltern zwei- bis dreimal die Woche (...) und des läuft prima. (...) Den letzten großen Streit gab es eigentlich, wo ich meine Ausbildung verloren habe". In diesem Erzählzusammenhang wird der Verlust der Ausbildung aber gerade mit den anhaltenden ‚Beziehungskrisen' begründet: „Ich wollte einfach nich mehr (...) aber es tat mir sehr weh. Ich hatte (...) ziemliche Schwierigkeiten mich bei meinem Freund einzugewöhnen. (...) Und des war dann nachher ooch alles zuviel. (...) Von meinem Freund die Mutter hat mich irgendwie nich leiden können und das wurde dann nachher alles zu viel für mich. Da wurde ich dann krank".

Vor diesem Hintergrund könnte man sich vorstellen, sinkt Ausbildung und Erwerbsarbeit in die Bedeutungslosigkeit. Eine Kompensation der Lebensumstände, die als widrig erlebt werden, könnte durch die Suche nach Selbstbestätigung und Anerkennung in dem Wunsch nach einem selbstständigen Leben mit dem Freund und nach einem eigenen Kind versucht werden. Zudem bietet sich hier das sozial anerkannte Identitätsbild der Mutter als Normalitätsvorstellung an: „Was ich mir wünsche ist halt ne Familie. Welches Mädchen wünscht sich das in dem Alter eigentlich nich. (...) Ich kenne viele, (...) die sich so was wünschen. Ich bin eigentlich, sagen wir mal die Vorletzte, die fehlt mit nem Kind".

Als das Besondere der Vera-Erzählung, Inklusion und Exklusion betreffend, könnte man auf der ‚Achse' Arbeitsmarkt eine deutliche Verschiebung in Richtung Exklusion konstatieren, die sich teilweise wie eine Selbstausgrenzung liest. Beispielhaft sind dafür die Erklärungen zur Verweigerung von Lernhilfen und zum Abbruch des Ausbildungsverhältnisses oder auch die zahlreichen Begründungen für das fehlende Interesse an einer erneuten Ausbildung. Der Ausschluss aus dem Arbeitsmarkt lässt sich als Prozess beschreiben, der mit einem Leistungsversagen in der Schule beginnt, das sowohl mit Minderwertigkeitsgefühlen als auch mit einem Angewiesensein auf Hilfe und in der Folge mit Unselbstständigkeit verbunden scheint. Enttäuschte Erwartungen der Helfenden, Rückzug der Hilfesuchenden und erneutes Leistungsversagen könnten als Spirale beschrieben werden. Mit dem Ende der Schulzeit kann man ‚Vera' als Jugendliche mit schlechten Startchancen bezeichnen. Damit scheint jedoch der Ausschluss aus dem Arbeitsmarkt nicht vorbestimmt. ‚Vera' hat Teil an zwei berufsvorbereitenden Bildungsmaßnahmen und – trotz fehlendem Schulabschluss – an einer Berufsausbildung. Nach deren Abbruch wird zunächst von einem Leben ohne Beschäftigung berichtet, in der zeitlichen Folge von zwei Eingliederungsmaßnahmen, einem Beschäftigungsprojekt und einem Projekt zur Erlangung des Hauptschulabschlusses. Über beides wird ohne Anschlussoptionen berichtet. Zu lesen ist vielmehr von unbefriedigenden Arbeitserfahrungen, Ablehnungen auf Bewerbungen und davon, dass Berufsausbildungen nicht vor Arbeitslosigkeit schützen. Vor diesem Hintergrund könnte man die Begründung für das Nicht-Bemühen um eine erneute Ausbildung mit gesundheitlichen Problemen als Versuch werten, die persönliche Integrität zu wahren angesichts der Forderung qualifizierter Teilhabe am Arbeitsmarkt. Die ‚Achse' sozialer Bindungen erscheint in der Vera-Erzählung von dem Wunsch nach Nähe, Unselbstständigkeit und diesbezüglich ambivalenten Lebenssituationen geprägt. Für das Kind ‚Vera' wird eine enge Beziehung zum unterstützenden Vater beschrieben, die jedoch mit einer großen Distanz zur Mutter und Schwester, fehlenden kontinuierlichen Beziehungen außerhalb der Familie und auch mit der Verpflichtung zur Aufrechterhaltung der Nähe verknüpft wird. Für die jugendliche ‚Vera' wird von einer engen Beziehung zum Freund berichtet, der als zukünftiger Lebenspartner vorgestellt wird. Diese Beziehung wird als Anlass für Konflikte in der Herkunftsfamilie, insbesondere mit dem Vater dargestellt. Darüber hinaus scheint sie begleitet von Spannungen in der Familie des Freundes. Dennoch erscheint diese Beziehung als Option für eine eigene Familie, die Entlastung von zugeschriebenen Erwartungen an berufliche Ausbildung und Arbeit sowie soziale Anerkennung als Mutter und Hausfrau bieten könnte, zugleich aber eine selbstständige Lebensführung unabhängig vom Partner ausschließen würde. Für den Fall ‚Vera' lässt sich der angestrebte Status als Hausfrau und Mutter als ‚selbstverständliches und alternativloses Sinnzentrum individueller Identitätsbildung' angeben. In Betracht kommende Möglichkeiten von Erwerbsarbeit ohne berufliche Ausbildung scheinen dabei wesentlich von der Vereinbarkeit mit familiärer Lebensgestaltung abhängig. In dieser Erzählung wird Erwerbsarbeit kein eigener Sinn zugesprochen. Jede andere Beschäftigung, so könnte man vermuten, würde der beschriebenen Inhaltsleere und Bedeutungslosigkeit des eigenen Lebens ebenso entgegenwirken können. Dazu seien hier noch einmal Picot und Willert zitiert: „Nicht von ungefähr scheint das Konzept der Familie im Lebensplan so vieler Befragter einen ganz zentralen Stellenwert zu haben, verspricht doch die Familie Rückhalt und Orientierung angesichts unsicherer Zukunftsperspektiven" (Picot/ Willert 2006: 255).

4.2 Hajo: Mensch komm mit m Arsch an de Wand! Mach einfach was! Egal was.

Der Erzähler der Hajo-Geschichte ist ein 24-jähriger Mann, der genauso wie die Erzählerin der Vera-Geschichte gerade seinen Hauptschulabschluss erhalten hat, der aber weniger für eine berufliche Perspektive als vielmehr für Eigenaktivität und Selbstbewusstsein bedeutsam scheint. Ebenso wie ‚Vera' hat ‚Hajo' zuvor schon einmal eine Berufsausbildung abgebrochen, die er ohne Schulabschluss aufnehmen konnte. Wie sie lebt er in einer Beziehung, auf die er seine lebensperspektivischen Hoffnungen setzt. Dennoch lassen sich die Lebensgeschichten nicht vergleichen.

‚Hajo' berichtet, dass er zur aktuellen Erzählzeit als ‚Tagelöhner' in einem sozialpädagogischen Projekt zur Förderung der Eingliederung in den Arbeitsmarkt arbeitet. Anerkannte Erwerbsarbeit spielt in der Erzählung eine große Rolle, in der erzählten Lebensgeschichte kommt sie jedoch eigentlich nicht vor. Erwerbsarbeit wird mit ihrer materiellen Komponente als unverzichtbar für die Lebensführung des jungen Mannes dargestellt, andere Bedeutungen werden ihr nicht zugeschrieben. Insofern könnte die Hajo-Erzählung ein Beispiel für die (in Kapitel 3 zitierte) Position von Ferchhoff sein, der davon ausgeht, dass der Erwerbsarbeit zwar ein zentraler Stellenwert für die materielle Reproduktion der Menschen zugeschrieben wird, sie aber ihre dominanten Bedeutung in der Lebensorientierung junger Menschen verliert (vgl. Ferchhoff 1985: 84). Für eine finanziell relativ auskömmliche Erwerbsarbeit auf dem ersten Arbeitsmarkt, so ist in der Geschichte zu lesen, hat der Erzähler seine Ausbildung aufgegeben. Allerdings wird in dem Zusammenhang von einer eher episodischen frustrierenden Erfahrung berichtet. Eine andere Arbeit, die den Lebensunterhalt absichert, ist auf dem zweiten Arbeitsmarkt angesiedelt und auf ein Jahr begrenzt. Ansonsten ist in dem Bericht von vielen Versuchen zu lesen, das eigene Leben – mit denkbar ungünstigen Startbedingungen und ohne unterstützenden sozialen Halt – zu organisieren, die nicht so recht geglückt wirken. Die Eingangserzählung der Hajo-Geschichte wirkt wie eine schlaglichtartige Aufzählung verschiedener Lebensstationen, so als wolle der Erzähler sie schnell hinter sich bringen. Erzählt wird immer wieder von Abbrüchen, Ortswechseln und Neuanfängen. Vielleicht könnten diese als Versuche des Erzählers interpretiert werden, ein anderes Leben zu beginnen? Warum dieser Gedanke entstehen kann, soll im Folgenden verdeutlicht werden. Dafür soll die Hajo-Geschichte anhand ihrer Chronologie (re)konstruiert werden.

Der Bericht über die Kinderzeit wird mit einer Gesamteinschätzung überschrieben, welche die ungünstigen Aufwachsbedingungen des Kindes ‚Hajo' erahnen lässt: „Ähm, ja die war eigentlich für n Arsch, die Kindheit". Eingeleitet wird diese Passage mit einer Vorstellung der Eltern: „Meine Mutter hat bei der LPG[32] gearbeitet und der Stiefvater – hab ich keene Ahnung. Überhaupt nich. Also mein leiblicher Vater – des weeß ich – der arbeitet beim Grenzschutz. Aber der hat meine Mutter verlassen, da war ich echt noch n kleener Stift gewesen – da weeß ich ooch nich warum und so. Aber der Stiefvater – weeß ich nich – also, soweit ich mitkriegen kann, hat der nie gearbeitet. Eben meine Mutter war bei der LPG und da halt eben bloß, wo die Wende gekommen is, da ooch nicht mehr. Da hat se erst Baumschule gemacht gehabt – also was weeß ich – ständig, ja fast nur Umschulungen, Umschulungen von dies zu das zu jenes, also is nie richtig mit m Arsch an ne Wand gekommen. Und denn wahrscheinlich ooch den Kummer in Alkohol ersoffen". Die Kennzeichnung der Eltern – „die warn beede

[32] Eine LPG, eine ‚landwirtschaftliche Produktionsgenossenschaft', war einer der in der DDR üblichen landwirtschaftlichen Betriebe.

Alkoholiker gewesen" – wirkt wie ein Kommentar zur Charakteristik der kindlichen Erfahrungswelt: „Und ich hab immer Stress mit de Eltern gehabt (...) und da haben se mit der Hand ooch immer mal ausgeholt gehabt". In der Erzählung gibt es eine einzige Szene über den Lebensalltag des Kindes ‚Hajo'. In dieser Schilderung erscheint der Haushalt der Großmutter, bei der das Kind am Wochenende auch gewohnt hat, wie ein Fluchtpunkt: „Also ich bin mehr bei meiner Oma gewesen, weil die war immer noch für mich da gewesen. Aber so – ich sag mal – Eltern alles / da hab ich wirklich – ja, sehr distanziert gelebt. Soweit wie ich's konnte, war ich eigentlich weg gewesen von zu Hause. Gut, ich musste zwar vielleicht um neun zu Hause sein. Da war ich eben nach der Schule – ich sag mal von drei nachmittags bis abends um sieben – war ich Fußball spielen. Danach von um sieben bis um neun war ich denn halt bei meiner Oma gewesen. Zu Hause hab ich eigentlich – Gott sei Dank – kaum was mitgekriegt gehabt. (...) Außer halt eben, wenn se besoffen gewesen sind, denn kam se halt nach Hause und haben halt gemeint gehabt, die müssten mich und meine Schwester schlagen". Die Großmutter scheint die einzige Person gewesen zu sein, die dem Kind Aufenthalt, Rückzug und vielleicht auch die Erfüllung physischer Grundbedürfnisse gewährte. Ein reflektierender Kommentar zum Wissen der Großmutter über Alkohol und Gewalt in der Familie – der unentschieden bleibt zwischen einer wissenden Außenperspektive und einer vermutenden Ich-Perspektive – lässt die Leserin vermuten, dass die familiären Probleme als Tabu-Thema behandelt wurden: „Meine Oma wusste schon, was zu Hause abging. Also, ich hab ihr nie was gesagt, aber – sie wird des schon gespürt haben, denk ich mal". Daraus kann man schließen, dass ‚Hajo' mit psychischen Belastungen, Ängsten, Enttäuschungen u.ä. allein und ohne Schutz gelassen war. Über die Schwester erfährt die Leserin nur, dass sie sich von der gesamten Familie abgewendet hat, ebenso wie der Erzähler von den Eltern. „Also da hab ich überhaupt kein Kontakt mehr, da leg ich auch keen Wert drauf, irgendwie / Ich bin jetzt vierundzwanzig, (...) mit sechzehn bin ich ausgezogen. So, das sind jetzt acht Jahre her und – ich bereu's ooch nich, überhaupt nich". Der letzte Kommentar erhält im Zusammenhang mit der gesamten Erzählung eine besondere Brisanz, weil die Geschichten, die über die nachfolgenden Jahre erzählt werden, auch eher von Problemen dominiert werden.

Der ‚Auszug' aus dem Elternhaus wird als ‚Umzug' in eine familienersetzende Hilfe zur Erziehung[33] realisiert: „Da bin ich halt in nen Kinderheim gegangen". Die szenische Inszenierung mit der über den Vollzug der Entscheidung erzählt wird, liest sich wie eine Schlüsselszene, mit der eine Veränderung im Leben des Erzählers eingeleitet wird: „Also aus eignem Entschluss her, wo ich mir gesagt habe, jetzt reicht's. Na eben, mein Vater total besoffen gewesen – und da bin ich ooch im strömenden Regen – des weeß ich ganz genau, im strömenden Regen – die 13 Kilometer geloofen. Und da bin ich da angekomm und hab des so erklärt gehabt. Und da haben se's denn ooch gleich n nächsten Tag mit m Jugendamt abgeklärt gehabt und denn konnt ich gleich n Schulwechsel vollziehen. (...) Die haben mich ja am nächsten Tag denn gleich in de nächste Schule rein geschickt gehabt. Wie se des ooch immer geschafft haben, ich weeß es nich". Über das Leben des Jugendlichen im Heim, den Lebensalltag, pädagogische Bezüge oder ähnliches wird in der Geschichte nichts erzählt. Es gibt aber zwei Themen dieser erzählten Zeit, die als so etwas wie ‚Weichensteller' für die Schwierigkeiten der weiteren Lebensgeschichte interpretiert werden könnten, das letzte Schuljahr und die soziale Einbindung.

Es gibt in zwei unterschiedlichen Textzusammenhängen zwei verschiedene Berichte über das letzte Schuljahr, in dem ‚Hajo' die „Schule geschmissen" hat. Einerseits wird von relativ regelmäßigen Schulbesuchen, aber Desinteresse und Unterforderung berichtet. Letzteres wird mit einem Verweis auf das zur Erzählzeit absolvierte Hauptschulprojekt legitimiert: „Des ging eigentlich. Also dort war ich immer noch n Jahr. Ooch schleifen lassen (...) Also geschwänzt hab ich eigentlich kaum. Bin fast immer da gewesen, aber das Interesse hat einfach gefehlt gehabt an der Schule. Weeß nich, weil da warst de halt eben – ja, lieber mit Freunden, quatschen usw. als irgendwie off n Unterricht offzupassen. Eben dadurch bist de denn halt abgesackt. Ich hab's eigentlich drauf. Des haben meine Lehrer ooch gesagt, hier vom L [Name des Hauptschulprojektes], dess ich es echt drauf habe. Aber – da war echt die Faulheit da gewesen und da hast de ooch keene richtige Lust denn gehabt. (...) Des war ooch, ich war unterfordert gewesen. Ich hab mich echt nicht gefordert gefühlt, in der Schule". Andererseits wird vom ‚Schwänzen' der Schule gesprochen: „Da hab ich ooch geschwänzt. Da war ich wahrscheinlich – wie oft war ich nich in der Schule? ((lacht kurz auf)) – von nem halben Jahr, was ich eigentlich noch müsste, vielleicht drei, vier, fünf Tage

---

[33] Vgl. zum Thema Heimerziehung die Anmerkung im Kapitel 3.2.

– dann ooch nich mehr. Ooch nur mit Auto rum gefahren und so weiter und da mal in ne Bude gehockt und da mal. – Also Schule denn überhaupt ganz und gar geschmissen, deshalb bin ich ooch ohne Abschluss abgegangen. Also deshalb hab ich so n Abgangszeugnis". Der Kommentar zu dieser Version der Geschichte liest sich wie ein Fallbeispiel für ‚Schulabsentismus im Zusammenhang mit der Entscheidung für eine schulabgewandte Gruppennorm'[34]: „Also, da hast de echt von jetzt off gleich gelebt und ooch von zwölf bis Mittag gedacht. Da war alles egal gewesen. Die Freunde warn immer der Mittelpunkt gewesen und denn – ooch an gar nischt weiter gedacht. Warn ja ooch zu Hause, das war ja selbstverständlich, dess die zu Hause gehockt haben ((lacht kurz auf)). Manchmal dachte ich ooch, des is ja gar keen richtiges Leben, sitzt immer zu Hause und alles, aber da hast de nich weiter nachgedacht gehabt".

Damit ist der Übergang zum zweiten Thema der erzählten Zeit des Lebens im Kinderheim geschaffen, die Freunde und in dem Zusammenhang die eigene rechtsradikale Orientierung: „Hab da ooch n ersten Tag (…) so n paar Leute kennen gelernt gehabt". Der Erzähler stellt den Kontext, in dem er mit den neuen Freunden agiert sowohl als zufälligen dar: „des war (…) aus der rechten Szene (…) da hab ich ooch nich weiter offgepasst" als auch wie unausweichlich: „Ja, man is in ne neue Umgebung rein gekommen und hat halt gleich am Anfang die falschen Leute kennen gelernt gehabt. (…) Im Kinderheim war's so gewesen, dass ooch (…) viele Faschisten da gewesen sind, also kaum Leute, die nich so gedacht haben. (…) Die Sozialarbeiter oder die Heimbetreuer konnten des eigentlich überhaupt nich unterbinden. (…) Da war halt der – der Rechtenkreis sehr groß gewesen. (…) Da warn halt sehr viele Erwachsene gewesen oder na ja jüngere Erwachsene, die halt gesagt haben: ‚Mensch hier, die Ausländer sind dran Schuld' usw. und da war man schon leicht manipulierbar. Wenn was gesagt wurde: hm ja, seh ich genauso ((lacht kurz auf))". Mit der Selbstdarstellung als ‚manipulierbar' kennzeichnet sich der Erzähler als eine Art ‚Mitläufer', der seine Einstellungen und Handlungen nicht hinterfragt. Man kann dies als eine nachträgliche Rechtfertigung interpretieren, wenn es resümierend heißt: „Und denn war des schon ne Scheiß-Situation gewesen". Andere Aspekte dieser Erzählpas-

[34] Anhand themenbezogener Interviews lässt sich zeigen, dass ein wesentliches Motiv für Schulabsentismus die Entscheidung für eine schulabgewandte Gruppennorm sein kann. Dabei wird von befragten Jugendlichen die Bedeutung von Freundinnen und Freunden bzw. die Zugehörigkeit zu Cliquen im Zusammenhang mit familiären Verlusterfahrungen ohne pädagogische Unterstützung betont (vgl. Puhr 2003: 67).

sage, in denen beschrieben wird, wie ‚Hajo' „im Faschistenkreis aufgetreten" ist, lassen den Erzähler als aktiv Agierenden erscheinen: „Und bin ooch in ne Partei eingestiegen, bei den Republikanern und – die haben eem natürlich ooch des Blaue vom Himmel runter geschworen ((lacht kurz auf)). (…) da hab ich eben nem Ausländer mal eene rein gedrückt".

Im Erzählaufbau schließt sich hier – mit dem Bericht über eine Inhaftierung und die damit verbundenen Erlebnisse – wieder so etwas wie eine Schlüsselszene an, mit der eine Veränderung im Leben des Erzählers eingeleitet wird: „Und ja, ooch verhaftet worden von der Polizei durch verschiedene Delikte, die ich halt gemacht habe. Eben, wie gesagt, da hab ich eben nem Ausländer mal eene rein gedrückt und denn bin ich mal in Jugendarrest rein gekommen vier Wochen. (…) So, denn kam eben n Mitgefangener (…). Ich gloobe des war n Marokkaner oder so was gewesen. Na, mit dem hab ich denn halt gequatscht gehabt. Am Anfang ooch da abgeblockt. Aber da wir beede nu off eener Zelle gewesen sind und 23.00 Uhr schon eingeschlossen gewesen sind, klar da musst de ja zwangshalber n bisschen. Und denn hab ich mitgekriegt gehabt, er is ja gar nich so blöde. Mensch der hat ja ooch was im Kopp und der is lieb und nett und alles. Warum bist de denn da eigentlich so blöde und sagst, alle Ausländer sind Scheiße? (…) Den hab ich echt gemocht, den hab ich echt in mein Herz geschlossen. (…) Und da bin ich halt zu mir gekommen und hab gedacht gehabt, so kann's nich weitergehen". Man könnte sagen, dass hier eine Entscheidung für den Abbruch bisheriger Eigenentwicklung in Distanz zum erzählten Ich thematisiert wird.

Der Lebensabschnitt, über den in der erzählzeitlichen Folge berichtet wird, beginnt wieder mit der Darstellung einer Eigenaktivität, die als Versuch ‚Hajos' gelesen werden kann, das eigene Leben zu gestalten. „Weg aus der rechten Szene. Wie machst de des am besten? In ne Zeitung reingeguckt gehabt: Mensch arbeiten kannst de ooch mal (…) und denn war halt die Annonce da gewesen, wo ich halt gedacht hab, die is okay – Beifahrer". Mit der Suche nach ‚Beifahrern' werden junge Leute für die Arbeit in einer ‚Drückerkolonne' geworben, in der sie als Verkäuferinnen und Verkäufer von Zeitschriften-Abonnements, Telefonverträgen u.a. beschäftigt werden: „Und denn war ne Zeitungsannonce gewesen, wo drin stand: ‚Beifahrer gesucht, Produktionshelfer etc.', konnte man sich überhaupt nischt drunter vorstellen. Da dachte ich: Als Beifahrer verdienst de natürlich ooch Geld ((lacht kurz auf)). Na letzten Endes musst de halt Zeitungen verkoofen". Mit der Annahme dieser Arbeit werden die Angeworbenen wirtschaftlich und persönlich weitgehend vom Auftraggeber abhängig und bleiben ohne soziale Absicherung. ‚Hajo' berichtet von seinen Erfahrungen: „Na angerufen. Hab gesagt, hier ich hab eure Zeitungsannonce gesehen gehabt. Würd mich mal bewerben. ‚Ja, keen Problem, wo wohnst de denn?' Ich sage, ja, da und da eben. Denn haben se n Zugticket hinterlassen gehabt. Also, denn bin ich rüber gefahren und hab erst mal geguckt und so. So und des war am Anfang gar nich so schlecht gewesen. Fand ich ooch recht lustig, so an ne Haustüren zu rennen ((lacht kurz auf)) (...). Tja, des is halt so, dass de halt erst mal den Text den an de Tür sprechen musst, erst mal lernen musst. So und denn hat man ooch keene Freizeit, man geht zwar hin, aber man hat keene Freizeit. Man steht früh um sieben off. So und denn wird geduscht und gefrühstückt und um achte, halb neune rum fährt man dann halt eben los und kommt abends um sechse wieder nach Hause. Is denn ooch total erledigt und – weeß nich – isst man denn Abendbrot und macht ja, in Anführungsstrichen Schulung, des heißt noch mal lernen, Argumentation lernen und so weiter. So hat man also absolut keene Freizeit. Also man lebt praktisch für die Arbeit. Und des muss nich sein. Eben des is, danach is man wirklich fertig, geht ins Bettchen und denn pennt man auch. Und dann steht man frühs wieder auf, immer derselbe Trott. Man steht auf, geht arbeiten, kommt nach Hause, schläft". Der Erzähler erklärt, dass ihm die Hintergründe dieses ‚Arbeitsangebotes' nicht bekannt waren. Der diesbezügliche Kommentar kann insofern als Darstellung eines allgemeinen Falls aufgefasst werden, als davon auszugehen ist, dass die meisten Bewerberinnen und Bewerber um eine ‚Beifahrer'-Tätigkeit davon ausgehen, dass Annoncen in Tageszeitungen vertrauenswürdig wären: „weil (...) ich eben nischt gewusst hab. (...) Ich dachte halt erst mal (...) okay verdienst dein Geld und alles da. Machst halt eben was".

Vielleicht kann die ergänzende Begründung für die Annahme dieser Tätigkeit auch als ein allgemeiner Fall interpretiert werden. In dem Bericht über die Entscheidung für die Beschäftigung wird das Bestreben nach finanzieller Selbstständigkeit betont, die Arbeitsinhalte scheinen dabei ohne Bedeutung. ‚Hajo' hat sich von den ‚Abhängigkeitsunterstellungen' scheinbar nicht beeindrucken lassen. Er berichtet, dass er diese Arbeit nach kurzer Zeit aufgegeben hat: „Wie lange hab ich n des gemacht? Zwee Monate vielleicht, denn hab ich ooch gesagt, na hier ((pfeift)), musst de ooch nich machen. Und ich mein (...) blöd bin ich nich – denk ich mal – und dess ich schon mehr machen kann, als so was ((lacht kurz auf)). (...) Und denn bin ich in Nacht und Nebel – bin ich denn abgehauen, also nich gesagt, ich kündige, sondern bin denn in Nacht und Nebel los". Wieder scheint ‚Hajo' an etwas ‚Falsches' geraten zu sein, dieses Mal ist es die Arbeit: „Ja, und des war wahrscheinlich die falsche Entscheidung. Also nich die falsche Entscheidung zu arbeiten, sondern <u>die</u> Arbeit zu machen ((lacht kurz auf))". In diesem Zusammenhang wird auch erklärt, dass ‚Hajo' als Mensch ohne Erwerbsarbeit keinerlei Informationen über seinen Anspruch auf Leistungen zur Sicherung des Lebensunterhaltes gehabt hat[35] und sich deshalb mit einer anderen ‚Einkommensquelle' versucht hat, mit der er sich jedoch langfristig verschuldet hat: „Das hab ich halt nich gewusst, wenn ich denn arbeitslos bin, des ich denn zum Sozialamt gehen kann und sagen kann, dass ich Geld möchte. Da hab ich schon Handyverträge gemacht, hab die Handys dann anschließend ooch verkooft gehabt und bin denn ooch in ne Schuldenfalle reingetappt. Weil ich ooch absolut – von Tuten und Blasen keene Ahnung hatte". Die Leserin oder der Leser könnte kopfschüttelnd und rhetorisch fragen, ‚wie man so naiv sein kann'. Sie oder er kann aber auch zur Kenntnis nehmen, dass der Erzähler zu seiner Entlastung angibt, dass ihm die Bedingungen fehlten, die vor solchen Versuchungen schützen können und dass hier kein Einzelfall dargestellt wird: „hab keene Ahnung gehabt von Sozialamt oder ähnliches und / Ich hab halt keen gehabt, der mir so was beibringen kann".

Aus dem weiteren Erzählverlauf ist zu schließen, dass ‚Hajo' während seiner Tätigkeit als ‚Drücker' eine Freundin kennen gelernt hat: „So bin ich denn zu meiner Freundin gezogen, die ich damals eben ooch (…) kennen gelernt hatte". Über die Art der Beziehung – die für diese erzählte Zeit als sozialer Halt gedeutet werden kann – wird nichts erzählt, lediglich die Dauer, ein gemeinsames Kind und der Grund der Trennung wird benannt: „Hm, die hab ich drei Jahre gehabt. (…) Mit der hab ich jetzt ooch n Kind. (…) Aber nach ner Weile halt eben, da bin ich zur Bundeswehr gegangen und denn hat's ooch nich mehr geklappt. (…) Weil ich in der Woche halt weg gewesen bin, am Wochenende war ich noch zu Hause gewesen und – da kam se nich mit klar ((lacht kurz auf)). Und da hat se sich zwischenzeitlich n andern Lebenspartner gesucht gehabt und da war ich denn abgeschrieben ((lacht kurz auf)). Aber zahlen darf ich noch. (…) Ja, des war für mich – weeß ich nich – war einfach mal so gewesen, dass ich sage, Mensch komm mit m Arsch an de Wand! Mach einfach was! Egal was. Und denn bin ich eben zur Musterung. […] Und denn kam eben der Bund. Aber war nur der Grundwehrdienst, die zehn Monate". Nach dieser Erklärung über die freiwillige Meldung zur Bundeswehr und die Zeitangaben in der Erzählung [drei Jahre Beziehung mit einem Ende während des zehnmonatigen Grundwehrdien-

[35] Auch im Jörg-Portrait wird die Unwissenheit über den Anspruch auf Leistungen zur Sicherung des Lebensunterhaltes als Begründung für die Akzeptanz einer entwürdigenden Erwerbsarbeit benannt (vgl. Kap. 5.1).

stes] könnte man sich ein Szenario vorstellen, dass ‚Hajo' – vielleicht auch wegen der Beziehung zu Frau und Kind mit einem Status als ‚Arbeitsloser' ohne berufliche Ausbildung unzufrieden war und nach einer anerkannten Beschäftigung gesucht hat[36]. An der Stelle sei noch einmal auf Schumm verwiesen (vgl. Kapitel 3), der die These vertritt, dass insbesondere für junge Männer ein Beruf und der sich damit verbindende Lebensentwurf eine zentrale Bedeutung behält (vgl. Schumm 1991: 226). Das mag verbunden sein mit einem traditionellen Verständnis als ‚Ernährer' der Familie, wie Beck es beschreibt: „Gemäß dem traditionalen männlichen Geschlechtsrollenstereotyp ist der ‚Erfolg' des Mannes wesentlich an ökonomischen, beruflichen Erfolg gebunden. Erst ein sicheres Einkommen ermöglicht es ihm, dem Männlichkeitsideal des ‚guten Ernährers' (…) nachzukommen" (Beck 1990: 35).

Wie nebenbei ist zu erfahren, dass ‚Hajo' während seiner Armeezeit angefangen hat zu ‚kiffen': „Und denn – war's danach ooch vorbei gewesen. Da kam denn ooch die ganze Kifferei und so". Ob mit dem hier bezeichneten Abschluss das Ende der Beziehung gemeint ist oder das der Armeezeit, bleibt offen. Vorstellbar wäre auch, dass der Erzähler auf eine längere auskömmliche Beschäftigung, vielleicht auch eine Ausbildung bei der Armee gehofft hat. ‚Hajo' berichtet – was seine Teilhabe an gesellschaftlicher Arbeitsbeteiligung betrifft – von einem Anschluss, der ihm durch soziale Kontakte vermittelt wurde.

„Und denn kam die Lehre. (…) Des war durch n Bekannten gewesen, der hat den [Firmenchef] gekannt gehabt. Und denn hat der gesagt: ‚Könn wir probieren'. Hab denn erst mal Praktikum kurz gemacht gehabt, denn hat der gesagt: ‚Okay, machen wir'. Und denn halt nach zwee Jahren eben dummerweise abgebrochen". Bei dieser Lehre, so ist aus der Erzählung zu schließen, handelte es sich um eine anerkannte Berufsausbildung. Man könnte vermuten, dass ‚Hajo' damit seinem Wunsch, ‚mit m Arsch an de Wand zu kommen' etwas näher ge-

---

[36] Die Bundeswehr wirbt für militärische und nichtmilitärische Karrieren, für ersteres aktuell wie folgt: „Suchen Sei einen Job, der nicht alltäglich ist? Möchten Sie im Team die besondere Herausforderung suchen und bestehen? Interessieren Sie sich für ein Gehalt, wie Sie es in anderen Berufen erst nach vielen Jahren Betriebszugehörigkeit erhalten? Dann bewerben Sie sich für die Laufbahn der Mannschaften. Im ersten Quartal 2009 bietet Ihnen die Bundeswehr bundesweit mehr als 2400 Stellen in den Laufbahnen der Mannschaften" (Bundeswehr 2008: 1) Unter der Überschrift „Mit dem Hauptschulabschluss zur Bundeswehr" ist zu lesen: „Als Soldatin oder Soldat in der Laufbahn der Mannschaften erhalten Sie einen interessanten Arbeitsplatz: Als Fahrerin oder Fahrer einer Panzerhaubitze, als Bordpersonal bei der Luftwaffe, im Stabsdienst oder auch an Bord von Schiffen und Booten der Marine! Mannschaften werden in allen Bereichen der Streitkräfte eingesetzt" (ebd.)"

rückt ist. Er hat ohne Schulabschluss eine Ausbildung beginnen können. Mit deren Abschluss hätten sich seine Optionen auf eine Erwerbsarbeit auf dem ersten Arbeitsmarkt vielleicht verbessern können. Stattdessen kommen in der Erzählung die schlechten Arbeitsbedingungen im Ausbildungsbetrieb und die geringen finanziellen Einkünfte des Auszubildenden als Einschränkung von möglichen aktuellen Lebensoptionen zur Sprache: „Maler und Lackierer (...) war des gewesen (...). Und – ja alles eben gemacht gehabt. Die Sicherheitsvorkehrungen warn ooch für n Arsch gewesen. Du hast da praktisch n Auto lackiert gehabt und der ganze Staub und alles (...) Da kam man echt nach Hause, so halb röchelnd ((lacht kurz auf)). (...) Von dem Lehrlingsgeld konntest de ooch nich viel machen. Eben, andre Leute rennen da rum, jedes Wochenende Disco und so, des konntest de dir überhaupt nich leisten. Des ging ja gar nich vom Lehrlingsgeld. Da warst de froh, wenn de was zu essen hattest und denn – ja, vielleicht mal een Tag in de Disco, für drei Euro was zu trinken koofen ((lacht kurz auf)) und das war's dann. Also, des war schon ne komische Zeit gewesen". Als Motiv für den Abbruch der Ausbildung, der zur aktuellen Erzählzeit mit einem Ausdruck des Bedauerns kommentiert wird, lässt sich der Wunsch lesen, das eigene Konsumverhalten dem der relevanten Vergleichsgruppe anzupassen. „Na, damals (...) wo ich die Lehre gemacht hab, dacht ich ich ooch, Mensch die andern gehen in die Disco, haben die teuren Klamotten usw. (...) Klar, du wolltest mithalten". Als Anlass wird die Möglichkeit der Aufnahme einer Erwerbsarbeit als Aushilfskraft dargestellt: „Nee, brichst de ab, willst lieber richtig Kohle verdienen. (...) Im K [Name eines Lebensmitteldiscounters]. (...) Man hat schon gut Kohle verdient da, (...) des ging eigentlich (...) war wahrscheinlich Tariflohn gewesen, keene Ahnung. (...) Und des lief ooch, war echt super gewesen". Mit der Beschreibung des sozialen Klimas begründet ‚Hajo', dass er auch diese Arbeit schnell wieder aufgegeben hat. „Aber die Arbeitsbedingungen warn ooch für n Arsch gewesen. Der Chef war – weeß nich – da kamst de dir echt vor wie bei der Gestapo ((lacht kurz auf)). (...) Alle jungen Leute haben da echt abgekotzt".

In einer Art Resümee gibt es eine andere Begründung für den Abbruch der Ausbildung: „durch kiffen. Weil ich hatte eben – ja Drogenkonsum, sag ich's mal so". In dieser Zuschreibung – ‚Drogenkonsum' könnte man eine Analogie zur Alkoholabhängigkeit der Eltern suchen, aber auch eine Distanz sehen, weil die Droge, von der ‚Hajo' berichtet eben nicht Alkohol ist. Die Geschichte lässt eine andere Vermutung zu. Es könnte sein, dass ‚Hajo' nicht nur Drogen konsumiert, sondern sich auch als Verkäufer seinen Lebensunterhalt aufgebessert hat. Das bleibt aber eine nicht zu bestätigende Mutmaßung. Der Erzähler charakterisiert die Zeit nach dem Abbruch der Ausbildung als Versinken, als erneuten Untergang: „Bin ooch wieder abgesackt (…) und so – nach ner Weile und denn – noch mal eingefahren (…) wegen 45 Gramm Hasch, was ich bei mir hatte. Des war da halt schon n bisschen viel (…) Und da haben se mich noch mal in U-Haft gesteckt sechs Monate. Und denn wurd ich noch mal für vier Wochen Jugendarrest verdonnert“. Mit dem Bericht über die Inhaftierung wird wieder etwas wie ein Schlüsselerlebnis dargestellt, mit dem eine Veränderung im Leben des Erzählers eingeleitet wird und wieder wird ein Mitgefangener als Auslöser beschrieben: „Und da bin ich zur Besinnung gekommen, was ich überhaupt für Scheiße gebaut habe. Und da dachte ich mir ooch, jetzt musst de hier weg. Alleene kommst de da nich raus, da haust de am besten ab. (…) durch n Mitgefangenen. Der hat hier gewohnt gehabt (…) und hat gesagt gehabt: ‚Pass auf, hau ab! Da kommst de erst mal zu mir, da kannst de erst mal unterkommen und alles’. Und des hab ich ooch wahrgenommen gehabt. (…) und bin nach H [Name des erzählzeitlichen Lebensortes] (…) nachdem ich entlassen wurde“.

Die Ankunft am Lebensort der Erzählzeit wird dargestellt als eine ohne finanzielle Mittel ohne soziale Bindung und ohne Unterkunft mit dem öffentlichen Raum als Lebensmittelpunkt: „Bin praktisch als Obdachloser hierher gekomm“. Diese Obdachlosigkeit lässt sich im Rahmen der Hajo-Erzählung als Chance verstehen, weil damit nicht nur Hilfe bei der Suche nach einer Unterkunft und die Möglichkeit der befristeten Arbeitstätigkeit in einem sozialpädagogischen Projekt zugänglich ist, sondern auch fachliche und soziale Unterstützung bei der Organisation des Lebensalltags: „Bin dann in (…) ein Projekt für Straßenkinder, da bin ich reingekommen und die haben mir weitergeholfen bei Wohnungssuche, Arbeitssuche etc. (…) der hat mich n bisschen informiert gehabt und (…) der hat mich ooch begleitet gehabt und hat alles abgeklärt. Da war ich echt froh drüber. – Weil des weeß ich ooch, des hätt ich nich so gut machen könn. Wenn die mir gesagt hätten: ‚Nee, Sie kriegen nischt’ hätt ich gesagt, is okay, schön Tag noch. ((lacht kurz auf))“.

Der Erzähler erklärt, dass es sich bei der Arbeitstätigkeit um „nen Jahresarbeitsvertrag“ im geschützten Raum des sozialpädagogischen Projektes handelte. Die damit verbundene materielle Situation wird zunächst auch als Mangel dargestellt. Im Gegensatz zur Selbstdarstellung als Auszubildender schließt sich hier jedoch eine unmittelbar wirkende Erzählung über die eigene Anspruchslosigkeit an: „Und hab denn hier erst mal gearbeitet gehabt, hab n bisschen Geld verdient gehabt. (…) Da hab ich auch nur 750 Euro netto gehabt (…) also 500 Euro zum Leben gehabt. (…) Und jetze geh ich als Tagelöhner für n Euro arbeiten. Na, was is n das? N Euro, des sind drei Brötchen. Dafür gehe ich ne Stunde arbeiten. Und des is einfach schon erniedrigend, find ich irgendwo. (...) Mir selber – reichen 300 Euro im Monat zum Leben. Ich sag mal so, des sind 10 Euro am Tag, wenn de's so siehst. (...) Und n Hund hab ich auch, bisschen Hundefutter noch eben ((lacht kurz auf)), aber im Großen und Ganzen hab ich denn immer noch 200 Euro übrig gehabt, um irgendwelche Klamotten zu koofen. (...) Is okay, fühl ich mich eigentlich wohl. Des kann man ruhig so sagen. Gut, jetzt bin ich zwar wieder arbeitslos, aber – man muss einfach mal gucken".

Die nachfolgende Erzählung liest sich, als habe ‚Hajo' im Anschluss an die Arbeitsgelegenheit einen neuen Versuch unternommen, sein Leben zu organisieren: „Ich bin denn arbeitslos geworden und denn dachte ich ooch, na ja, was sollst de jetzt zu Hause rumhocken, was bringt n dir das? Und eben, dass ich ooch nich aus m Rhythmus rauskomme und ooch nich so n verschlafener, was weeß ich was werde, (...) dachte ich mir ooch, okay fängst de mit deiner Zeit irgendwas an. Gehst zum Arbeitsamt. Und hab gefragt, na wie sieht's n aus mit Hauptschulabschluss nachholen? (...) Und den hab ich jetze gestern erfolgreich bestanden gehabt". Die Leserin unterstellt, dass die Startbedingungen für diesen Neuanfang besser sind, weil von einer Freundin und ihrer Familie erzählt wird, die als unterstützender sozialer Halt mit der Hoffnung auf eine langfristige Bindung, soziale und vielleicht auch materielle Sicherheit dargestellt werden: „Ich hab jetzt hier ne Freundin und die macht noch ihr Abitur – vielleicht hält es ja. Gucken wir mal, ich bin optimistisch ((lacht kurz auf)). – Mit die Eltern komm ich ooch klar (...) Die wissen ja, wie schwer es is, als junger Mensch Arbeit zu finden (...) und da – setzen se och keen unter Druck (...) obwohl die Eltern schon n bisschen höheres Klientel haben. (...) Die haben da schon – ja n gutes Nettoeinkommen ((lacht kurz auf)). Haben ooch n Häuschen".

In der Erzählung über Zukunftsvorstellungen wird Erwerbsarbeit als Teil der Lebensgestaltung bezeichnet, allerdings erscheint auch hier die ‚neue Anspruchslosigkeit': „Man muss einfach das nehmen, was man kriegt, des muss man mitnehmen. Also so is es einfach. (...) Bei der momentanen wirtschaftlichen Lage, ja. Da muss ich wirklich sagen, des is okay. (...) Da würde ich das nehmen, was kommt. (...) Klar, ich würd zwar immer als Helfer dann arbeiten, aber – man hat erst mal was. Und da kann man ja froh sein, jetzt bei der heutigen Arbeitsmarktlage, wenn man wirklich sagen kann, ich hab was. Das is es doch". Die Grundlage des Lebensentwurfes bildet dabei die Beziehung zur Freundin, ihre Bildungsentscheidung und damit verbunden wieder ein Neuanfang: „Also wie gesagt, wenn meine Freundin mit Abitur fertig is, wenn se studieren will, denn gehen wir sowieso“.

Zusammenfassend könnte man sagen, dass im Fall ‚Hajo’ brüchige Sozialbeziehungen und Ausgrenzung aus dem Arbeitsmarkt als die beiden Achsen für Exklusion erscheinen. Inklusion scheint nur möglich durch immer wieder neue Versuche, soziale Teilhabe und Arbeit zu finden. Der Mut und die Kraft dafür, die der Erzähler bei all den wenig geglückt erscheinenden Versuchen vermittelt, beeindrucken die Leserin. Auch wenn mit der aktuellen Geschichte keine eigene Lebensplanung, unabhängig von der Freundin möglich scheint, so wird doch eine neue Option durch die soziale Beziehung thematisiert. Und auch wenn die Chancen, langfristig eine Erwerbsarbeit zu finden, nicht sehr groß sein mögen, scheint ‚Hajo, fest daran zu glauben: „Aber – ich sage mir, dass ich mir lieber Arbeit suchen will und dann – wirklich mit m Arsch an die Wand komm will. Weil ich bin schon 24 und da irgendwann muss es ja mal losgehen“. Dass beide Hoffnungen unsicher sind, scheint aktuell ohne Bedeutung.

5 Exklusion aus dem Arbeitsmarkt als soziale Ausgrenzung

Unter dem Titel ‚Zwischen drinnen und draußen' stellen Büchel u.a. Fragen ‚gesellschaftlicher Exklusion' und ‚latenter Abstiegsrisiken' im Zusammenhang mit prekären Arbeitsmarktchancen (vgl. Büchel 2000: 7). Untersuchungen zur ‚gesellschaftlichen Exklusion' werden hier mit Blick auf Arbeitslosigkeit und Armut angekündigt: „Inwiefern bildet sich am unteren Rand der Gesellschaft eine wachsende Anzahl von Personen heraus, die langfristig nicht in der Lage ist, ein eigenes Einkommen oberhalb der Armutsschwelle zu erwirtschaften, und damit permanent von materieller Not bedroht bleibt" (ebd.)? Forschungen zu ‚latenten Abstiegsrisiken' richten sich auf Bedrohungen durch „Arbeitslosigkeit, Niedrigeinkommen, Armut und ihre weiteren Folgen" (ebd.). Thematisiert werden Lebenssituationen sowohl von Menschen, die langfristig ohne Erwerbsarbeit leben als auch von Menschen mit unsicherer Erwerbsarbeit. Sie alle leben in dieser Gesellschaft, nicht ‚draußen' und scheinen doch sozial ausgegrenzt ‚zwischen drinnen und draußen' (vgl. ebd.) bzw. von Ausgrenzung bedroht. Zu dieser Bedrohung setzen sich Menschen in unterschiedlichster Weise ins Verhältnis. Idealtypisch könnte man unterscheiden zwischen Lebensgestaltungen, die trotz prekärer Arbeitsmarktchancen gekennzeichnet sind vom andauernden Bemühen um Erwerbsarbeit und solchen, in denen Erwerbsarbeit nicht mehr das selbstverständliche und alternativlose Sinnzentrum darstellt. In beiden Fällen scheinen eingeschränkte individuelle Gestaltungsmöglichkeiten, niedrige Einkommen sowie unsichere Perspektiven ebenso zum Lebensalltag zu gehören wie Auseinandersetzungen mit beschränkten Teilhaberechten und verwehrter sozialer Anerkennung. Diese Kriterien sozialer Bedrohung und Ausgrenzung werden im Zentrum der folgenden Ausführungen stehen.

Die Selbstverständlichkeit des Zusammenhangs von Teilhabe an Erwerbsarbeit und sozialer Inklusion müsste in Frage gestellt werden, wenn man erschwerte Inklusion in den Ausbildungs- und Arbeitsmarkt nicht nur als ein individuelles, sondern als ein strukturelles Problem einer Gesellschaft betrachtet, in der „der technische Fortschritt in allen Wirtschaftsektoren – in der Landwirtschaft, in der Industrie und im Dienstleistungsbereich – Millionen von Menschen arbeitslos“ macht (Rifkin 1996: 12). Vollbeschäftigung gilt zwar als wirtschaftspolitisches Ziel, ist historisch aber eher eine gesellschaftliche Ausnahme und realistisch nicht zu erwarten in ‚einer automatisierten Welt in der der Marktwert menschlicher Arbeitskraft zusehends überflüssig wird' (vgl. ebd. 13). Vor diesem Hintergrund formuliert Engler die These: ‚Die Vorstellung, jeder könne ein Leben auf Erwerbsarbeit aufbauen, ist anachronistisch geworden' (vgl. Engler 2005: 113). Sie bildet den Rahmen der Ausführungen der beiden letzten Kapitel dieses Bandes. Ausgehend von dieser These wäre nach Möglichkeiten sozialer Teilhabe angesichts prekärer Ausbildungs- und Arbeitsmarktchancen zu fragen. In diesem Kapitel sollen Auseinandersetzungen mit der Exklusionsproblematik nachvollzogen werden, in denen trotz Mehrdimensionalität davon ausgegangen wird, dass Exklusion aus dem Arbeitsmarkt als soziale Ausgrenzung verstanden werden kann. Die hier vorgestellten biografischen Portraits ‚Jörg' und ‚Beate' zeigen beispielhaft wie rechtliche und institutionelle Bindungen an den Ausbildungs- und Arbeitsmarkt in ganz unterschiedlichen Lebenskontexten zu Bedingungen für soziale Ausgrenzungen werden können. Im Kapitel 6 werden Versuche einer Gegenposition vorgestellt, mit denen die Zuschreibung sozialer Teilhabe trotz Exklusion aus dem Arbeitsmarkt möglich scheint. Die dort integrierten Portraits sollen exemplarisch verdeutlichen, wie Exklusion aus anerkannter Erwerbsarbeit zu neuen Formen sozialer Teilhabe führen kann.

Wenn man im Anschluss an Kronauer Inklusion als mehrdimensionalen Begriff versteht – als einen von Partizipation über Teilhaberechte sowie Interdependenz durch Erwerbsarbeit und soziale Nahbeziehungen (vgl. Kapitel 1) –, lässt sich Arbeitslosigkeit nicht mit sozialer Exklusion gleichsetzen. Castel stellt einen ‚inflationären Gebrauch des Begriffes Exklusion bei der ‚Bezeichnung und Analyse sozialer Risiken und Brüche' fest (Castel 2008: 69) und versucht „die Merkmale des Ausschlusses im engeren Sinne herauszuarbeiten, die eine reflektierte Verwendung des Begriffs erlauben“ (ebd.). Er beschreibt drei Gruppen von Praktiken sozialer Exklusion und setzt sie in Beziehung zu Situationen, die „im medialen, politischen, aber auch soziologischen Diskurs“ (ebd. 83) als Exklusion gekennzeichnet werden. Die erste von Castel beschriebene Exklusionspraxis „besteht in der vollständigen Ausgrenzung aus der Gemeinschaft, entweder in Form von Vertreibung (...) oder durch Tötung“ (ebd. 81) und ist seiner Meinung nach in einer ‚Gesellschaft mit einem Minimum an demokratischer Bezugnahme' unmöglich (ebd. 84). Eine zweite Form von Ausschlusspraktiken scheint ihm „sehr viel weniger unwahrscheinlich" (ebd.). Gemeint ist eine sozialräumliche Ausgrenzung von Menschen durch den „Aufbau geschlossener Räume, die von der Gemeinschaft abgetrennt sind, sich jedoch innerhalb der Gemeinschaft befinden" (ebd. 81). „Und bei der dritten Ausschlussform werden schließlich bestimmte Klassen der Bevölkerung mit einem speziellen Status versehen, der ihnen ermöglicht, in der Gemeinschaft zu koexistieren, sie aber bestimmter Rechte und der Beteiligung an bestimmten sozialen Aktivitäten beraubt" (ebd.). Castel bezeichnet Situationen wie z.B. fehlende Erwerbsarbeit nicht als Exklusion und verweist darauf, dass sie „einer anderen Logik gehorchen. Es handelt sich meist um soziale Verwundbarkeit, die durch Degradierung der Arbeitsbeziehungen und der damit verbundenen Absicherungen, kurz: die Krise der Arbeitsgesellschaft, geschaffen worden ist. Man kann hier von Prekarisierung, Verwundbarkeit, Marginalisierung sprechen, aber nicht von Exklusion" (ebd. 83). Und an anderer Stelle: „Vor zwanzig Jahren hätten sich diese Leute, denen heute besondere Aufmerksamkeit zukommt, von selbst in die Arbeitswelt integriert und ein normales Leben geführt. In Wirklichkeit sind sie von der Konjunktur erwerbsunfähig gemacht worden: Durch den kürzlich erfolgten Wandel der Regeln des sozialen und ökonomischen Lebens sind sie marginalisiert worden" (ebd. 76f.).

Kronauer beschreibt im Anschluss an Castel unter Berücksichtigung der „drei Dimensionen Erwerbsarbeit, soziale Beziehungen und Bürgerstatus" (Kronauer 2007: 5) neue Formen gesellschaftlicher Ungleichheit als ‚gesellschaftliche Zonen von Teilhabemöglichkeiten' (vgl. ebd.). In der ‚Zone der Exklusivität'[37] verortet er Menschen, die vom gesellschaftlichen „Wandel in allererster Linie profitieren (…). Hohe außertarifliche Einkommen und ‚gute Beziehungen' zu ihresgleichen sorgen dafür, dass sie am wenigsten auf soziale Sicherungssysteme angewiesen sind" (ebd.). Als ‚Zone der Integration' kennzeichnet er Lebenssituationen mit einem ‚relativ hohen Maß an Arbeitsplatzstabilität', einem ‚gesellschaftlich als angemessen geltenden Lebensstandard, abgesichert durch soziale Rechte' und ‚tragfähige sozialen Beziehungen, die emotionale und wenn nötig materielle Hilfe' bieten (vgl. ebd.). Die Menschen, die ihr Leben nicht auf Erwerbsarbeit bauen können oder wollen wären den anderen beschrie-

[37] Auch der Begriff der ‚Exklusivität' kennzeichnet einen Ausschluss, allerdings eher einen mit dem sich die Vorstellung von einer anspruchsvollen und vorzüglichen Lebensweise verbindet (vgl. Pfeifer 2004: 310).

benen Zonen zuzuordnen, zum einen der ‚Zone der Verwundbarkeit' ohne ‚Beschäftigungssicherheit', ‚mit sozialen Netzen unter Anspannung und drohenden Rissen', ‚eingeschränkten sozialen Rechten, finanziellen Möglichkeiten und Zukunftsabsicherungen' (vgl. ebd.) und zum anderen der ‚Zone der Ausgrenzung' mit ‚dauerhaftem Ausschluss von Erwerbsarbeit', bzw. ‚sporadischem Zugang zu Erwerbsarbeit in gering entlohnten und kaum geschützten Arbeitsverhältnissen', ‚verengten sozialen Beziehungen mit Menschen in ähnlichen Lagen bis zur Vereinzelung', „einseitiger Abhängigkeit von institutioneller, mit Sanktionsgewalt ausgestatteter Hilfe" (ebd. 6) und einem vergleichbar niedrigem Lebensstandard. Mit der Ausarbeitung dieser hierarchischen Zonen der Teilhabe schreibt Kronauer der Dimension der Erwerbsarbeit eine besondere Bedeutung zu, wenn er festhält: „Allen Unkenrufen vom Ende der Arbeitsgesellschaft zum Trotz kommen dem Zugang zu und der Qualität von Erwerbsarbeit in den entwickelten kapitalistischen Gesellschaften der Gegenwart noch immer entscheidende Bedeutung bei der Zuweisung von Status und sozialer Anerkennung zu" (Kronauer 2008: 148).

Wenn soziale Anerkennung an Erwerbsarbeit gebunden wird, lässt sich Erwerbslosigkeit vielleicht doch mit sozialer Exklusion gleichsetzen, die allerdings etwas anderes meint als eine „offizielle Diskriminierung" (Castel 2008: 83) durch den Ausschluss aus dem gesellschaftlichen Leben. Callies Plädoyer für die Verwendung des Exklusionsbegriffs wird mit dem Beispiel eines arbeitslosen Schweißers eingeführt, der „das Gefühl äußerte, ‚nicht mehr richtig zur Gesellschaft zu gehören' (Callies 2008: 264). Callies schreibt: „Von Exklusion zu sprechen macht durchaus Sinn, wenn Inklusion ein Verhältnis meint, das durch die Gewährung grundlegender Anrechte auf Anerkennung und Teilhabe gekennzeichnet ist. Exklusion bedeutet dann entsprechend, von solchen sozialen Anrechten ausgeschlossen zu sein. Exklusion ist demnach als eine Gleichzeitigkeit von Drinnen und Draußen zu verstehen: Es bedeutet Teil einer Gesellschaft zu sein und dennoch die Erfahrung machen zu müssen, nicht dazuzugehören" (ebd. 265). Verzichtet man bei Castel auf den Begriff der Klasse könnte man die Zuschreibung des Status ‚arbeitslos' oder auch ‚arbeitssuchend' seinem dritten Fall der Ausschließung zuordnen, und zwar nicht weil Arbeitslosigkeit ‚das Kriterium einer prekären Lebenssituation' wäre (vgl. Willisch 2008: 67), sondern wegen „der zentralen Rolle der Erwerbsarbeit bei der Vermittlung von gesellschaftlicher Zugehörigkeit" (Kronauer 2008: 148). Nach Kronauer ließe sich von Ausgrenzung zwar nur dann sprechen, wenn Verdrängung aus dem Arbeitsmarkt mit dem Verlust sozialer Einbindung einherginge (vgl. Kronauer 2002: 72), zugleich aber benennt er ‚Erwerbslosigkeit und prekäre Beschäftigung als Verstärker' von Prozessen des sozialen Ausschlusses, die dadurch gekennzeichnet sind: „nicht mehr am Leben der Gesellschaft entsprechend den in ihr allgemein anerkannten Maßstäben teilnehmen zu können" (ebd.). In diesem Kontext verwendet auch Castel den Begriff der Exklusion für gesellschaftliche Teilhabe in der ‚Zone der Verwundbarkeit': „Vor allem aufgrund der Prekarisierung der Arbeitsverhältnisse sind integrierte Menschen verwundbar geworden und gleiten alle Tage ab in das, was man Exklusion nennt. Aber darin muss man eine Auswirkung von Prozessen sehen, die die gesamte Gesellschaft durchqueren und ihren Ursprung im Zentrum und nicht an der Peripherie des sozialen Lebens haben" (ebd. 72). „Die Langzeitarbeitslosen oder die Arbeit suchenden Jugendlichen mit schlechter Schulbildung" bezeichnet Castel als „Überflüssige" (ebd. 76), die in der ‚Zone der Ausgrenzung' unter einem ‚Integrationsdefizit' leiden. „Ihr Drama rührt daher, dass es aufgrund der neuen Anforderungen von Wettbewerb und Konkurrenz, des Rückgangs der Beschäftigungsmöglichkeiten keinen Platz mehr für alle in der Gesellschaft gibt, in der zu leben wir uns abfinden" (ebd. 76f.). Die Logik der Exklusion, die hier beschrieben wird, ist nicht die der ‚offiziellen Diskriminierung', vielmehr eines ‚Exklusionsdiskurses' (ebd. 86) der sozialen Ausschließung mit der Metaphorik von ‚Nutzlosigkeit als soziale Zuschreibung und Lebensgefühl' (Kronauer 2002: 51).

Die folgenden Fallstudien ‚Jörg' und ‚Beate' sollen einen Eindruck davon vermitteln, wie Arbeitslosigkeit und auch prekäre Beschäftigung zur sozialen Ausgrenzung im eben beschriebenen Sinne werden können.

5.1 Jörg: Ich kann zwei Jahre mit Jugendlichen auf der Straße arbeiten, das kann ich. Aber ne Ausbildung darf ich nich machen.

Der Erzähler der Jörg-Erzählung ist ein Mann im Alter von 39 Jahren mit einem ‚Ein-Euro-Job' in einer Jugendfreizeiteinrichtung. ‚Jörg' erklärt dazu: „Na und den Ein-Euro-Job, den ich jetzt hab, den hab ich mir denn auch freiwillig / also selber immer gesucht, weil ich halt denn auch schon immer was machen möchte, ja. Ich brauch auch Geld. Und ne feste Arbeit gibt's nich für mich, also mach ich des. (...) Ich weiß auch nich, also richtig befriedigend finde ich das nich". Dieser ‚Ein-Euro-Job' ist eine ‚symbolisch' entlohnte Tätigkeit auf dem sogenannten zweiten Arbeitsmarkt, die für ‚Jörg' zum Zeitpunkt der Erzählung die einzige

Möglichkeit bietet, einer für ihn sinnvollen – wenn auch nicht befriedigenden – Arbeit nachzugehen und nicht ausschließlich vom Arbeitslosengeld II zu leben. ‚Jörg' berichtet, wie er sich gegen den gelernten, ungeliebten und für seine Person ungeeigneten Beruf eines ‚teilausgebildeten' Schlossers entschieden hat und sich lange vergeblich um eine berufliche Alternative bemühte. Erzählt wird einerseits von vielfältigen Erfahrungen und Fähigkeiten, die für einen beruflichen Neuanfang sprechen, andererseits von institutionellen und finanziellen Barrieren, die das verhindern.

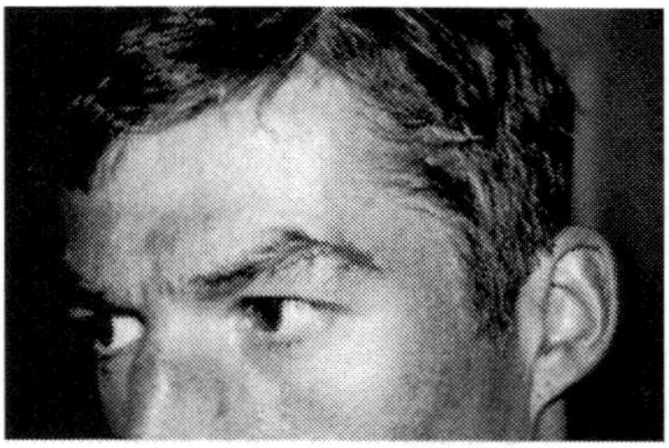

Der Jörg-Erzähler berichtet, dass er mit einer Krankheit geboren wurde, „die nennt sich Spastische Diplegie[38] – die zur Folge hat, dass man nich richtig laufen kann, weil man so was wie X-Beine hat und Schäden im Hüft- und Beckenbereich und Wirbelsäule". Diese Krankheit machte ihn als Kind „fast bewegungsunfähig" und „immer auf Hilfe angewiesen" und bereitet ihm auch in seinem weiteren Leben viele Schwierigkeiten, wie im Interview zu erfahren ist. Der Erzähler könnte demnach zu den Menschen gehören, „die wegen ihrer Behinderung besondere, nach Art und Schwere der Behinderung sehr unterschiedliche Hilfen in Anspruch nehmen, die sie zu ihrer Eingliederung ins Arbeitsleben und in die Gesellschaft insgesamt brauchen und die dazu dienen, Benachteiligungen aufgrund der Behinderung entgegenzuwirken" (BM für Gesundheit und soziale Sicherung 2004: 3). Von Hilfen solcher Art ist in der Lebensgeschichte wenig zu lesen. Benachteiligungen der individuellen Lebensführung durch die körperliche Behinderung sind immer wieder Thema der biographischen Erzählung. Dennoch wirken solche Einengungen der Gestaltungsmöglichkeiten für ‚Jörg' dominanter, die vordergründig wenig mit der Krankheit verbindet.

[38] ‚Spastische Diplegie' wird eine Störung der sensomotorischen Funktion genannt, die sich vor allem auf die Haltungs- und Bewegungsfähigkeit, Bewegungskontrolle und -koordination der Beine und des Rückens auswirkt. Die cerebrale Bewegungsstörung entsteht durch Schädigungen, Veränderungen oder Fehlentwicklungen insbesondere der motorischen Zentren des Zentralnervensystems (vgl. Kallenbach 2006: 61).

Im folgenden Portrait sollen sowohl die Schwierigkeiten mit den sozialen Systemen – die ‚Jörg' unterstützen wollen oder sollen – zur Sprache kommen als auch die individuellen Chancen und Grenzen der Suche nach Alternativen in neuen Lebenskontexten. Man könnte vermuten, dass dem Jörg-Erzähler die gewährten wie die verwehrten Hilfen eher geschadet als geholfen haben, so wie er einschätzt: „geschadet hab ich mir genug im Leben, ja", geschadet durch Alkohol, Abhängigkeiten, Drogen und ein Leben auf der Straße: „Ja, das war immer spannend. (...) Na ja und das Ende von Lied is, dass sie immer auf der Flucht sind irgendwie". Im Text wird erzählt, wie ‚Jörg' sich nach einigen problematischen ‚Flucht-Versuchen' letztlich selbst geholfen und eine Alternative für ein würdiges Leben ohne anerkannte Erwerbsarbeit gefunden hat, die im Text als individuell sinnvolle Lebensentscheidung aber auch als ‚fauler Kompromiss' und damit eine Art Flucht charakterisiert wird.

Die erinnerten sozialen Beeinträchtigungen in ‚Jörgs' Leben begannen schon im Alter von fünf Jahren, als er aufgrund seiner Krankheit, die nach ‚Jörgs' Rückblick im Kleinkindalter nicht erkannt wurde[39], „anderthalb Jahre im Krankenhaus, komplett eingegipst, bis obenhin" lag[40] und es noch dazu „n Besuchsverbot" gab, durch welches das Kind von seinen Eltern und den beiden Geschwistern isoliert wurde. ‚Jörg' berichtet: „Das heißt, ich durfte meine Eltern wenn ich sie sehen konnte, dann nur (…) hinterm Fenster von außen [sehen]".

---

[39] Medizinisch scheinen diese Erinnerungen hinterfragbar. Dazu eine Fachkollegin: „Möglicherweise steht das ‚Eingipsen' in Verbindung mit einer Hüftgelenkluxation, die postoperativ mit einem Gipskorsett therapiert wurde und wird. Solche Luxationen – Hüftkopf springt aus der Hüftpfanne – entstehen als Folge einer Disbalance von Muskel- und Knochenwachstum und sind äußerst schmerzhaft. Dass man die spastische Deplegie erst im Alter von fünf Jahren erkannt hat, ist ungewöhnlich, da die meisten Formen der Infantilen Cerebralparese schon gegen Ende des ersten Lebensjahres diagnostiziert werden. Das Wissen um ‚pathologisch persistierende Reflexe" als frühes Zeichen der Infantilen Cerebralparese gehört zum Grundwissen eines Pädiaters" (Interpretationshilfe A. Thiele, 14.04.08). Nicht zu hinterfragen wären die reflektierten Erfahrungen der sozialen Isolation und deren Einschätzung durch den Erzähler.

[40] Diese Form der ‚Behandlung' widerspricht den zur Erzählzeit üblichen Therapieformen zur Entwicklungsförderung vollkommen und lässt sich im Prinzip nur mit einer, auch in der Erzählung angesprochenen Fehldiagnose erklären. Bei Kallenbach ist zu lesen: „die Störung der Körpermotorik [ist] als zentrales Merkmal dieser Behinderung anzusehen. (…) Gelingt es (…) die Basis sensorisch-motorischer Erfahrungen des ICP Kindes bereits entscheidend zu einem sehr frühen Zeitpunkt zu verbessern, bis zu dem sich die Fehlhaltungen und -bewegungen noch nicht so etabliert und habitualisiert haben, dann wirkt sich dieser Umstand auch begünstigend auf dessen kognitive Entwicklung, emotionale Befindlichkeit und soziale Einfügung aus (ebd. 78).

Der kleine Junge wehrte sich dagegen, mit „ziemlich viel Theater", wie es aus den Erzählungen der Mutter wiedergegeben wird. Der Erzähler bezeichnet diesen Krankenhausaufenthalt als eine Erfahrung, die ihn wesentlich geformt hat. Im Text heißt es: „Und ich weiß heute, dass das eine sehr prägende Erfahrung war, was ich also viele Jahre nich wusste". Mit einer ganz anderen Textpassage thematisiert der Erzähler sein Erleben im DDR-Staat: „Die Mauer war zu". Das wird in einem zweiten Gespräch kommentiert: „Was mich noch viel mehr belastet hat, war das Gefühl, lebendig eingesperrt zu sein". In der Erklärung für das ‚Eingesperrt werden' im DDR-Staat, finden sich Formulierungen – einsperren, beschränken, Angst – die sich vielleicht auch auf die „prägende Erfahrung" der Kindheit beziehen ließen: „Sie würden Ihr Kind nich einsperren, wenn Sie's frei lassen könnten. Sie würden's nur einsperren, wenn Sie Angst haben. Das Kind selber hat keine Angst, Sie haben Angst und fangen dann an, das zu beschränken. Und so funktioniert das auch in nem Staat". Man könnte interpretieren, ‚Jörg' fühlte sich eingesperrt, ausgeschlossen aus einem potentiell möglichen Leben und leistete dagegen erfolglos Widerstand. Diese Lebensgeschichte scheint geprägt von sozialen Einschränkungen – nicht nur als Folge der körperlichen Beeinträchtigung – und dem unermüdlichen Kampf gegen diese Einengungen.

‚Jörg' schätzt die Voraussetzungen, die er „von zu Hause mitbekomm" hat, als „denkbar ungünstig ein". Die Zeit der frühen Kindheit – vor dem Krankenhausaufenthalt und über diesen hinaus – spielt in der Erzählung fast keine Rolle. Bis auf den berichteten Hilfebedarf, wird nur mitgeteilt, dass der Vater Berufskraftfahrer war, die Mutter Büroangestellte. Auch von den Geschwistern ist nur der Beruf den sie zur Erzählzeit ausgeübt haben zu erfahren. Die Schwester „arbeitet heute in ner Krankenkasse", der Bruder „ist Fleischermeister und arbeitet für nen großen Supermarkt". Der Erzähler berichtet, dass die Eltern sich scheiden ließen als er etwa sieben Jahre alt. Man kann aus dem Text schließen, dass die ‚ungünstigen Voraussetzungen' mit dieser Trennung und fehlender Aufmerksamkeit für die Entwicklung vorhandener Gaben zusammenhängen. ‚Jörg' erklärt: „Meine Mutter hatte einfach keine Zeit. Das war einfach nicht möglich, alleine – die ganze Kraft aufzubringen und sich um jeden einzelnen, grade um mich, sich dann so intensiv zu kümmern, dass man da bessere Voraussetzungen schaffen könnte".

Der Erzähler stellt in einer verallgemeinerten Aussage die große Bedeutung dar, die er der familiären Lebenswelt eines Kindes für das Empfinden und die Leistungsfähigkeit eines erwachsenen Menschen beimisst: „je nachdem, wie man eben erzogen wurde, wie die Umstände sind. Wenn sie positive Umstände haben (...) denn haben sie auch gesunde Seelen und ne gesunde Seele hat ein hohes (...) kreatives Potential. Und die muss gefördert werden". Das Fehlen einer solchen Förderung für das Kind ‚Jörg' erklärt der Erzähler reflexiv: „Das weiß ich heute auch, ja". Im Text werden die ungünstigen Voraussetzungen als wahrscheinliche Ursache für eingeschränkte Verhaltensoptionen thematisiert: „Früher war das oft so, dass ich auch keine Lust hatte, mich mit den Leuten dann ewig rumzustreiten, was sicher auch damit zu tun hat, dass ich das als Kind nie gelernt hab". Das führte laut Erzähler unter anderem dazu, dass er sich in Streitsituationen nicht durchsetzen konnte: „Ja, ich war halt viel das Opfer – weil der Schwächste is halt immer der, an dem man sich besonders gut abladen kann". Diese Textpassage bezieht sich auf die frühe Schulzeit, in der sich ‚Jörg' nicht nur körperlich sondern auch die Schulleistungen betreffend als ‚schwach' charakterisiert: „Da zeichnete sich dann relativ schnell ab, dass ich also diesen ganzen Gegebenheiten an ner normalen Schule – nich gewachsen war. (...) Dadurch, dass ich ja viel im Krankenhaus war, hatte ich auch diese ganze Vorbildung aus dem Kindergarten nich, was mir vielleicht auch die Schule n bisschen erschwert hat am Anfang". Später kommentierte der Autor der Lebensgeschichte, dass dieses Opfer-Bild nicht bedeutet, dass ‚Jörg' sein Leben erleide, dass er vielmehr versuche, es mit den ihm gegebenen Möglichkeiten zu gestalten.

Den Erschwernissen des Schulanfangs wurde mit einer in der erzählten Zeit üblichen Versetzung des Kindes in eine Sonderschule sowie einer Klassenwiederholung entsprochen. „Und irgendwann beschloss die Schule dann, das geht nich und hat mich dann auf ne andre Schule – gesetzt, auf die Körperbehindertenschule, wo ich denn auch (...) die erste Klasse – noch mal machen musste oder noch mal gemacht hab, um einfach besser mitzukommen". Diese Entscheidung reflektiert der Erzähler für das Grundschulkind als Hilfe für soziale und Leistungsschwierigkeiten: „dadurch – war ich dann wenigstens während der Schulzeit irgendwelchen Anfeindungen nich ausgesetzt. (...) Und – mehr oder weniger bis zur fünften Klasse – lief das Leben einigermaßen normal. (...) Also bis zur fünften Klasse war ich einer der besten Schüler". Die Unterstützungsleistungen, die andere für ihn entschieden haben, wirken jedoch auch ausgrenzend. Im Text heißt es zum Besuch der Sonderschule: „was im Großen und Ganzen glaube ich, auch ne gute Idee war, mich auf die Schule zu schicken". Im Kleinen und im Detail erscheint das anders. Die sonderpädagogische Förderung an der Körperbehindertenschule wird zwar zunächst als schulischer Erfolg, später als Misserfolg mit einem frühzeitigen Abbruch dargestellt. ‚Jörg' berichtet: „Und ab der fünften Klasse hatt ich nen extremen Leistungsabfall und – hatte auch Schwierigkeiten, glaub ich, mit den Autoritäten in der Schule". Mögliche Erklärungen dafür finden sich in der Geschichte nicht, wohl aber das, was der Erzähler als Schlussfolgerung thematisiert: „Die Lehrer haben sich dann irgendwann auch keine Mühe mehr mit mir gegeben, (...) also wurd ich – mit der achten Klasse entlassen". Dieser Achtklassenabschluss hat Konsequenzen für den Fortgang der Geschichte bis in die aktuelle Erzählzeit. Eine später angestrebte selbst gewählte Ausbildung wird ‚Jörg' verwehrt: „ja, kann ich eben nich lernen, weil ich achte Klasse Abgang hab".

Man kann lesen, dass nach der Schule der weitere Weg wiederum durch andere festgelegt wurde. „An der Schule gab's so ne Art (...) Ausbildungskommission oder so, wo die dann – mal kurzerhand beschlossen haben: das wirst du jetzt und dann wirst du das eben. (…) Dann kriegte ich nen Betrieb zugeordnet". Im Fall ‚Jörg' war das ‚Schlosser'. Ergänzend wird erklärt: „Das war nur ne Teilausbildung, weil ich ja nur achte Klasse Abgang hatte". Die hier thematisierte ‚Ausbildungskommission' mag eine der Institutionen gewesen sein, die in der DDR dafür gesorgt haben, dass alle Schulabgängerinnen und Schulabgänger, auch jene, die in Sonderschulen gelernt haben, eine Inklusion durch Erwerbsarbeit ermöglicht wurde. Die Weise, wie der Zugang zum Arbeitsmarkt vorbereitet wurde, liest sich in der Jörg-Erzählung wie eine Bevormundung. Andererseits berichtet der Erzähler in diesem Kontext auch, dass er „eigentlich gar nicht so genau wusste, was aus mir werden sollte". Man könnte hier einen Zusammenhang mit der Schulbiographie vermuten. Der Erzähler thematisiert jedoch eher so etwas wie eine Unwichtigkeit der Art beruflicher Einbindung aufgrund der gesellschaftlichen Situation: „weil ich (…) sowieso irgendwie der Meinung war – dass das im Osten sowieso keine Rolle spielt". Die Ambivalenz dieser Art von fremdentschiedener Hilfe spricht aus den folgenden Zeilen: „Des war damals so, dass die Rehabilitanden / Die Betriebe hatten Kontingente und mussten dann eben so und so viele aufnehmen. Die waren genauso wenig begeistert ((lacht beim Sprechen)) glaub ich. (…) Und mein Wille zum Arbeiten war glaub ich, auch nur begrenzt, weil mich das ja alles auch nich begeistert hat". Trotz fehlender eigener Orientierung und vorläufiger Arbeitsplatzsicherheit beschreibt der Jörg-Erzähler die Wahl des Schlosserberufes aufgrund der körperlichen Beanspruchung als eine Fehlentscheidung: „Eine der unvernünftigsten Entscheidungen, die ich so im Kopf hab, weil das natürlich für meine körperliche Verfassung eigentlich völlig ungeeignet war". Er berichtet, dass er in diesem Beruf nie gern gearbeitet hat und sich entsprechend wenig engagiert hat und dafür Alternativen außerhalb der beruflichen Tätigkeit hatte. Sein freiwilliges Engagement galt einer Jugendfreizeiteinrichtung: „halt in nem Jugendclub, für den ich mich engagiert hab (…) wo wir dann viel gemacht haben. Das war dann eigentlich mein zweites Zuhause lange Zeit“. ‚Jörg' erzählt, dass er bis 1990 als Schlosser gearbeitet hat und dann sehr schnell arbeitslos wurde: „bis dann eines Tages die Meldung kam, die Mauer ist gefallen. Und ich war (…) innerhalb kürzester Zeit meine Arbeit los“. Diese berufliche Exklusion wird an keiner Stelle des Textes als problematische thematisiert, aber im Sinne einer individuellen Selbstverständlichkeit kommentiert: „Also das war auch nich der Beruf, den ich mir vielleicht – gewünscht hätte. (...) Auf jeden Fall hab ich den Beruf dann abgehakt und hab das bis heute auch nicht mehr gemacht“.

Nach dem Abbruch seines Erwerbslebens als Schlosser, hatte ‚Jörg' beschlossen, seinen Lebenskontext zu wechseln und dort zu leben „wo Arbeit ist“, wie es in der Erzählung heißt. Für diese Entscheidung werden zwei Begründungen angegeben, die sich nicht in erster Linie mit einem Wunsch nach Erwerbsarbeit verbinden, diesen eher als Folge von Problemen darstellen. Zum einen wird von persönlichen Schwierigkeiten gesprochen, die für den Protagonisten einen Ortswechsel scheinbar nahe legten: „dass ich dann nich mehr wusste, was ich hier noch soll. Und zu Hause lief's nich. Ich war fast nie zu Hause, ich war entweder in der Kneipe oder auf der Straße oder wo man sich dann halt so rum treibt“. Zum anderen wird von Unkenntnis der sozialen Sicherungssysteme und Unterstützungsmöglichkeiten bei Arbeitslosigkeit berichtet: „Und – dann waren mir die Gepflogenheiten der bunten Republik Deutschland überhaupt nicht bekannt. Das heißt, so was wie Arbeitslosengeld, das hat man alles nur vom Hören und Sagen gehört oder die ganzen Möglichkeiten, das war soweit weg von mir“. Der Zufall wollte es – Nein, nach ‚Jörgs' Lebensauffassung „gibt es nichts, was zufällig passiert. Alles hat seinen Sinn im Leben“. – jedenfalls: „Das Ende vom Lied war, dass ich dann zwei Jahre bei ... [einer religiösen Gemeinschaft] war“. Diesen Schritt kommentiert der Jörg-Erzähler explizit als Suche nach einer Alternative zu seinem damals aktuellen Leben ohne anerkannte Erwerbsarbeit. „Das is ja aber / Das is ja genau das Verrückte an solchen – ich sag mal, subtilen Sachen, dass sie das auch glauben, wenn sie sowieso auf der Suche sind und sowieso der Meinung, dass bei ihnen was verkehrt läuft ((lacht beim Sprechen))“. Dieser Gemeinschaft konnte er sich letztlich nicht zugehörig fühlen, so berichtet ‚Jörg', weil er feststellen musste: „Man muss sich bedingungslos für die engagieren“. Dazu gehört in der Erzählung auch die an die physischen Grenzen gehende Abhängigkeit als ‚scheinselbstständiger' Subunternehmer: „irgendwann hab ich mich dann selbstständig gemacht mit ner Firma für nen [Mitglied der religiösen Gemeinschaft] und hab da n Jahr lang gearbeitet. – Und das war so knochenhart, dass ich dann irgendwann nach einem Jahr zusammengebrochen bin". So ist dieser Versuch der Inklusion in einen alternativen Lebenskontext gescheitert. Geblieben sind die entwickelten neuen Fähigkeiten und ein Schuldenberg.

Laut Erzählung versuchte es ‚Jörg' danach mit einem anderen Extrem. Er lebte ein Jahr auf der Straße „mit allem, was dazu gehört, also auch das Drogenkonsumieren reichhaltig und Straßengewalt mit Rechtsradikalen und paranoide Angstzustände 24 Stunden am Tag wegen dieser Gewalt. (…) Und das war ja wohl das, das Härteste, was ich erlebt hab, glaub ich. (…) Sie hungern einfach – viel, weil sie kein Geld haben. Und wenn sie Geld haben, kaufen se sich davon Drogen, damit se nich merken, dass sie hungern. Und dann saufen sie jede Menge Alkohol und dann frieren sie permanent, egal ob die Sonne scheint oder / Da können dreißig Grad im Schatten sein, sie frieren trotzdem. Das kann man heute gar nicht mehr wiedergeben. (…) Und das is der absolute Horrortrip. (…) Also, das wär auf jeden Fall mein Ende gewesen". Berichtet wird von einer fast vollständigen Exklusion als einzige Möglichkeit, diesem ‚Horrortrip' wieder zu entkommen: „Da hab ich dann ne kleine Wohnung bekommen (…) und hab mich da vier Wochen eingeschlossen – um mich selbst zu entziehen, sozusagen. Zu der Zeit hatte ich nen Hund, der mir, glaub ich, das Leben gerettet hat. (…) Und mit dem bin ich nachts raus und am Tag hab ich mich eingeschlossen und hab die ganzen Kontakte zu den ganzen Leuten (…) abgebrochen, weil sie sonst davon nich wegkommen". Man könnte vermuten, dass diese leiblichen Erfahrungen der ‚Straße' als Ort der Zuflucht und totalen Verlassenheit, der Todesgefahr und Selbstzerstörung in ganz eigener Weise für die Sozialarbeit mit Jugendlichen, die ihren Lebensmittelpunkt auf der ‚Straße' haben, sensibilisierten. Aber, wie noch auszuführen sein wird, vermutet der Jörg-Erzähler, dass ihm gerade diese Lebenserfahrungen die Möglichkeiten einer individuell bedeutsamen beruflichen Inklusion mit der angestrebten sozialen Anerkennung und finanziellen Selbstständigkeit verschließen.

Weiter heißt es: „und irgendwie (…) hab ich dann so langsam angefang, mein Leben neu zu ordnen (…) Und dann irgendwann auch angefang, mich wieder mit dem Arbeitsamt vermehrt auseinanderzusetzen". Für die Entwicklung neuer Berufschancen, so erzählt ‚Jörg' bekam er von der Agentur für Arbeit „Fortbildungen für Büro und Verwaltung, also diese üblichen vom Arbeitsamt", die er als ineffektiv erlebt hat: „Da gibt's aber nich viel drüber zu sagen, weil das is immer das Gleiche: Wo geht der Computer an? Wo geht er aus? Na ja, da is nix dabei, da konnte ich dann irgendwann nichts mehr lernen". Bedeutsam waren die tätigkeitsbezogenen Fortbildungen während verschiedener Tätigkeiten in Arbeitsbeschaffungsmaßnahmen und Arbeitsgelegenheiten mit Mehraufwandsentschädigung im Bereich Sozialarbeit: „n Jahr lang – in nem Jugendclub (…) zwei Jahre (…) ne Sozialarbeitertätigkeit, wo ich ne Jugendclique hatte von etwa sechzig Leuten (...) vorwiegend rechtsorientiert, die keiner haben wollte und um die sich keiner kümmern wollte. (…) dann ein Jahr ne Maßnahme wieder beim Jugendamt, in ner mobilen Jugendsozialarbeit". Um diese Arbeitsmöglichkeiten, heißt es in der Erzählung, hat sich der Jörg-Erzähler immer wieder bemüht, insbesondere, weil ihm der erste Arbeitsmarkt langfristig verschlossen blieb. ‚Jörg': „Und – hab immer wieder versucht Arbeit zu kriegen, aber es is so gut wie unmöglich". Tätigkeit und Fortbildungen trugen dazu bei, dass ‚Jörg' den Beruf eines Sozialarbeiters für sich als Möglichkeit entdeckt hat. „Und da haben se mich dann als ABM-Kraft gefragt, ob ich mir das zutraue, natürlich hab ich mir das dann zugetraut, weil zu verlieren hat man ja nichts. Das war psychisch sehr anstrengend – hat mir auch aber immer wieder gezeigt, wie – wie wertvoll so ne Arbeit is, weil man dadurch gezwung is, sich auch mit sich selbst auseinanderzusetzen – und das eigentlich das größte Geschenk an der Arbeit is, also das, das Schönste". Allerdings wird ihm eine entsprechende Ausbildung, die Voraussetzung für eine Tätigkeit auf dem ersten Arbeitsmarkt wäre, aufgrund seines Schulabschlusses verwehrt. „Nee, da bin ich zu blöd dafür. Ich kann als / Ich kann zwei Jahre mit Jugendlichen auf der Straße arbeiten, das kann ich. Aber ne Ausbildung darf ich nich machen".

Verlässt man den Rahmen der Geschichte und betrachtet die Aus- und Weiterbildungsmöglichkeiten eines Menschen wie ‚Jörg' zum Zeitpunkt der Erzählung, kann man feststellen, dass formal die Möglichkeit einer beruflichen Weiterbildung, die zu einem anerkannten Abschluss führen würde, besteht. Die Weiterbildung als Fachkraft für Sozialarbeit zum Beispiel setzt entweder „die Abschlussprüfung in einem pädagogischen, sozialen, medizinisch-technischen oder pflegerischen Beruf sowie eine einjährige einschlägige Berufserfahrung" voraus (Arbeitsagentur 2008: 6). Ersteres könnte ‚Jörg' nicht vorweisen. Eine der möglichen alternativen Zugangsvoraussetzungen würde ‚Jörg' aber erfüllen: „eine mindestens dreijährige Berufserfahrung, wenn kein einschlägiger Berufsabschluss vorliegt" (ebd.). Die verwehrte Möglichkeit einer Ausbildung bezeichnet der Erzähler ganz explizit als Grund für seine Langzeitarbeitslosigkeit trotz vielfältiger Arbeitserfahrungen durch gering bezahlte Beschäftigungen: „Na der

Schein ist schon das Wichtige, sonst kann man ja nich davon leben. Weil ich glaub, als Mann in der Sozialarbeit mit nem Schein hätt ich längst ne Arbeit. Also da hab ich überhaupt kein Zweifel (...) Ich hab mich ja nun im Internet auch schon – mal umgeschaut, ja, also männliche Sozialarbeiter sind gefragte Leute".

Als akzeptable Alternative zu einer anerkannten beruflichen Ausbildung und anschließender Erwerbsarbeit wird im Text eine dauerhafte, aber gesicherte finanzielle Abhängigkeit von institutionellen Hilfen thematisiert: „Die dritte Möglichkeit, die dann übrig bleibt, was dann das Beste wär, die geben mir soviel Geld, dass ich in Ruhe davon leben kann". Man könnte dieses Bestreben als Widerstand gegen die Bindung an den Arbeitsmarkt als Arbeitssuchender bei faktisch erlebtem Ausschluss interpretieren: „Wenn ich also ne Möglichkeit bekomme, nen Beruf zu erlernen oder nen Weg zu gehen, der mir das ermöglicht – damit mein Geld zu verdienen und die Gesellschaft vielleicht auch zu bereichern, nicht nur um zu arbeiten, sondern weil ich eben das Gefühl hab, dass das für mich wie gemacht ist, (...) dann bin ich auf das Geld von denen nicht angewiesen. Im Grunde. Aber des machen se ja nich". Wir lesen: ‚Jörg' hat insgesamt drei „Anträge auf Erwerbsminderungsrente"[41] gestellt. Der erste Antrag ist drei Jahre unbeantwortet geblieben. Der zweite Antrag wurde abgelehnt „mit der Begründung, dass ich ja in meinem erlernten Beruf sechs Stunden täglich arbeiten kann, obwohl mich da kein Mensch einstellen wird". Einen dritten Antrag hat ‚Jörg' mit Unterstützung eines Anwaltes gestellt und ist „gespannt, was da rauskommt". ‚Jörg' erzählt, dass er sich eine kleine Rente erhofft, die es ihm ermöglicht, seine Existenz zu sichern, insbesondere deshalb weil alle anderen Anträge die er gestellt hat, damit er ne bessere Chance auf m Arbeitsamt hat' abgelehnt wurden. Dazu gehört ein Rehabilitationsantrag, dessen Genehmigung ‚Jörg' ermöglicht hätte, eine Unterstützung für das Erlernen eines anderen Berufes oder die Ausübung einer alternativen Arbeitstätigkeit auf dem ersten Arbeitsmarkt zu erhalten. „Im Sozialgesetzbuch IX §33 heißt es zu diesem Thema: „Zur Teilhabe

---

[41] Im Rahmen der Rentenreform wurden die gesetzlichen Renten wegen verminderter Erwerbsfähigkeit neu geregelt. Bei der Erwerbsunfähigkeitsrente (Einführung 2001) „ist nur auf den Gesundheitszustand abzustellen, das bedeutet die Möglichkeit der Verweisung auf alle Tätigkeiten auf dem allgemeinen Arbeitsmarkt" (Versicherungsportal 2008). Eine volle Erwerbsminderungsrente wird nur gewährt, wenn eine Person weniger als drei Stunden arbeitsfähig ist. Zwischen drei und sechs Stunden Arbeitsfähigkeit wird eine halbe Erwerbsminderungsrente gezahlt und ab sechs Stunden grundsätzlicher Arbeitsfähigkeit besteht kein Anspruch (vgl. ebd.).

am Arbeitsleben werden die erforderlichen Leistungen erbracht, um die Erwerbsfähigkeit behinderter und von Behinderung bedrohter Menschen entsprechend ihrer Leistungsfähigkeit zu erhalten, zu verbessern, herzustellen oder wiederherzustellen und ihre Teilhabe am Arbeitsleben möglichst auf Dauer zu sichern. (...) Die Leistungen umfassen insbesondere (...) berufliche Anpassung und Weiterbildung, auch soweit die Leistungen einen zur Teilnahme erforderlichen schulischen Abschluss einschließen. (...) Bei der Auswahl der Leistungen werden Eignung, Neigung, bisherige Tätigkeit sowie die Lage und Entwicklung auf dem Arbeitsmarkt angemessen berücksichtigt" (BM für Arbeit und Sozialordnung 2001: 217f.). Die in der Erzählung dargestellte Ablehnung des ‚Rehabilitationsantrages auf Leistungen zur Teilhabe am Arbeitsleben' würde weder dem im §8 SGB IX festgelegten „Vorrang vor Rentenleistungen, die bei erfolgreichen Leistungen zur Teilhabe nicht oder voraussichtlich erst zu einem späteren Zeitpunkt zu erbringen wären" entsprechen (ebd. 203), noch dem „Wunsch- und Wahlrecht der Leistungsberechtigten" in §9: „Bei der Entscheidung über die Leistungen und bei der Ausführung der Leistungen zur Teilhabe wird berechtigten Wünschen der Leistungsberechtigten entsprochen. Dabei wird auch auf die persönliche Lebenssituation, das Alter, das Geschlecht (...) Rücksicht genommen" (ebd. 204). Gleiches gilt für einen abgelehnten Antrag zur „Förderung auf Führerschein". „Der wird mit der Begründung abgelehnt, dass ich ja keine Arbeit hab, also brauch ich auch kein Führerschein ((lacht))". In der ‚Eingliederungshilfe-Verordnung' ist die „Hilfe zur Beschaffung eines Kraftfahrzeuges sowie zur Erlangung der Fahrerlaubnis und zum Betrieb und zur Unterhaltung des Fahrzeuges" ausdrücklich nicht an einen Arbeitsplatz gebunden (vgl. BM für Gesundheit und soziale Sicherung 2004: 90). Vielmehr soll „die Teilhabe am Leben in der Gemeinschaft (...) durch den Abbau von Mobilitätshemmnissen gefördert" werden (ebd. 88). Die hier thematisierten Ablehnungen von Hilfen zur Inklusion werden im Text treffend als „ignorant" bezeichnet. Nach dem Verständnis des Jörg-Erzählers zeugen die Begründungen für die Nichtbewilligungen der beantragten Unterstützungsleistungen von Unwissenheit und einem beharrlichen Nicht-zur-Kenntnis-Nehmen der lebensweltlichen Erfahrungen des Hilfesuchenden.

In einem Gespräch über den Text und meine Interpretationsvorschläge erzählt ‚Jörg', dass als offizielle Begründung für die Ablehnung der Förderung einer Ausbildung als Sozialarbeiter mangelnde kognitive Fähigkeiten angegeben wurden, obwohl andere Ausbildungen angeboten wurden: „Ich war schon dreimal beim psychologischen Dienst, ich war schon zweimal in Berufsförderungswerken für vier Wochen und immer wieder gab's irgendwelche Begründungen und Ausreden, warum ich Sozialarbeiter nicht werden kann. Aber Labortechnischer Assistent kann ich werden und Bürokaufmann. Und da legen die ihnen – nen Ordner auf den Tisch und da steht drinne, was se als Labortechnischer Assistent alles lernen müssen in drei Jahren. Und da hab ich den Ordner zugeklappt und hab mich nur gefragt – wieso ich, wenn ich das alles lernen darf und kann, nach den ihrer Einschätzung kein Sozialarbeiter werden darf". Der Jörg-Erzähler äußert die Vermutung, dass man ihm soziale Kompetenzen und emotionale Stabilität nicht zugetraut hätte. „Das sagt keiner, aber das kann man riechen, wenn das so zwischen den Zeilen steht". Als mögliche Interpretationshilfe für den behördlichen ‚Widerstand' gegen die Unterstützung seines Berufswunsches kann ein schon angeführtes Zitat herangezogen werden: „Sie haben Angst und fangen dann an, das zu beschränken. Und so funktioniert das auch in nem Staat". Die als ‚offiziell' angeführte Begründung verweist auf eine Etikettierung im Zusammenhang mit dem Schulabgangszeugnis der achten Klasse und dem Teilfacharbeiter und damit auf eine strukturelle Einschränkung, die sich mit den von anderen festgelegten ‚Unterstützungen' durch das Schul- und Ausbildungssystems verbindet: „Hab mir vieles selbst erarbeitet und – trotzdem, ja, kann ich eben nich lernen, weil ich achte Klasse Abgang hab". Für die Erklärung, die ‚man riechen kann', bietet sich eine Interpretation quer zur Inhaltsanalyse an. Ginge man davon aus, dass der Jörg-Erzähler empfindet, dass man ihm ‚soziale Kompetenzen' und ‚emotionale Stabilität' aufgrund seiner ‚Selbstschädigungen durch Alkohol, Drogen und das Leben auf der Straße' nicht zutraut, wäre die positive Besetzung alternativer Lebensformen zwar als Form ‚individueller Lebensführung' und ‚sozialer Teilhabe' zu interpretieren, zugleich jedoch als eine Erklärung erlebter Ausgrenzung und damit als ‚Widerstand' gegen die angestrebte berufliche Inklusion.

Dass ‚Jörg' keinesfalls „zu blöd" für eine Ausbildung wäre, zeigen die thematisierten Aspekte von Allgemeinbildung und besonderen Qualifikationen. ‚Jörg' sagt: „Bei mir ist es halt anders, ich kann mit den Kindern und Jugendlichen gut umgehen, aber ich hab's halt nich gelernt ((lacht))". Praktische Erfahrungen und theoretische Zugänge, so ist zu lesen, hat er sich individuell erarbeitet, ebenso wie die besonderen Fähigkeiten für sein Hobby, die Fotografie. Darüber hinaus hat ‚Jörg' laut Bericht eine Reihe von Qualifizierungen selbst finanziert. Dazu gehören die ersten Stufen einer Tauchlehrerausbildung, die Ausbildung zum Lehrer für eine japanische Heilmethode sowie ein Meditationskurs. Selbst das Erlernen von Sprachtechniken kann man dazu zählen, weil ‚Jörg' diese in einer religiösen Gemeinschaft erworben hat und dafür immer noch zahlen muss. Keine dieser Qualifikationen ermöglicht dem Erzähler eine lebenssichernde Existenz. Tauchlehrer z.B. ist kein anerkannter Ausbildungsberuf und für eine weitere Eigenfinanzierung fehlt ‚Jörg' das Geld. Japanische Heilmethoden sind hier so wenig verbreitet, dass man davon nicht leben kann. Dennoch könnte man sagen, dass diese Qualifikationen einen Sinn haben. Sie dienen der Wissens- und Fähigkeitserweiterung, der Selbsterfahrung sowie der sozialen Anerkennung und damit der ‚Wahrung der persönlichen Würde' unter Bedingungen der Ausgrenzung aus dem ersten Arbeitsmarkt. Im Erzähltext finden sich immer wieder Passagen, die darauf verweisen, dass strukturelle und gesetzliche Veränderungen der letzten Jahre die Wahrung dieser individuellen Potentiale erheblich erschweren: „Seit der Euro-Umstellung is die gesamte Arbeitsmarktlage / Und auch meine persönlichen finanziellen Verhältnisse – sind so eng gesteckt und so kompliziert geworden, dass man an so was nich mehr denken brauch, ja. Also selbst das Fotografieren hab ich – fast aufgegeben. Ich hab jetzt ne kleine Digitalkamera, mit der ich Fotos machen kann, aber das Analog-Fotografieren hab ich im Grunde aufgegeben, weil's auch zu teuer is. (…) also es passiert nix Aufregendes, weil einfach das Geld fehlt. (…) sonst ist überhaupt kein Spielraum".

Gegen die sozialen Ausgrenzungen, so erzählt ‚Jörg', hat er Ressourcen gefunden, die ihm derzeit eine Alternative für ein Leben in ‚persönlicher Würde' ermöglichen. Er ist integriert in ein Netzwerk sozialer Nahbeziehungen, „also vielleicht so ne Art Lebensgemeinschaft in nem Haus mit, mit Wald und Acker, wo man halt für sich sorgen kann". Ermöglicht hat ihm dieses Leben kein institutionelles Unterstützungssystem, sondern ein Freund. Dieser neue räumliche und soziale Kontext öffnet zugleich neue Möglichkeiten der Suche nach einer subsidiären Existenzsicherung durch Eigenarbeit und die Nutzung natürlicher Ressourcen unabhängig von institutionellen Hilfen. Berichtet wird aber auch von „einer Bauernhof-Kita" bei der sich ‚Jörg' um Beschäftigung bemüht, in der Hoffnung, dass hier lebensweltliche Fähigkeiten zählen und nicht ein amtliches Zertifikat, zu dem er keinen Zugang findet. Die alternative Lebensform der dörflichen Lebensgemeinschaft mit subsidiären Strukturen der Existenzsicherung erscheint in der Jörg-Erzählung als besondere ‚individuelle Lebensführung' und ‚sozialer Teilhabe' bei erlebter Ausgrenzung. In der Ergänzung des Textes resümiert der Jörg-Erzähler: „Am Ende ist das ein fauler Kompromiss", weil andere Lebensentwürfe unrealisierbar sind. Es bleibt die Hoffnung auf gesamtgesellschaftliche Unterstützung in Akzeptanz individueller Besonderheiten: „Und denn kann man auch Menschen ne Chance einräumen, die vielleicht in Mathe nich so gut sind, aber in Chemie oder sonst was. Weil auch die würden dann – entsprechend ihrer Berufung, ihrer eigenen inneren Fähigkeiten eingesetzt und nich – auf Grund eines Papiers und würden da wahrscheinlich – der Gesellschaft so viele Werte erbringen, Bereicherung bringen – dass wir uns vor Erblühen / Wenn das viele machen würden, das Land würde in einer Art und Weise erblühen, die wir uns heute noch nich vorstellen könn"[42].

Aus der Perspektive sozialer Teilhabe und Ausgrenzung erscheinen als Besonderheiten der Jörg-Lebensgeschichte einerseits institutionelle ‚Hilfe-Barrieren', die ‚Jörg' eine anerkannte – aber vor allem individuell bedeutsame – Erwerbsarbeit verwehren. Dazu gehören unter anderem ein Achtklassen-Schulabschluss, eine fremdbestimmte Vorgabe für eine Berufsausbildung, die nicht-anerkannte Teilausbildung in einem ungeliebten Beruf, die verwehrte Möglichkeit einer Ausbildung, die eine angestrebte Erwerbsarbeit sichern könnte, abgelehnte Rehabilitations- und Erwerbsunfähigkeitsanträge ebenso wie fehlende adressatenorientierte Informationen über soziale Sicherungssysteme. In diesem Zusammenhang kann ‚Jörg' als ‚Ausgegrenzter' bezeichnet werden, ein Bild das sich nicht nur mit der Thematisierung fehlender lebenssichernder Existenzmöglichkeiten trotz vielfältiger Qualifikationen verstärkt. Insbesondere die Selbstbeschreibungen als sich selbst gefährdender Obdachloser und sich in Isolation selbst-therapierender Drogenabhängiger – aufgefasst als Folgen von Erwerbslosigkeit – entsprechen gängigen Zuschreibungen von sozialer Exklusion. Andererseits beeindrucken die vielen Berichte von alternativen Lebensformen, die sich wie Antworten auf die verweigerte Inklusion in den ersten Arbeitsmarkt lesen; vom Dasein als selbstständiger Subunternehmer, über den Versuch in einer religiösen Gemeinschaft zu leben, das Überleben als obdachloser Drogen-

---

[42] Der Autor der Jörg-Erzählung war während des gesamten Beschreibungs- und Interpretationsprozesses bereit, die Arbeit kritisch zu begleiten. Es gab mehrere intensive, sehr anregende Gespräche und einen Kommentar nach Abschluss des Portraits: „Also es kann so bleiben. Ich muss sagen, dass ich es etwas seltsam finde, meine eigene ‚Geschichte' zu lesen, noch dazu in einer kommentierten Form. Danke auch dafür, dass Sie mich immer befragt haben, meine Meinungen und Veränderungswünsche immer berücksichtigt haben". Es war der Wunsch des Autors die Veröffentlichung der Studie über seine Lebensgeschichte diesen Dank anzufügen: „Es liegt mir am Herzen meinem liebem Herrn Jesus Christus zu danken, der seine Gnade und Güte an mir erwiesen hat und mich überreich macht mit dem was er uns zugesagt hat. – Frieden lasse ich euch, meinen Frieden gebe ich euch…Johannes 14 Vers 27 – und meiner lieben Mutter, die so vieles auf sich genommen hat".

abhängiger, die Beschäftigungen als Sozialarbeiter in Jugendfreizeiteinrichtungen und mit ‚rechtsradikalen' Jugendlichen, die Erfahrungen als Hobbyfotograf, die Ausbildungen als Tauchlehrer sowie als Lehrer einer alternativen ganzheitlichen Heilmethode, bis hin zum Leben in einer ländlichen Subsidiärgemeinschaft und der Hoffnung auf eine Erwerbsunfähigkeitsrente. Unter Berücksichtigung aller damit verbundenen Probleme, die in der Jörg-Erzählung angesprochen werden, lassen sich aus diesen Thematisierungen Einbindungen in Sozialbeziehungen, soziale Anerkennung und Selbsterfahrungen zur Wahrung persönlicher Würde schließen. So könnte man sagen, dass im Fall ‚Jörg' von sozialer Ausgrenzung gesprochen werden kann, im Zusammenhang mit der Exklusion aus dem Arbeitsmarkt und eingeschränkten sozialen Rechten. ‚Jörg' scheint keinen allgemein sozial anerkannten Ort in der Gesellschaft zu finden, obwohl er sich wünscht, gebraucht zu werden und selbstständig seinen Lebensunterhalt verdienen zu können. Exklusion aus dem Arbeitsmarkt in Verbindung mit inoffizieller Diskriminierung als ‚Überflüssiger' wird so zur sozialen Exklusion aus ‚der Mitte der Gesellschaft' (vgl. Willisch 2008: 66). „Die Überflüssigkeit ist weitestgehend unsichtbar, weil sie gerade nicht jenseits bestimmter gesellschaftlicher Grenzen zu verorten ist" (ebd. 68). Dass ‚Jörg' dennoch ‚ohne permanente Not' mitten in dieser Gesellschaft leben kann und dieses Leben jenseits anerkannter Erwerbsarbeit aktiv und kreativ gestaltet, könnte man gleichermaßen seinen vielfältigen Erfahrungen und Fähigkeiten, seinen in der Lebensgeschichte wechselnden bedeutsamen Sozialbeziehungen sowie seinem Glauben an eine Gesellschaft, die jedem Menschen die Chance der Teilhabe ermöglicht, zuschreiben.

Im Fall ‚Beate' ist es nicht Erwerbslosigkeit, sondern prekäre Beschäftigung, die als Kontext der Selbst-Zuschreibung von sozialer Ausgrenzung dargestellt wird.

5.2 Beate: Was ich arbeite, bin ich.

Die Erzählerin der Beate-Geschichte ist eine junge, Arbeit suchende, Akademikerin. Sie erzählt, wie sie sich nach einem abgeschlossenen Hochschulstudium für eine Tätigkeit in einem künstlerischen Projekt entschieden hat, eine Arbeit, die ihrem individuellen und sozialen Selbstverständnis mehr entsprach als ihr Beruf. In der Erzählung verbinden sich damit zwei Probleme. Das Projekt – das für ‚Beate' Lebensmittelpunkt geworden war – hatte keinen dauerhaften Bestand.

So musste sich ‚Beate' mit großen Schwierigkeiten neu orientieren. Aber auch während der Projektzeit konnte mit der künstlerischen Arbeit die materielle Seite anerkannter Erwerbsarbeit – die selbstständige Sicherung des Lebensunterhaltes – nicht gewährleistet werden. In diesem Zusammenhang steht die Anerkennung aller Formen von Arbeit – die sich als unzureichend marktfähig erweisen – auf dem Spiel.

Es mag vielleicht befremden, im Fall ‚Beate' von Exklusion aus dem Arbeitsmarkt und sozialer Ausgrenzung zu sprechen, verfügt sie doch über Qualifikationen, Potentiale und Lebensentwürfe, die eher untypisch für dieses Problem erscheinen. Die Ausgrenzungsproblematik die sich hier zeigt, ist verbunden mit der Abhängigkeit von staatlichen Transferleistungen zur Sicherung des Lebensunterhaltes, die ‚Beate' zunächst als Arbeitende in einem künstlerischen Projekt, später als ‚Arbeitslose' und dann als ‚selbstständige Erwerbstätige mit Hilfebedarf' bezieht und der damit einhergehenden verwehrten sozialen Anerkennung. Ihre Tätigkeit als Künstlerin hat die Erzählerin ‚illegal' ausgeübt, weil sie davon nicht ihre Lebenshaltungskosten finanzieren konnte. Der Bezug von Transferleistungen ist bei ‚Beate' sowohl verknüpft mit der Nichtanerkennung der künstlerischen Tätigkeit als Erwerbsarbeit und einem entsprechenden Rechtfertigungsdruck, als auch mit der tendenziellen Abwertung der eigenen Person: „Wenn ich nicht selbst mein Geld verdiene, dann bin ich nichts wert". Die Erzählerin schreibt Erwerbsarbeit eine umfassende identitätsstiftende Bedeutung zu, wenn es in der Geschichte heißt: „dass ich mich schon sehr über meine Arbeit definiere, das würd ich schon sagen". Diese Relevanz wird mit der Thematisierung der Selbstwahrnehmung als Erwerbslose unterstrichen: „Das würd ich schon auch so sehn. – Und dass diese Zeit, wo ich wirklich keine Arbeit hatte, jetzt wirklich auch deswegen extrem an mir gezehrt hat". Begründet wird dieser zugeschriebene Wert mit symbolischen und materiellen Aspekten von Erwerbsarbeit, die hier wie ein untrennbarer Zusammenhang wirken: „Also einmal is es das natürlich, dass man sich selbst (...) quasi ausdrücken kann damit, ja. Und des andere is aber, dass man auf seinen eigenen Füßen steht, finanziell".

Die Gegenwart der Erzählung wird bestimmt durch einen möglichen Neuanfang. ‚Beate' erzählt, dass sie „möglicherweise (…) bei nem bekannten Biologen" eine selbstständige Tätigkeit als Biologin bekommen könnte: „Das entscheidet sich in den nächsten drei Wochen, vier Wochen". Diese Option wird als offene beschrieben, welche die Beate-Erzählerin in Unruhe versetzt: „Und jetzt bin ich völlig am – Rotieren". Die Aufregung wird mit der Vielzahl von Arbeiten erklärt, durch die sie beansprucht ist: „mir die Technik noch mal anzuschaffen, also Computer, Handy, Fotoapparat – was ich dafür brauche, auch Auto fahren zu üben. Und – mich auf diesen alten Beruf wieder einzulassen". Versteht man das ‚Rotieren' auch als ein ‚Drehen um die eigene Achse' und ein ‚aus der Fassung Geraten' verlagert sich – vor dem Hintergrund der Erzählung, in der die Abkehr vom Beruf einen breiten Raum einnimmt – die Aufmerksamkeit der Interpretin. Dann scheint die Aneignung der technischen Rahmenbedingungen weniger bedeutsam als die Einlassung „auf diesen alten Beruf". ‚Beate' erzählt, was die Technik für sie bedeutet. Das lässt sich als Darstellung und Begründung eines Gegensatzes zu einem bisherigen Selbstverständnis lesen, der den Status einer Vorläufigkeit hat: „Aber im Moment – macht es mir Spaß, mich mit dieser ganzen Technik zu beschäftigen, plötzlich jetzt n Handy haben zu müssen, was ich immer ganz peinlich fand und unangenehm. Aber jetzt will ich n Handy haben, ich will n Computer haben, ich will Auto fahrn und so. Das is gut. Da is viel Kraft erst mal da". Wenn in dieser Textpassage der Besitz eines Handys als ‚peinlich' charakterisiert und damit als ‚unangenehm, beschämend und nicht zur Person gehörend' verstanden werden kann, ließe sich eine ‚Beate' der Vergangenheit vorstellen, für die Technikdistanz zum Lebensgefühl in Einklang mit Natur gehörte. Im Gegensatz dazu stellt die ‚Beate' der Erzählgegenwart die Beschäftigung mit der Technik als Vergnügen und als zielgerichtetes Streben dar. Vielleicht ließe sich das Handy als technisches Symbol für Erreichbarkeit, Wichtigkeit und ein organisiertes Leben verstehen, das „haben zu müssen" als Notwendigkeit in der aktuellen Lebenssituation reflektiert wird. Der Zwang, der in dem ‚müssen' steckt, wird zugleich als ‚gut' bewertet. Als Begründung für das Passende daran, wird die Stärke und Wirksamkeit betont, die sich damit verbindet: „Da is viel Kraft", diese ist jedoch mit einem relativierenden Kommentar versehen: „erst mal". Nachfolgend soll der Lesart nachgegangen werden, dass ‚Beate' mit dieser Gegenwartserzählung einen Gegensatz zu einem bisherigen Selbstverständnis thematisiert, der den Status einer Vorläufigkeit hat.

Die Erzählerin begründet ihre Berufswahl nach dem Abitur mit frühen eigenen Erfahrungen: „Und dann wollte ich gerne Biologie studieren, weil ich als

Kind schon angefangen hatte, mich mit Botanik zu beschäftigen". In der Erzählung ist zu lesen, dass das Interesse an der Biologie, speziell der Botanik bei der jugendlichen ‚Beate' durch regelmäßige Kontakte zu Menschen unterstützt und bestärkt wurde, die sie bewunderte: „So zwischen vierzehn und siebzehn [hatte ich] mich so eben angefreundet mit Botanikern und / da gab's so eine Arbeitsgemeinschaft der Floristen und die haben mich unheimlich beeindruckt. Und daraufhin hab ich mich für Biologie entschieden". Neben der ehrenamtlichen Mitarbeit in der Arbeitsgemeinschaft der Floristen berichtet ‚Beate' von ersten intensiven Arbeitserfahrungen vor ihrem Studium: „Also es gab kein Studienplatz. Ich hab dann aber mit Hilfe andrer Biologen ein Arbeitsplatz gefunden – und hab zwei Jahre im Museum gearbeitet, als Assistentin und hab da sehr extensiv mit Biologen zusammen verschiedenste Projekte gemacht". Man könnte sagen, dass das zunächst verwehrte Studium den Anlass zum Zugang zu einer Erwerbsarbeit darstellt, die durch soziale Beziehungen vermittelt wurde. Diese Arbeit wird als prägend für die erzählte Zeit eingeschätzt: „Das war ne ganz tolle Zeit für mich". Unter Berücksichtigung der vorangegangenen Textpassage könnte man zwei Aspekte der Arbeit kennzeichnen, die dieser Einschätzung zugrunde liegen. Das sind zum einen die Intensität der Tätigkeit und zum anderen die Kooperation mit Kollegen.

‚Beate' charakterisiert den sich anschließenden Studienbeginn und die sich damit verbindenden individuellen Veränderungen im Zusammenhang mit den Veränderungen der gesellschaftlichen Situation in Deutschland 1989: „Dann durfte ich studieren '89 und das war natürlich n großer, sowieso n großer Umbruch". Unter Berücksichtigung der erzählten Zeit könnte man ‚den Umbruch' – die Zulassung zum Studium, wie die veränderte gesellschaftliche Situation – als einen Riss verstehen, der für die Lebensgeschichte andere Chancen und andere Risiken öffnete. In einem Kommentar zur Ausbildung heißt es: „Ich hab mich schon während des Studiums auch sehr engagiert für das Fach". Dieser Einsatz wird mit einer Erzählung über eine erfolgreiche studentische Initiative zur Gestaltung des Studiums belegt. In dieser Erzählpassage wird der Naturschutz als Praxis des Biologenberufes dargestellt. Dieser erscheint damit als dessen ethische Dimension: „Wir haben also so ne Naturschutz-Initiative gegründet. (…) Wir haben gesagt, das Studium ist uns nicht praxisnah genug. Wir wollen gern, dass (…) wirklich der Bezug des Biologen-Seins zum Naturschutz irgendwie genauer gemacht wird und eben nich nur – Was gibt es für Arten? oder so. Das haben wir auch geschafft". Mit dieser Art von Praxisnähe wird eine Nähe zur Ausübung einer Tätigkeit thematisiert, die sich nicht als Erfassende und Beschreibende, sondern als Behütende und Bewahrende versteht. In diesem Kontext wird die Studienzeit als „tolle Zeit" charakterisiert. Dabei erscheint der Erfolg des Engagements als Bewertungskriterium für das Erleben der erzählten Zeit. Dieses Gelingen stellt ‚Beate' in einen engen Zusammenhang mit einer Selbstdarstellung als ambitionierte, sachverständige Studentin, in deren Leben eine Dominanz der Arbeit zu herrschen schien: „Also so, ich war ja sehr ehrgeizig immer schon und ich hab da sehr viel gearbeitet und (...) sehr – erfolgreich sozusagen. Die Leute kannten mich, eben als kompetente Person".

Die Darstellung dieses Engagements für das Studium wirkt in der Erzählung wie eine Gegendarstellung zu einer Infragestellung der Wahl des Studienfaches: „Und trotzdem hatte ich nach dem Studium das Gefühl, ich will das nich mehr länger machen. (...) Ich wollte auch nich mehr so klassifizierend sein". Die Ambivalenz zwischen der thematisierten ‚tollen' Studienerfahrung und dem Desinteresse an einer Berufseinmündung wird in einem Kommentar erklärt. Für ‚Beate' scheint es zum notwendigen Selbstverständnis des Berufsalltags einer Biologin zu gehören, sich als Erfassende, Beschreibende und Einordnende zu verstehen, ganz im Gegenteil zum Wunsch, bewahrende und behütende Naturschützerin zu sein, wie sie es für das Studium thematisiert hat: „Also man muss dann raus und muss alles klassifizieren, muss alles in irgendwelche Töpfe packen und sagen, das is es". In diesem Erzählzusammenhang wird eine zweite Perspektive auf die Studienzeit eingenommen. ‚Beate' erzählt von dem Erleben sozialer Isolation und begründet auch damit die Bedenken an der Stimmigkeit von Beruf und Person: „weil mir zwischendurch Zweifel gekomm sind, ob das das Richtige is für mich (...) dass ich ja als Biologin natürlich auch sehr viel alleine draußen arbeiten muss, auch schon als Studentin, das ne ziemlich einsame Arbeit ist teilweise". So erscheint auch die Einsamkeit als Teil alltäglicher Arbeitsbedingungen, entgegen der Erfahrung der Zusammenarbeit in Projekten, die als ein wichtiger Anlass für die Berufswahl benannt wurde. In der Erzählung bildet diese andere Seite der ‚tollen Studienzeit' den Hintergrund für ‚Beates' Entscheidung gegen den Beruf der Biologin. Die Erzählerin berichtet von ihren Beweggründen und vom Unverständnis anderer für diese Option: „Und – dann dachte ich, ich will was andres, ich will sozialer arbeiten, ich will mit den Händen arbeiten (...) was nich nur mit m Kopf ist. Und dann bin ich ausgestiegen und die haben alle gesagt ‚Das versteh ich jetzt aber überhaupt nich. Wieso n das jetzt? Wieso machst de des nich? Du kannst des doch'". Während die Begründungen der Erzählerin – die Wünsche mit anderen gemeinnützig und praktisch produzierend tätig zu sein – so etwas wie ein Selbstverständnis möglicher Bedeutungen von

Arbeit thematisieren, wird von der Außenperspektive das Argument der Professionalität eingebracht. Dieses wird zu einer späteren erzählten Zeit von ‚Beate' übernommen.

Für die Zeit nach dem Studium scheinen die eigenen Kompetenzen als Argument für die berufliche Arbeit als Biologin zurückzutreten hinter das individuelle und soziale Selbstverständnis als Argument gegen die erlernte Tätigkeit: „In der Zeit hab ich kurz mal noch als Biologin gearbeitet, um Geld zu verdienen. Aber des hat mir nicht zugesagt. Also ich konnte die Arbeit zwar, aber ich hatte das Gefühl, das füllt mich nich mehr aus. Das ist mir zu – theoretisch so. (…) Ich war nun auch romantisch natürlich in der Zeit. Das passte nich zusamm. (…) alles in Schubladen tun und – ja klassifizieren. Des warn Welten, die nich zusamm passten". ‚Beate' erzählt von ihrer Suche nach einer alternativen Erwerbstätigkeit, die schon während des Studiums begann: „hab dann n halbes Jahr Landwirtschaft gemacht zwischendurch, hab also mich beurlauben lassen, hab bei nem Bio-Bauern bearbeitet. Und das hat mich dann aber auch nich so ganz ausgefüllt". Die auch in diesem Bericht – über eine praktische Landarbeit in ökologisch orientierter Wirtschaft – thematisierte Unzufriedenheit wirkt wie ein impliziter Wunsch, nach einer Arbeit, ‚die ganz ausgefüllt' und zum eigenen Identitätsverständnis passt. In der Erzählung gibt es eine Wiederholung ökologischer Landarbeit in einem anderen sozialen Kontext, die diesem Selbstbild eher zu entsprechen scheint: „Hab dann auch nen neuen Mann kennen gelernt, mit dem ich dann nach / zuerst mal nach Irland gegang bin, wieder Landwirtschaft gemacht habe (…) also in England heißt das Willing-Workers-on-Organic-Farms und da arbeitet man quasi für Kost und Logis". Man könnte vermuten, dass die ökologisch sinnvolle Arbeit ohne Entgeld in einem fremden Lebensraum, gemeinsam mit dem Partner dem ‚romantischen' Selbstverständnis der Erzählerin entgegenkommt.

Die Tätigkeit in der Landwirtschaft kann man als einen inhaltlichen Anschluss an das thematisierte Interesse an Botanik verstehen, anders als das sich anschließende künstlerische Projekt. Im Rahmen der Erzählung über soziale Beziehungen sowie Schwierigkeiten und deren Bedeutungen für die Beate-Erzählerin lässt sich so etwas wie ein biografisch motivierter Zugang zum Künstlerleben (re)konstruieren, den die erste Textpassage der biografischen Erzählung öffnet: „Na ja, ich glaube, was für mich schon auch wichtig ist, dass meine Großeltern mütterlicherseits freischaffende Künstler waren, so wie das damals hieß. (…) mein Großvater war Bildhauer und Grafiker und meine Großmutter Grafikerin, Illustratorin. (…) zumindest meine Großmutter (…) war sehr erfolgreich. Und das war natürlich eine eindrucksvolle Art zu leben, wie sie es gemacht hat dann, so ein bisschen zu arbeiten und dabei gut zu verdienen und – selbstbestimmt zu leben sozusagen". Man kann diesen Abschnitt als einen Selbstbezug auffassen und unterstellen, dass die Erzählerin mit der Charakterisierung der Vorfahren als ‚freischaffende Künstler' und der Betonung der Bedeutsamkeit dieses Aspektes für das erzählte Ich zugleich eigene Vorstellungen von einem ‚guten Leben' mit einer unabhängigen, gestaltenden, schöpfenden, anerkannten und zugleich finanziell einträglichen Tätigkeit thematisiert. Die Erzählung vom ‚normalen' Alltagsleben des Kindes ‚Beate' liest sich wie ein Gegensatz zu dem der Großeltern. ‚Beate' wächst in einem Dorf auf, nicht in der Großstadt. Die Eltern werden als liebe- und verständnisvolle Angestellte in einer kleineren Werft beschrieben. Sie sind keine Künstler. In der Erzählung wirkt dieses kindliche Leben wie eine Entbehrung des Ersehnten: „Also ich hab ja meinen Eltern nich gezeigt, dass – es mir schlecht ging. (...) Also ich war als Kind n sehr einsames Kind. Also ich war sehr schüchtern und ängstlich (...) und hatte dort auf dem Dorf wenig Kontakte so zu – Gleichaltrigen, sagen wir mal. (...) Und hab mich sehr oft schikaniert gefühlt und ausgegrenzt, (...) ich weiß es hundertprozentig, dass keine [Großstadt-] Schule für mich so schlimm gewesen wäre, wie die, wo ich war. (...) Und des hab ich wirklich erst im Abitur festgestellt, dass es Menschen gibt, die ähnlich denken und fühlen wie ich". In diesem Kontext erscheint die Zuwendung zu dem künstlerischen Gemeinschaftsprojekt wie die Möglichkeit auf eine ähnlich ‚eindrucksvolle Art zu leben' wie die Großeltern, ohne die Einsamkeit, die sowohl für die Kindheit, als auch für die Zeit als Biologin berichtet wurde: „war eben froh, dass ich dieses Zirkusdasein gefunden hatte, weil das n sehr soziales Umfeld war, also sehr viele Leute, sehr viel Kommunikation – vordergründig jedenfalls und – sehr vielseitige Arbeit".

Im Erzählablauf wirkt die Arbeit als Künstlerin wie ein eher zufälliger Versuch der Neuorientierung nach beendeter ökologischer Landarbeit. ‚Beate' erzählt, dass sie sich durch die Anregung ihres Partners dafür entschieden hat: „Dann sind wir wiedergekomm und – ja dann hatte er diese Idee nen Zirkus zu machen. (...) Zirkus so als fixe Idee quasi. Und denn haben se gesagt: ‚Ach komm, jetzt haben wir eigentlich grade nischt so richtig zu tun, lass uns des jetzt man probieren'". Erzählt wird auch, dass das Projekt mit dem Ende der Partnerschaft sein Ende fand: „Also ich hab mich – von dem Mann getrennt und der Zirkus hat sich aufgelöst".

Innerhalb der Erzählung über die Arbeitsorientierung – das Interesse für Botanik, das engagierte erfolgreiche Studium, die Kompetenzen und deren Anerkennung sowie die Freude über den möglichen Neuanfang als Biologin und die dafür erforderlichen technischen Anschaffungen in der Erzählzeit – erscheint das siebenjährige Wirken als Künstlerin wie ein Intermezzo, ein zunächst heiteres Zwischenspiel als Unterbrechung der eigentlichen Berufstätigkeit: „Da hatten wir natürlich so nen gemeinsamen Traum. (...) wir sind (...) die Diener der Schönheit oder der Träume so, ja. Wir bringen den Menschen so – Träume – und zeigen ihnen, dass man die auch verwirklichen kann natürlich. Das war ja auch so – stark, dieses, wir spieln das nich nur, wir sind das auch! Wir leben am Rande der Gesellschaft! (...) Wir beteiligen uns nich an dieser Gewöhnlichkeit und – an diesem Arbeitsstress und all dieser – Entfremdung, vielleicht Selbst-Entfremdung auch, ja. – Auch nich an dem Technikwahn". Der Traum ist zu Ende und ‚Beate' beschreibt ein verändertes Erleben: „wo ich jetzt merke, doch das Gewöhnliche is wahrscheinlich sogar gesund für mich". Wenn man ‚gesund' als ‚unverletzt' deutet, kann man danach fragen, welche Verletzlichkeiten in der Erzählung über das ungewöhnliche Künstlerleben zu finden sind.

‚Beate' erzählt über das, was aus ihrer Perspektive der Zirkus für seine Protagonisten darstellte: „Zirkusarbeit war / is ne ganz andre – Mentalität. Ja, des is alles in Träume verpacken, alles rosarot machen, alles bunt machen. (...) Also ich glaube auch, das was der Zirkus eben auch sehr propagiert hat: Wir brauchen niemals gewöhnlich sein! (...) Des war ja auch ne Art von Kommune oder – Stammesgesellschaftssystem, weil wir dachten, des is so toll. (...) Und – denn haben wir gedacht: ‚Gut, is wunderbar, wenn es Sozialhilfe gibt', die – uns sozusagen so ne Art Stütze macht unter uns und dass wir dann dazu halt die Gelder kriegen, die uns das Programm ermöglichen und die Fahrtkosten und alles". In dieser Textpassage gleicht der Zirkus einer Welt, in der das Leben schöngefärbt und verklärt, vielfarbig und ungeordnet möglich scheint. In diesem Zusammenhang wird eine besondere Arbeits- und Lebensform dargestellt. Die Möglichkeit des unmittelbaren sozialen Austauschs und einer vielfältigen Arbeit lassen sich als Argumente für die Arbeitsalternative kennzeichnen. ‚Beate' dazu: „Ja, ich hab sehr viel gelernt, ich hab nähen gelernt, tischlern gelernt – bisschen Organisation, Management gelernt und – Akkordeon. Das war ne vielseitige Entwicklung dann, ja". Das Arbeits- und Lebensumfeld erscheint hier nicht nur als Rahmen für die Entwicklung eigener handwerklicher, organisatorischer und künstlerischer Fähigkeiten sowie die Entfaltung von Begabungen, sondern auch für Selbsterfahrungen entgegen zurückliegender Selbstzuschreibung: „Hab ja dann auch erst viele Sachen auch erst wirklich gelernt, mit n Händen zu machen, was ich mir vorher dachte, da bin ich nich so in der Lage dazu". Für diese Zeit der

Erzählung scheint das künstlerische Projekt des Zirkus ‚Beates' Leben zu bestimmen. Sie erzählt, dass sie im Jahr der Geburt ihres Kindes zwar „aus der Zirkus-Praxis, aus den Auftritten ausgestiegen“ ist, aber dennoch „schon die ganze Zeit auch“ für den Zirkus gearbeitet hat und auf die Frage, ob sich mit dem Kind ihre Sicht auf den Zirkus verändert hat, antwortet sie: „Ich glaube nich wirklich. Also des is nich so n Einbruch der Verantwortlichkeit gewesen, dass ich plötzlich dachte, jetzt muss ich aber ernsthaft da an die Zukunft denken oder so was, das nich. (...) Und des war ja auch so ne Art von Ideal – wo so n Kind einfach dazu gehörte eigentlich“.

Wenn die Erzählerin über den Alltag des künstlerischen Projektes berichtet, wirkt das Zirkusleben nicht mehr ‚rosarot' und ‚bunt', vielmehr wird ein anstrengendes Arbeitsleben thematisiert, das Beharrlichkeit und die ganze Person der Beschäftigten verlangt: „Und des war auch fürchterlich anstrengend. Also wir haben ja auch immer alle gesagt: Ein Zirkusjahr is wie – sieben Menschenjahre. ((lacht)) Wir warn also so erschöpft danach jedes Mal – fürchterlich erschöpft“. Erzählt wird, dass von der Idee „bis es so n tragfähiges Projekt war, was – wirklich funktioniert hat“ zwei Jahre vergingen: „Aber dann is es ja immer wirklich – sag mal – semiprofessionell gewesen und immer professioneller geworden mit der Zeit, ja“. In dieser Aussage werden zwei unterschiedliche Einschätzungen miteinander verbunden ‚semiprofessionell' und ‚professionell', die bezogen auf die inhaltliche Arbeit und die Wirtschaftlichkeit als aufsteigende Entwicklung gelesen werden können. Als Grundvoraussetzung für die Professionalität werden die unterschiedlichen beruflichen Handlungskompetenzen reflektiert, für die allen Beteiligten eine andauernde eigenverantwortliche Qualifikationsverpflichtung zugeschrieben wird: „Also jeder von den Artisten hatte seine eigene Profession und die hat er sowieso gemacht, die musste er n ganzen Winter über üben, ganzjährig sozusagen“. Das eigentliche Zirkusprojekt wird dagegen als ein – auf die Sommermonate befristetes – Gemeinschaftswerk beschrieben: „Und dann wurde das aber zu nem Programm zusammengestellt und ne spezielle Nummer entwickelt für jeden einzelnen. (...) Und dann warn halt, sagen wir mal, von Mai bis Anfang September Auftritte. Mit geschlossenen Reiseperioden oder auch nur Wochenenden“. Die Einschätzung des hier dargestellten Projektes als ‚semi' also das Halbprofessionelle will sich der Leserin in dieser Darstellung nicht erschließen. Sie stellt sich die Frage, was fehlt dem Projekt, dass es zwar als ‚immer professioneller gewordenes', aber eben nicht als professionelles gekennzeichnet wird. Bei der Suche nach möglichen Antworten stößt man auf zwei Probleme, in denen sich zugleich auch Verletzlichkeiten dieses ungewöhnlichen

Künstlerlebens finden lassen und damit auch erzählinterne Erklärungen für sein ‚Scheitern'. Zum einen wird von der Komplexität und fehlenden Strukturen für den Umgang mit Schwierigkeiten als Teil des Gemeinschaftslebens berichtet, die es als nicht ganz professionelles erscheinen lassen: „Das Zirkusprojekt war halt sehr komplex. Man könnte jetzt sagen, was am Ende dann die Idee war, dieses Kunstprojekt könnte man machen. Aber – wahrscheinlich nicht direkt mit diesem kommunardischen – Gemeinschaftsprojekt dazu noch. Also das – halt ich für ziemlich schwierig. (...) Na wir haben die [Konflikte] verdrängt. (...) Und haben vieles so mitgeschleppt, was dann über Jahre so geschwelt hat an – Eifersüchteleien oder sonstwie Sachen, so. – Kommunikation war also absolut nich unsere Stärke". In dieser Reflexion über das Problem der Verwobenheit von sozialer Einbindung durch soziale Nahbeziehungen und Arbeit thematisiert die Beate-Erzählerin die Möglichkeit professioneller alternativer Arbeit unabhängig von sozialen Nahbeziehungen. Zum anderen wird erörtert, dass die Zirkusarbeit sich nicht selbst tragen und nicht den Lebensunterhalt der Mitwirkenden absichern kann. Innerhalb der Erzählung über das Zirkusleben wird die unzureichende finanzielle Absicherung als Problem dargestellt, das mit viel Aufwand und staatlichen Transferleistungen zu bewältigen ist: „Denn haben wir immer Fördermittel gekriegt. Des musste beantragt werden. Da mussten denn halt ooch so – geeignete Anträge dafür geschrieben werden, (...) Weil ohne Fördermittel hätte des nich – funktioniert. – Und dann war's auch sowieso so, dass es finanziell nich funktioniert hat, dass also jeder eigentlich noch sein Geld selbst beschaffen musste, nebenbei. Und ich hab die ganze Zeit Sozialhilfe gekriegt". Man könnte sagen, mit der Abhängigkeit von Fördermitteln und staatlichen Transferleistungen erweist sich das Zirkusprojekt als ‚semiprofessionelles', weil es nicht marktfähig ist und für seine Protagonisten die materielle Seite anerkannter Erwerbsarbeit – die selbstständige Sicherung des Lebensunterhaltes – nicht gewährleistet ist. Dieser Aspekt wird aus verschiedenen Perspektiven kommentiert. Einerseits definiert sich die Erzählerin über die Entsprechung der Tätigkeit zu ihrem Selbstbild und über die damit verbundene soziale Anerkennung unabhängig vom marktfähigen Gewinn: „solange ich Zirkus gemacht hab, musste ich nich unbedingt Geld verdien, weil ich gesehn habe, ich mache diese Arbeit und da hab ich auch Erfolg und das bin ich, sozusagen, das bin ich auch gern. (...) Ja und dann hab ich eben Sozialhilfe beantragt und hab die zum Glück auch gekriegt. Und denn war das sozusagen für mich erledigt, das Problem mit dem Geld". Andererseits wird die Abhängigkeit von staatlichen Leistungen als Makel charakterisiert und nur als vorläufige Starthilfe gerechtfertigt: „Des war schon wichtig, also war

– ne wichtige Komponente des Gefühls. Ich verdiene noch nich. Ich kriege Sozialhilfe. Das is doof, aber ich mache das, weil ich Kunst mache und weil man sich, um irgend n Projekt aufzubauen, immer erst mal fördern lassen muss. Aber es war sozusagen / Es sollte n Übergang sein, des war mir schon wichtig, ja". Damit wird ein Rechtfertigungszwang thematisiert, den die Beate-Erzählerin als eigenen und von anderen herangetragenen beschreibt: „weil wir natürlich auch uns selbst gegenüber – oder unsern Familien gegenüber so ne Art Rechtfertigung brauchten: ‚Was wollt ihr eigentlich werden? Was wollt ihr eigentlich sein? Wovon wollt ihr mal leben? Ihr habt jetzt schon Kinder, muss ja mal ernsthaft werden.' (…) Also der Druck war schon da, auch von außen. – Aber auch in mir würd ich sagen". Der hier thematisierte Legimitationsdruck wird sowohl bezüglich der Selbstdefinition der Protagonisten als Künstler, als auch hinsichtlich der Absicherung des eigenen Lebensunterhaltes und zudem mit der Aufforderung zu seriöser Arbeit erzeugt. Diese Ballung liest sich, als würde unterstellt werden, dass das Zirkusprojekt ein unernstes Spiel wäre. In der dargestellten Entgegnung definiert die Erzählerin die Tätigkeit der Zirkusleute als bedeutsame und erfolgreiche Kunst. Als Argument für die Legitimität wird auf den gesteigerten Marktwert verwiesen: „Und denn haben wir immer gesagt, das is ja ernsthaft. Das is ne ernsthafte Kunst, die wir hier machen. Und des is erfolgreich. Wir verdienen jedes Jahr doppelt soviel wie im Jahr davor. – Das geht so weiter. Und wir schaffen das".

Quer zur Freude ‚dieses Zirkusdasein gefunden' zu haben und im Gegensatz zur Erzählung über seine Schönheiten und Schwierigkeiten beschreibt ‚Beate' persönliche Verunsicherungen und Krisen: „Damals war's immer so / Da hab ich mich immer gefragt, aber du lebst doch hier in einem so wunderschönen Projekt und die Welt bewundert dich und alles is doch schön, warum geht's dir denn schlecht?". Auf die hier formulierte offene Frage nach möglichen Ursachen erlebter Niedergeschlagenheit während der Zeit im künstlerischen Projekt trotz guter Bedingungen und sozialer Anerkennung gibt es in der Erzählung eine explizite retrospektive Antwort: „wo ich wirklich das Gefühl habe, es hat damit zu tun, dass ich mir so viele Träume um mich rumgepackt habe, auch in diesem Zirkusprojekt, ja. Es könnte alles so sein. Ich könnte anderes sein. Die Welt könnte anders sein, man müsste sie nur anmalen. Ich müsste mich nur schöner anziehn, ich müsste bloß lustiger sein. Und die Welt muss durch den Zirkus halt schön gemacht werden und denn is alles gut. Aber was wahr war, ich hatte schwere Depressionen. Ja, ich hab es für mich selber nich geschafft, diese bunte Welt". In dieser Textpassage reflektiert die Erzählerin das Zirkusprojekt als

Traum, den man als einen sehnlichen Wunsch nach einer besseren, bunteren Welt aber auch als nicht wirkliches Bild verstehen kann. Dieser Traum wird verbunden mit dem Wunsch nach einem anderen Ich, vielleicht weniger ‚einsam, schüchtern und ängstlich'. Man könnte sagen, in dem gelebten Traum Zirkus hat sich der Wunsch nach einem anderem Ich nicht vollständig erfüllt. Dazu ‚Beate': „Aber ich hätte nie alleine singen können, weil dazu war ich denn doch zu verängstigt (...) weil für mich dieses Soziale dabei sehr wesentlich war, dass die Gruppe mich trägt und mir das Gefühl gibt, ich bin gut. Ich kann das hier machen. Ich hätte eben deswegen auch nie weitermachen können, jetzt als – Artistin oder Künstlerin". Dieses Erleben gilt hier als Begründung der Entscheidung gegen eine weitere künstlerische Arbeit im Anschluss an das Zirkusprojekt, obwohl – wie schon erwähnt, an anderer Stelle die Möglichkeit des ‚Kunstprojektes' ohne das ‚kommunardische Gemeinschaftsprojekt' als langfristig realisierbar bewertet wurde. Aber vielleicht ließe sich unter einem ‚Kunstprojekt' auch etwas anderes vorstellen als ‚Artistin' oder darstellende ‚Künstlerin'. ‚Beate' entwirft ganz am Ende der Erzählung davon eine Vision.

Neben der explizit formulierten Antwort auf die Frage nach den Gründen für die thematisierten Depressionen, gibt es noch einen zunächst wie beiläufig wirkenden Verweis auf die Bedrückung der Erzählerin durch die unzureichenden Einnahmen des Zirkusprojektes: „Und wir haben quasi das ganze Jahr gearbeitet, ohne eben davon leben zu könn. Und des war nich so sicher, dass es wirklich wird. Des war / wir haben's zwar gehofft, aber – hm. Das hat mich manchmal auch sehr bedrückt. Ich war auch manchmal – da sehr verunsichert, wie sich das wirklich entwickeln soll". Dieses Thema erscheint aber erst im Gesamtzusammenhang der Erzählung als Thema großer Verletzlichkeit und der Wunsch nach finanzieller Selbstständigkeit als eine mögliche Erklärung für Niedergeschlagenheit, zum Beispiel wenn ‚Beate' erklärt: „Und jetzt inzwischen hab ich das Gefühl, dass es mich schon belastet hat, auch in der Zeit, dass ich's nur nich wahrgenommen habe. Und wo ich jetzt auch merke, ich hab wirklich ganz doll das Bedürfnis von meiner Hände Arbeit zu leben, auch wirklich am Monatsende zu sagen, hier das hab ich jetzt verdient. Das wäre toll, wenn ich das mal wieder könnte".

Dieses ‚jetzt' beschreibt die Zeit nach der Auflösung des Zirkusprojektes, in der ‚Beate' sich thematisiert als: „das erste Mal in meinem Leben wirklich ohne Bezug". Der fehlende ‚Bezug' kann als Lebenssituation ohne eigenes Einkommen aufgefasst werden und ebenso als eine Zeit ohne Zusammenhang, den zuvor ihr Partner und der Zirkus gebildet haben als die beiden bedeutenden Fixpunkte in der Zeit als Künstlerin: „Also ich – ich hab jetzt wirklich anderthalb – fürchterliche Jahre hinter mir, die schlimmste Zeit meines Lebens war das. (…) das war ganz schrecklich. Also ich meine, ich bin in nen totales Loch gefalln". Die Erzählung nutzt hier ein sprachliches Bild für ein Empfinden absoluter Leere und Sinnlosigkeit und begründet: „weil meine Beziehung beendet war und die Arbeit, also alles eigentlich, mein soziales Netz gegangen war". ‚Beate' thematisiert diese Zeit zugleich als eine der unsicheren Suche: „Da sitzt man dann zu Hause und sagt, ich will was für mich machen, aber was kann ich für mich machen"? und sie beschreibt eine noch vage Vorstellung: „vielleicht mal was ganz Alltägliches machen, um Geld zu verdien, ja…" die Gestalt annimmt. In diesem Gedanken findet sich eine Verschiebung der Orientierung; weg von dem – dem eigenen Selbstverständnis entsprechendem, aber fremdfinanziertem – ungewöhnlichen künstlerischen Projekt hin zu einer ‚gewöhnlichen' Erwerbsarbeit als Grundlage zur finanziellen Absicherung des individuellen Lebensunterhaltes. Hier schließt sich eine den vorherigen völlig entgegen gesetzte Argumentation an: „… nich immer – böse gesagt – in der sozialen Hängematte versuchen sich da irgendwie weiter durchzuschlauchen". Nachdem die Erzählerin zuvor den Bezug von Sozialhilfe als völlig selbstverständliche Leistung und dann eingeschränkt als Starthilfe für das künstlerische Projekt gekennzeichnet hat, diskreditiert sie hier den Erhalt von staatlichen Transferleistungen als illegitime Möglichkeit sich auszuruhen und auf Kosten anderer zu leben. Den Begriff des ‚Durchschlauchens' erklärt ‚Beate' indem sie davon berichtet, dass sie als ‚Nicht-Arbeit-Suchende' gar keinen Anspruch auf die erhaltenen Leistungen gehabt hätte: „Und ich hätte denn irgendwann das Arbeitsamt dann doch auf m Hals gehabt. (…) Ich hab denen ja nie gesagt, dess ich Zirkus mache. Also des war ja alles auch gelogen. (…) Das Geld is sozusagen erlogen. (…) Ich hab ja immer Bewerbungen an Biologen geschickt und hab natürlich Absagen gekriegt. Ich hab mich ja nich bemüht. Ich war ja froh, dass mich keiner genomm hat, weil ich ja Zirkus machen wollte. Aber fürs Arbeitsamt musste ich ja schon auch immer noch diese Fassade bewahren, dass ich Arbeit suche und des hat mich ja auch geschlaucht, dieses Lügen-müssen". Die nachfolgenden Erklärungen, mit denen die Erzählerin verdeutlicht, warum sie den Bezug von ‚Sozialhilfe' als ‚soziale Hängematte' bezeichnet, scheinen eher für das ‚jetzt' nach dem Zirkusprojekt zu passen, einer Lebenssituation, die als eine im ‚totalen Loch', als Bild ohne Boden und ohne Halt gezeichnet wurde. Sie scheinen aber durch die Verwendung der Vergangenheitsform in der Erzählung auf die künstlerische Arbeit bezogen: „Also des war [ist?] in dem Sinne – ne Hängematte, dass eben das Gefühl des Widerstandes manchmal gefehlt hat. Also, das – merk ich jetzt auch. Ich hab selbst ne Hängematte. – Ich finde dieses Bild ziemlich gut, mit der sozialen Hängematte, weil man liegt sehr bequem, aber wenn man versuchen will aufzustehn, hat man ganz große Schwierigkeiten, weil – es gibt überhaupt nichts, wo man sich abstoßen kann. – Und das is, was ich jetzt das Gefühl habe, dass es für n Realitätsbezug wichtig is, dass man Grenzen hat, dass man die auch fühlt. Also, wie n Boden zum Beispiel, dass man fühlt, hier is jetzt Schluss und da kann ich nich fallen, sondern darauf kann ich stehn". Diesen Boden scheint die Erzählerin gerade mit dem Professionalitätsargument – das sie in der Entscheidung für das Zirkusprojekt als Außenargument entgegen ihrem eigenen Selbstverständnis thematisiert hat – für sich gefunden zu haben.

Es liest sich, als hätte ‚Beate' zunächst nach einer Anschlussmöglichkeit an ihre Arbeit als Künstlerin gesucht, diese aber aufgrund der nicht marktfähig entwickelten Kompetenzen verworfen: „Und da hab ich dann festgestellt, dass ich – alle diese Dinge, die ich im Zirkus gelernt hab, eben nich professionell kann, sondern nur – amateurhaft sozusagen. Also ich kann n bisschen tischlern, ich kann bisschen nähen – und so, aber das kann ich niemandem verkaufen. Und – und da hab ich jetzt sehr lange gebraucht, um rauszufinden, was jetzt eigentlich für mich jetzt die neue Lösung sein könnte, was mein neuer Lebensweg wäre". Die in dieser Textpassage angesprochene Dauer verweist möglicherweise auf die Unschlüssigkeit und die Sehnsucht nach einer Alternative zur beruflichen Arbeit. Trotz dieses Wunsches nach einem ‚neuen Lebensweg, dem man eine implizierte Ablehnung befestigter Bahnen unterstellen kann, sind es gerade diese, für die ‚Beate' sich in dieser Situation entscheidet: „Und bin jetzt am Ende dahin gekommen zu sagen, das einzige, was ich jemals professionell gelernt hab, is Biologin sein, also muss ich des auch machen". Diese Option für den ursprünglichen Beruf wirkt wie erzwungen wegen der vorhandenen ‚professionellen', eher marktfähigen Kompetenzen. Sie wird unterstrichen mit einer Begründung der Unmöglichkeit des Erwerbs anderer beruflicher Professionalität wegen fehlender Finanzierungsmöglichkeiten: „Und jetzt bin ich schon 37, jetzt – kann ich nich noch ne Ausbildung anfang. Das bezahlt ja auch keiner mehr".

So thematisiert die Erzählerin die Orientierung in ihrem Beruf als Biologin im Sinne einer aktuellen akzeptierten Entscheidung mit offenem Ausgang: „Ja, aber jetzt (…) möchte ich mich wirklich einarbeiten in dieses Thema. Und denn – mal sehn was daraus wird. So sieht's grade aus". In diesem Kontext formuliert ‚Beate' ein sprachliches Bild für die Orientierung am Gewöhnlichen – dem Normalen und Üblichen, aber auch Vertrauten – das sie als Künstlerin gerade ablehnte: „Also ich hab das Gefühl, ich komme jetzt in so ne Phase, wo es nich mehr so wichtig is, was ich mache, sondern mehr wie ich des mache und wie ich des wahrnehmen kann, ob ich des wahrnehmen kann, was ich mache. So – wie so ne Basis oder wie (…) wenn man Brei isst, dass man dann einfach auch satt ist – und nich immer noch danach sucht, noch ne tollere Süßigkeit irgendwo zu essen, so". Wegen der Möglichkeit der Sättigung wird die dick- und zähflüssige Speise der lieblichen wohltuenden Nascherei vorgezogen. Begründet wird diese Akzeptanz mit der Entbehrung eines eigenen finanziellen Einkommens: „Das hab ich ja nun ((atmet tief durch)) zehn Jahre nich. – Deswegen freu ich mich im Moment ganz doll darauf, dass das vielleicht klappen könnte". Gegenüber der Studienabsolventin ‚Beate' kehrt sich hier die Argumentation der arbeitslosen ‚Beate' um. Jetzt scheint das individuelle und soziale Selbstverständnis als Argument gegen die berufliche Arbeit zurückzutreten hinter die Möglichkeit auf der Basis der eigenen Kompetenzen den Lebensunterhalt selbstständig zu sichern. Aber die Erzählung bietet noch eine andere Perspektive.

‚Beate' erzählt, dass sie in ihrer Entscheidung für den gelernten Beruf durch bekannte Biologen mit dem Verweis auf erfahrene und als vorhanden unterstellte Kompetenzen gestärkt wird: „Und jetzt sagen die mir: ‚Du kannst es doch bestimmt immer noch'. Und des is natürlich gut". An dieser Stelle der Erzählung treten wieder die Aspekte der sozialen Anerkennung und der individuellen Bedeutsamkeit vor den der finanziellen Selbstständigkeit: „Deswegen hab ich mir jetzt auch gesagt, wenn ich nich die Arbeit kriege, dann würd ich irgend n Praktikum machen. Da würd ich mich da aufdrängeln. So – gebt mir irgendwas. Dann bezahlt ihr eben nich. Dann bezahlt es weiter des Arbeitsamt. Is auch gut". Mit dieser Alternative – Arbeit auch ohne finanzielle Selbstständigkeit – im Widerspruch zur diskreditierten finanziellen Abhängigkeit im Zirkus – und analog zur Entscheidung für dieses künstlerische Projekt wird jetzt Arbeit wieder in einer umfassenden individuellen Bedeutsamkeit thematisiert. Allerdings erfolgt diese Selbst-Thematisierung der Beate-Erzählerin weg von der Zuschreibung einer individuellen Bedeutung einer bestimmten Art von Arbeit hin zu dem Wunsch diese in jeglicher Arbeit zu finden: „Und das hoff ich einfach, dass (…) vielleicht die Arbeit auch nich so trist is, sondern dass ich dann eben auf so ner andern Ebene was erlebe". Die von ‚Beate' entworfene Vision einer zukünftigen Arbeit wirkt auf die Interpretin wie eine Verbindung der von den Großeltern gelernten Vorstellungen – von einem ‚guten Leben' mit einer unabhängigen, gestaltenden, schöpfenden, anerkannten und zugleich finanziell einträglichen Tätigkeit – mit dem eigenen Wunsch nach einer ‚sozialeren' Arbeit und einer, die ‚nicht nur mit dem Kopf' erfolgt – auf der Basis der eigenen Profession: „Na ja, im Moment glaub ich, is es schon n bisschen dieses Ideal, ich könnte sozusagen selbstständig – im Sinne meiner Großeltern quasi freischaffend arbeiten – und könnte mir hier – so n Aufgabenfeld suchen, was ich auch bewältige so zu Hause. (...) Was natürlich auch ganz wichtig is, dass es so ne Art von – Kollegenkreis gibt, mit dem ich nen engen Kontakt hab. Also ob ich noch versuche (...) tatsächlich mit jemand sogar richtig zusamm zu arbeiten, des wär für mich sehr wichtig, weil ich möchte nich allein sein hier immer. (...) Aber ich würde natürlich sehr gerne irgendwie gestaltend arbeiten (...) vielleicht eben in diesem Bezug zwischen Biologie und Kunst irgendwie was zu finden. – Mal sehn". Diese Vision erscheint für ‚Beates' Lebensgeschichte fast alternativlos: „Also, des wird sich wahrscheinlich auch entwickeln, weil des kann ich, glaub ich, gar nich anders. (...) Also das glaub ich schon". Innerhalb einer Arbeitsgesellschaft in der ‚nützliche Tätigkeiten außerhalb der Sphäre betrieblich organisierter Erwerbsarbeit' (vgl. Offe/ Heinze 1990: 95) zu ‚Versorgungslücken' führen, „welche (...) entweder überhaupt nicht geschlossen werden können oder nur auf dem Wege marktlicher oder öffentlicher Fremdversorgung" (ebd. 107) könnte dieses Zukunftsbild ein Traum bleiben. Ähnlich wird das auch in der Erzählung thematisiert: „Aber das is n wahnsinnig schwerer Markt. Ich weiß nich, ob ich da Zugang finde". Es bleibt die Unsicherheit, ob ‚Beate' einen Zugang zum Arbeitsmarkt finden wird, ob als Biologin oder Künstlerin.

Die Autorin der Beate-Erzählung habe ich nach dem Entstehen der biografischen Erzählung bis zur Fertigstellung dieses Textes noch zweimal gesprochen. So erhält die Geschichte eine Fortsetzung. ‚Beate' meinte, es sei für sie ‚irgendwie erschreckend, dass sich ihre Situation im Grunde nicht verändert' hätte. Das mag verwundern angesichts des veränderten Status. Die Erzählerin gilt nicht mehr als arbeitslos, sie arbeitet inzwischen selbstständig als Biologin aber mit sehr wenig Verdienst und ist deswegen weiterhin abhängig von staatlichen Transferleistungen[43]. Sie erzählt, dass es vereinzelt Arbeitsmöglichkeiten für sie gibt, aber wenig konkrete Zusagen. ‚Beate' schätzt die Wahrscheinlichkeit, dass

---

[43] Laut Statistik der Bundesagentur für Arbeit waren im Februar 2008 24,9% der erwerbsfähigen Leistungsbezieher erwerbstätig. Das heißt, 1.285.684 Menschen konnten von ihrem Arbeitseinkommen nicht leben (vgl. Bundesagentur für Arbeit 2008c: 1): „Erwerbstätige Leistungsbezieher sind erwerbsfähige Hilfebedürftige mit Leistungsbezug in der Grundsicherung, die gleichzeitig Brutto-Einkommen aus Erwerbstätigkeit beziehen" (ebd.). Darunter waren 91.422 selbstständige Erwerbstätige (vgl. ebd.).

sie Aufträge erhält, größer ein als zum Zeitpunkt der ersten Erzählung, aber Aussichten auf eine kontinuierliche Beschäftigung oder eine Anstellung mit regelmäßigem Einkommen hat sie nicht. Die hauptsächliche Arbeit des letzten Jahres war ein naturkundliches Projekt, das viel Arbeit und Energie verlangte, aber kein Geld einbrachte. ‚Beate' berichtet aber auch von honorierten Projekten ‚teilweise ohne vorherigen Vertrag', die zeitlich befristet, sehr arbeitsintensiv und zum Teil mit längeren Auswärtsaufenthalten, deswegen für sie als alleinerziehende Mutter mit einem hohen Organisationsaufwand verbunden waren. Der Bezug von Arbeitslosengeld II und Sozialgeld für ihr Kind ermöglichen einerseits die Grundsicherung des Lebens, andererseits macht sie die Abhängigkeit nicht nur unzufrieden, sondern unterwirft sie auch strengen sozialen Kontrollen[44]. Und es gibt die offenen Fragen: Wo soll es hingehen? Was ist richtig? Worauf soll man hören? Vielleicht wären diese Fragen für die Autorin der Beate-Erzählung leichter zu beantworten, wenn gesellschaftlich akzeptierte Alternativen zu einer marktfähigen Erwerbsarbeit ihr ein gesichertes legitimes Einkommen, soziale Anerkennung und positive Identitätsangebote ermöglichen könnten. Vielleicht müsste sie sich als Künstlerin wie Biologin mit geringen eigenen Verdiensten dann nicht sagen: „Wenn ich nicht selbst mein Geld verdiene, dann bin ich nichts wert".

Aus der Beate-Erzählung lassen sich zwei unterschiedliche Ansätze der Wechselwirkung von Teilhabe und Ausgrenzung re(konstruieren), deren einzige Gemeinsamkeit viel Arbeit mit geringem Einkommen und Abhängigkeit von staatlichen Transferleistungen zur Sicherung des Lebensunterhaltes zu sein scheint. Als Künstlerin in einem kommunardisch organisierten Zirkusprojekt thematisiert sich die Erzählerin selbstbewusst am ‚Rande der Gesellschaft' und grenzt sich ab von ‚Arbeitsstress', ‚Entfremdung' und ‚Technikwahn'. Das Projekt, so ist zu

---

[44] „Hilfebedürftigkeit vorausgesetzt, kommen auch Selbstständige in den Genuss der ‚Grundsicherung für Arbeitssuchende' nach dem Sozialgesetzbuch II. Anders gesagt: Bezieher von Arbeitslosengeld II dürfen gewerblich oder freiberuflich tätig sein. Selbstständige (Neben-)Einkünfte sind sogar ausdrücklich erwünscht, da sie erfahrungsgemäß die Chance der vollständigen Wiedereingliederung in den Arbeitsmarkt erhöhen. (…)
Grundlage der Einkommensberechnung ist (…) der Bewilligungszeitraum. Der beträgt in der Regel sechs Monate ab Antragstellung. (…) als Monatseinkommen berücksichtigt werden dabei sämtliche Betriebseinnahmen (und zwar Brutto, das heißt inklusive Umsatzsteuer!), aber nur die ‚notwendigen und angemessenen' Betriebsausgaben: Abweichend von der steuerlichen Gewinnermittlung werden Ausgaben von der Arbeitsagentur (…) nur dann anerkannt, wenn sie: im betreffenden Bewilligungszeitraum tatsächlich geleistet werden; notwendig und unvermeidlich sind und vor allem den Lebensumständen von Hartz-IV-Empfängern entsprechen" (Chromow 2008: 1).

erfahren, bietet vielfältige Teilhabe an gesellschaftlicher Arbeitsteilung, Kooperation in wechselseitigen Abhängigkeitsverhältnissen, Einbindung in Sozialbeziehungen, soziale Anerkennung sowie Möglichkeiten der Entfaltung von Begabungen und der Selbsterfahrung. Staatliche Transferleistungen werden in diesem Kontext als Grundlage für gelebte Inklusion wie für thematisierte Exklusion beschrieben. Einerseits gelten sie als soziale Absicherung einer selbstständigen nicht auskömmlichen Arbeit von Künstlern. Andererseits wird ihnen der Makel der Wertlosigkeit der Arbeit und sogar der Person der Leistungsbezieherin angeheftet, zumal ein Anspruch auf Arbeitslosengeld II nach geltender Gesetzgebung nicht gegeben ist, wenn die oder der Beantragende kein ernsthaftes Interesse an einer Veränderung der Arbeitssituation hat. Für die Leserin scheinen die einzigen grundsätzlichen Probleme dieser Lebensgestaltung mit einer engen Verzahnung von Privatem und Arbeitsleben zunächst in der mangelnden Anerkennung aller Formen von Arbeit, die sich als unzureichend marktfähig erweisen. Allerdings werden in der Erzählung auch die besonderen Erwartungen und Ansprüche an „selbstständige Alternativbetriebe“ dargestellt, die „im Außenverhältnis als Bestandteil der formalen Ökonomie agieren, im Binnenverhältnis (...) jedoch ein quasi-haushaltliches Verhältnis der wenig formalisierten, funktional diffusen und daher normativ anspruchsvollen reziproken Verpflichtung zu adäquater Arbeitsleistung, zum verantwortungsvollen Umgang mit dem betrieblichen Ressourcen und Erträgen und überdies zu einem normkonformen Sozialverhalten etablieren“ (Offe/ Heinze 1990: 103). Laut Erzählung konnten diese Ansprüche im beschriebenen künstlerischen Projekt langfristig nicht realisiert werden.

Der zweite Ansatz der Wechselwirkungen von Teilhabe und Ausgrenzung lässt sich aus der Erzählung über die selbstständige Biologin re(konstruieren). Die Erzählerin stellt in der Fortsetzung der Geschichte ihre erzählzeitliche Lebensgestaltung als Gegenentwurf zur erzählten Zeit als Künstlerin dar. Zum einen erklärt sie, dass sie ‚im Gegensatz zu vorher den ganz starken Wunsch hat, dazuzugehören’ und zum anderen beschreibt sie ‚einen erweiterten Begriff von Gestalten’, der es ihr ermöglicht, ihre Arbeit als individuell sinnvolle zu verstehen. Für die Teilhabe an dieser Form gesellschaftlicher Arbeitsteilung, lassen sich (mindestens) drei unterschiedliche Bedingungsaspekte angeben. Die Erzählerin verfügt mit einem abgeschlossenen Hochschulstudium über eine anerkannte Qualifikation und spezifische Kompetenzen, die ihr die Option einer selbstständigen Tätigkeit ermöglichen. Sie kann ein informelles Netzwerk von Berufskollegen und potentiellen Auftraggebern reaktivieren, die ihre Fähigkeiten schätzen und (zeitlich befristete) formelle Beschäftigung bewerkstelligen. Zudem kennt sie ihr Recht auf ‚Grundsicherung für Arbeitssuchende' und weiß, wie sie es als Selbstständige in Anspruch nehmen kann. Dafür, dass die beschriebene Lebensgestaltung zugleich Ausgrenzungserfahrungen mit sich bringt, lassen sich auch (mindestens) drei Bedingungsaspekte angeben. Die berufliche Tätigkeit passt nur bedingt zu den Vorstellungen der Erzählerin von einem ‚guten Leben' mit einer unabhängigen, gestaltenden, schöpferischen, anerkannten und zugleich finanziell einträglichen Tätigkeit. Die strukturellen Rahmenbedingungen der Arbeit erschweren kontinuierliche Zusammenarbeit und Kooperation mit Kollegen, so dass das Gefühl sozialer Isolation und die Auseinandersetzung mit Einsamkeit wichtige Themen bleiben. Das dritte Problem ist die unzureichende finanzielle Absicherung durch die eigene Arbeit und das damit verbundene Minderwertigkeitserleben in Abhängigkeit von staatlichen Transferleistungen, das man in Anlehnung an Neckel als ‚soziale Scham' bezeichnen könnte. Der Anspruch auf Arbeitslosengeld II ist nicht bedingungslos, sondern an die Bereitschaft zur Erwerbsarbeit[45] und an enge formale Regeln der Bedürftigkeit[46] gebunden. Mit

---

[45] „Aufgabe und Ziel der Grundsicherung
Die Grundsicherung für Arbeitsuchende soll die Eigenverantwortung von erwerbsfähigen Hilfebedürftigen und Personen, die mit ihnen in einer Bedarfsgemeinschaft leben, stärken und dazu beitragen, dass sie ihren Lebensunterhalt unabhängig von der Grundsicherung aus eigenen Mitteln und Kräften bestreiten können. Sie soll erwerbsfähige Hilfebedürftige bei der Aufnahme oder Beibehaltung einer Erwerbstätigkeit unterstützen und den Lebensunterhalt sichern, soweit sie ihn nicht auf andere Weise bestreiten können. Die Gleichstellung von Männern und Frauen ist als durchgängiges Prinzip zu verfolgen. Die Leistungen der Grundsicherung sind insbesondere darauf auszurichten, dass
1. durch eine Erwerbstätigkeit Hilfebedürftigkeit vermieden oder beseitigt, die Dauer der Hilfebedürftigkeit verkürzt oder der Umfang der Hilfebedürftigkeit verringert wird,
2. die Erwerbsfähigkeit des Hilfebedürftigen erhalten, verbessert oder wieder hergestellt wird,
3. geschlechtsspezifischen Nachteilen von erwerbsfähigen Hilfebedürftigen entgegengewirkt wird,
4. die familienspezifischen Lebensverhältnisse von erwerbsfähigen Hilfebedürftigen, die Kinder erziehen oder pflegebedürftige Angehörige betreuen, berücksichtigt werden,
5. behindertenspezifische Nachteile überwunden werden" (SGB II: §1 (1)).
„Grundsatz des Forderns
Erwerbsfähige Hilfebedürftige und die mit ihnen in einer Bedarfsgemeinschaft lebenden Personen müssen alle Möglichkeiten zur Beendigung oder Verringerung ihrer Hilfebedürftigkeit ausschöpfen. Der erwerbsfähige Hilfebedürftige muss aktiv an allen Maßnahmen zu seiner Eingliederung in Arbeit mitwirken, insbesondere eine Eingliederungsvereinbarung abschließen. Wenn eine Erwerbstätigkeit auf dem allgemeinen Arbeitsmarkt in absehbarer Zeit nicht möglich ist, hat der erwerbsfähige Hilfebedürftige eine ihm angebotene zumutbare Arbeitsgelegenheit zu übernehmen. (ebd. §2 (1)).

[46] „Hilfebedürftigkeit
(1) Hilfebedürftig ist, wer seinen Lebensunterhalt, seine Eingliederung in Arbeit und den Lebensunterhalt der mit ihm in einer Bedarfsgemeinschaft lebenden Personen nicht oder nicht ausreichend aus eigenen Kräften und Mitteln, vor allem nicht
1. durch Aufnahme einer zumutbaren Arbeit,

dem Erhalt von Arbeitslosengeld II wird Menschen ein Status als ‚Hartz-IV-Empfänger' zugeschrieben, der in unterschiedlichsten ‚informellen und kommunikativen' Formen diffamiert. Häufig werden damit ‚Scham und Beschämung' verbunden, die Neckel folgendermaßen erklärt: „Die Kontrolle der Statusverteilung vollzieht sich in den Binnen- und Außenbeziehungen sozialer Milieus nicht nur nach formalen Regeln. Diesen noch vorgelagert sind die informellen und kommunikativen Formen, Achtung und Missachtung auszudrücken. Sie manifestieren sich in Scham und Beschämung, durch welche die jeweils geltenden normativen Maßstäbe der sozialen Teilnahme und die jeweiligen Grenzlinien des Ausschlusses kenntlich gemacht werden" (Neckel 1991: 233). Sich diesen normativen Vorgaben zu widersetzen, scheint ein hohes Maß an persönlicher Integrität und alternativer sozialer Einbindung zu erfordern, damit Exklusion aus dem Arbeitsmarkt nicht als soziale Ausgrenzung erfahren wird.

Die Erfahrung sozialer Ausgrenzung wird in der Beate-Erzählung für eine ‚relativ' kurze Episode thematisiert. Die Auflösung der bedeutsamen sozialen Bindungen und die gleichzeitige Ausgrenzung aus dem Arbeitsmarkt bedeutete für die Erzählerin alle ‚Bezüge' zu verlieren. Das als individuelle Erfahrung dargestellte Durchleben von Ausgrenzung soll hier noch einmal wiederholt werden, weil es zugleich aufgefasst werden kann als ein allgemeiner Fall des Erlebens

---

2. aus dem zu berücksichtigenden Einkommen oder Vermögen
sichern kann und die erforderliche Hilfe nicht von anderen, insbesondere von Angehörigen oder von Trägern anderer Sozialleistungen erhält.
(2) Bei Personen, die in einer Bedarfsgemeinschaft leben, sind auch das Einkommen und Vermögen des Partners zu berücksichtigen. Bei minderjährigen unverheirateten Kindern, die mit ihren Eltern oder einem Elternteil in einer Bedarfsgemeinschaft leben und die die Leistungen zur Sicherung ihres Lebensunterhalts nicht aus ihrem eigenen Einkommen oder Vermögen beschaffen können, sind auch das Einkommen und Vermögen der Eltern oder des Elternteils zu berücksichtigen. Ist in einer Bedarfsgemeinschaft nicht der gesamte Bedarf aus eigenen Kräften und Mitteln gedeckt, gilt jede Person der Bedarfsgemeinschaft im Verhältnis des eigenen Bedarfs zum Gesamtbedarf als hilfebedürftig.
(3) Absatz 2 Satz 2 findet keine Anwendung auf ein Kind, das schwanger ist oder sein Kind bis zur Vollendung des sechsten Lebensjahres betreut.
(4) Hilfebedürftig ist auch derjenige, dem der sofortige Verbrauch oder die sofortige Verwertung von zu berücksichtigendem Vermögen nicht möglich ist oder für den dies eine besondere Härte bedeuten würde; in diesem Falle sind die Leistungen als Darlehen zu erbringen" (ebd. §9).
(5) Leben Hilfebedürftige in Haushaltsgemeinschaft mit Verwandten oder Verschwägerten, so wird vermutet, dass sie von ihnen Leistungen erhalten, soweit dies nach deren Einkommen und Vermögen erwartet werden kann.

von Exklusion aus Erwerbsarbeit und sozialen Nahbeziehungen sowie eingeschränkter Partizipation über Teilhaberechte: „arbeitslos, sozusagen (...) wirklich ohne Bezug auch (...) das war ganz schrecklich. Also ich meine, ich bin in nen totales Loch gefalln, weil meine Beziehung beendet war und die Arbeit, also alles eigentlich. Mein soziales Netz gegangen war. (...) Das heißt, die hab ich alle verloren, erst mal. – Also ich – ich hab jetzt wirklich anderthalb – fürchterliche Jahre hinter mir, die schlimmste Zeit meines Lebens war das“. Die Erzählerin thematisiert diese Zeit zugleich als eine der unsicheren Suche: „Da sitzt man dann zu Hause und sagt, ich will was für mich machen, aber was kann ich für mich machen“? Sie scheint über Potentiale zu verfügen und einen Lebensentwurf gefunden zu haben, die das Risiko der Stetigkeit dieser Situation abgewendet haben.

Für die individuelle Bedeutsamkeit von Teilhabe und Ausgrenzung mag Erwerbsarbeit „eine zentrale, aber nicht die alleinige Rolle“ spielen (Hagen/ Niemann 2000: 208). Hagen und Niemann haben im Anschluss an die Analyse von Fallgeschichten vier Aspekte herausgearbeitet, die ihrer Meinung nach „die subjektive Verortung zwischen Integration und Ausgrenzung“ (ebd.) beeinflussen. Zuerst werden ‚biografische Erfahrungen und Arbeitsmarkt’ genannt: „Neben der Qualifikation entscheidet (...) die Erfahrung von Stabilität im Erwerbsleben über das Gefühl von Ausgrenzung oder Integration“ (ebd.). Auch beim zweiten Gesichtspunkt ‚gegenwärtiger (Teil-)Einbindung in den Arbeitsmarkt’ ist die Aufmerksamkeit auf Erwerbsarbeit gerichtet: „Subjektiv kann (...) die Teilnahme an prekären Beschäftigungsverhältnissen (...) zumindest vorübergehend und unter bestimmten Voraussetzungen als Ressource gewertet werden“ (ebd. 209). Das dritte Thema ‚Erwerbs- oder Alternativorientierungen’ thematisiert eine Abwendung von Erwerbsarbeit zumindest als Möglichkeit: „Die Erwerbsorientierung und ihre Umsetzungsmöglichkeiten (...) bzw. welche Alternativen an Orientierung im Fall des Scheiterns gefunden (und realisiert) werden – tragen wesentlich zur subjektiven Einschätzung von Integration und Ausgrenzung bei“ (ebd.). Erst dann ändert sich die Blickrichtung: „Nicht zu unterschätzen ist die Rolle sozialer Netzwerke“ (ebd.). Im Anschluss an die hier vorgestellten Portraits wären diese Aspekte zu ergänzen, z.B.: Anerkennung verschiedener Formen der Beteiligung an gesellschaftlicher Arbeitsteilung und kontingenter Lebensgestaltung, vorbehaltlose Durchsetzung sozialer Rechte, Ermöglichung persönlicher Integrität angesichts differenter individueller Ressourcen und offener Optionen im Lebenslauf.

6 Vielfalt individueller Lebensführung und sozialer Teilhabe

Die Frage nach Vielfalt und Fragilität möglicher Bedeutungen der Risiken prekärer Ausbildungs- und Arbeitsmarktchancen kann gestellt werden, wenn man individuelle Lebensführung sowie soziale Teilhabe als zeitlich-biographisch, sozial und sachlich-inhaltlich kontingent interpretiert (vgl. Luhmann 1997). Dabei müsste man auch von der Kontingenz der Konzepte ‚Ausbildung' und ‚Erwerbsarbeit' ausgehen. Vogel zeichnet ein anderes Bild, indem er zeigt: „Erwerbsarbeit hat – im Vergleich zu anderen Arbeiten und Tätigkeiten, die nicht entlohnt werden – ein nie gekanntes Prestige erlangt" (Vogel 2008: 156). Mit dem Vermerk, dass sich „hohe Erwerbsquoten und hohe Arbeitslosenquoten" (ebd.) einander nicht ausschließen verweist er auf eine hohe Beteiligung an Erwerbsarbeit und auf deren Symbolcharakter: „Noch niemals zuvor waren beispielsweise in Deutschland so viele Menschen am Erwerbsleben beteiligt – freilich bei einer zunehmenden Vielfalt der Erwerbsformen[47]. Zudem ist die dauernde Beanspruchung durch die und in der Erwerbsarbeit zu einem Statussymbol geworden. Nicht mehr der ‚demonstrative Müßiggang' fördert das gesellschaftli-

---

[47] Laut Angaben des Statistischen Bundesamtes hatte die Bundesrepublik Deutschland im Juli 2008 82,139 Millionen Einwohner. Davon waren 46,563 Millionen erwerbsfähig, 43,353 Millionen erwerbstätig und 3,21 Millionen ohne Erwerbsarbeit (vgl. Statistisches Bundesamt 31.07.2008). Das entspräche einer Beteiligung am Erwerbsleben von 93,1%. Dass man diese Angaben auch ganz anders lesen kann, hat Jahnke am Beispiel des Monats Juli 2006 belegt. Den zu diesem Zeitpunkt 4,39 Millionen offiziell ausgewiesenen Arbeitslosen stellt er eine Gesamtzahl von 11 Millionen Arbeitslosen gegenüber, indem er ‚versteckte Arbeitslose' mitzählt:
4,39 Mill. offiziell ausgewiesene Arbeitslose (ALG I und II),
4,99 Mill. geringfügig Beschäftigte (mit und ohne ergänzendes ALG II)
300.000 Arbeitsgelegenheiten mit Mehraufwandsentschädigung (ALG II Empfänger),
ca. 20.000 krank gemeldete Arbeitslose (gelten als arbeitssuchend aber nicht als arbeitslos) und
1,64 Mill. nicht gezählte Arbeitslose (Menschen ohne Erwerbsarbeit, die sich nicht arbeitslos melden; vorzeitig aus Erwerbsarbeit ausgestiegene Rentner; Bezieher von Altersübergangsgeld/Vorruhestandsgeld; ältere Arbeitslose, die frühverrentet werden; Schüler und Studierende, die auf Grund schlechter Arbeitsmarktbedingungen Abschluss rauszögern; Teilnehmer an Vollzeitweiterbildungen, Rehabilitationen (vgl. Jahnke 2008: 5).

che Ansehen, sondern der ‚demonstrative Arbeitsstress'" (ebd.). Geht man uneingeschränkt von diesem hohen Ansehen der Erwerbsarbeit aus, könnte eine Kehrseite bedeuten: „Wer nicht erwerbstätig ist, der ist ein Nichts. Dies gilt für Arbeitslose ebenso wie für diejenigen, die sich aufgrund familiärer Bedingungen oder aus gesundheitlichen Gründen nicht mehr am Erwerbsleben beteiligen können. (...) Die, die ohne Erwerbsarbeit sind, haben nichts mehr vorzuweisen und können den Ansprüchen einer wohlhabenden Gesellschaft nur schwer oder gar nicht mehr genügen" (ebd.). Das mag einer möglichen Außenperspektive entsprechen und vielleicht auch der Wahrnehmung vieler Betroffener[48]. Für Vogel folgt daraus scheinbar alternativlos „das bohrende, quälende und selbstzerstörerische Gefühl, in einer Welt der Erwerbsarbeit und des Wohlstandes nicht mehr mithalten zu können und im symbolischen System von Erwerbspositionen und beruflichen Statuslagen nicht repräsentiert zu sein, kurz: ‚überflüssig' zu sein in einer Überflussgesellschaft" (Vogel 2008: 157). Dieser Lesart sollen mit den folgenden Ausführungen andere gegenübergestellt werden, in der nicht die Beteiligung an und das Ansehen von Erwerbsarbeit diskutiert werden sollen, sondern vielmehr die Lebensgestaltung ohne Erwerbsarbeit.

Rifkin geht in seiner Sozialdiagnose nicht von der Quantität von Erwerbsbeteiligung aus, sondern von deren Qualität, wenn er festhält, dass ‚in den meisten Industrieländern 75% der Arbeitskräfte mit Routinetätigkeiten beschäftigt waren' (vgl. Rifkin 1996: 17), für die immer weniger menschliche Arbeitskräfte benötigt werden. In seiner differenzierten Untersuchung beschreibt er die ‚tiefgreifenden technologischen und organisatorischen Veränderungen' (vgl. ebd. 12) in verschiedenen Wirtschaftsbereichen. Der Ersatz von Fließbandarbeit durch automatisierte Maschinen lässt Arbeiter und Arbeiterinnen in der Industrie zunehmend überflüssig werden: „In allen wichtigen Industriezweigen wird die menschliche Arbeitskraft durch Maschinen ersetzt. Millionen von Menschen auf der ganzen Welt sehen sich durch arbeitssparende Technologien zunehmend an den Rand gedrängt" (ebd. 107). In der Landwirtschaft befördern zunächst Mechanisierungen, Pflanzenschutz, spezialisierte Pflanzen- und Tierzüchtungen sowie effektivere Tierhaltung, später auch Biotechnologien „Produktionszuwächse und Ar-

---

48 Im Rahmen einer Vielzahl qualitativer Studien, wie z.B. ‚Das ganz alltägliche Elend' (vgl. Katschnig-Fasch 2003) und ‚Gesellschaft mit begrenzter Haftung' (vgl. Schultheis/ Schulz 2005) wurden im Anschluss und in Anlehnung an Bourdieus Studie ‚Das Elend der Welt' Lebensbilder des ‚alltäglichen Leidens' dokumentiert, welche „die Unerbittlichkeit eines gesellschaftlichen Elends" (Katschnig-Fasch 2003: 15) verdeutlichen.

beitseinsparungen historischen Ausmaßes“ (ebd. 96). Dass dies auch für den Dienstleistungsbereich zutrifft zeigt Rifkin an Beispielen wie der Automatisierung des Zahlungsverkehrs im Bankwesen und Handel, der Technologisierung von Büro- und Bibliothekswesen, Versicherungen und Unternehmungsverwaltungen ebenso wie von großen Teilen der Unterhaltungsindustrie (vgl. ebd. 108ff.). Der „Druck globaler Konkurrenz einerseits und steigender Lohnkosten andererseits“ scheint diese Prozesse noch zu beschleunigen (vgl. ebd. 19). Als einziger Bereich mit steigendem Arbeitskräftebedarf gilt der ‚Wissensbereich‘ der mit seinen Informations- und Kommunikationstechnologien laut Rifkin „nur Arbeit für eine dünne Schicht von Unternehmern, Wissenschaftlern, Ingenieuren, Programmierern, Ausbildern, Beratern und anderen Fach- und Führungskräften“ (ebd. 12) bietet. Diese Entwicklungen verändern Erwerbsbeteiligung und Arbeitsbedingungen grundlegend. Menschen, die mit Erwerbsarbeit leben, müssen sich auf „die zunehmende Geschwindigkeit der Produktion, die steigende Belastung oder die neuen Formen des sanften Zwangs und der subtilen Einschüchterung“ (ebd. 128) ebenso einstellen wie auf Teilzeitstellen, befristete Arbeitsverträge, Bedarfs- und Gelegenheitsarbeit bei Zeitarbeitsfirmen, als Honorarkräfte oder als selbstständige ‚Freiberufler‘ (vgl. ebd. 134ff.). Man könnte diese Diagnosen als Hintergrund für die von Kronauer beschriebenen neuen Formen gesellschaftlicher Ungleichheit in der ‚Zone der Integration‘ und in der ‚Zone der Gefährdung‘ von Teilhabemöglichkeiten verstehen (vgl. Kapitel 5). Unter den Menschen, deren Arbeitskraft nicht benötigt wird, verortet Kronauer eine kleine Gruppe ‚autonomer Arbeitsloser‘ (vgl. Kronauer 2002: 163), die sich den Belastungen, Zwängen und Unsicherheiten dieses technologisierten, globalisierten Arbeitsmarktes nicht aussetzt und lieber in der ‚Zone der Ausgrenzung‘ jenseits von Erwerbsarbeit lebt.

Im Anschluss an diese Sozialdiagnosen stellt sich unter anderem die Frage, wie Inklusion möglich ist, wenn nicht durch Organisation von Erwerbsarbeit (vgl. Engler 2005: 115f.). Für ein Leben ohne Erwerbsarbeit als ‚vorgegebenes Zentrum‘ müssen Menschen zum Beispiel ihre eigenen Zeitstrukturen entwickeln, Alltagsstrukturen schaffen, Zeit- und Lebensrhythmen erproben (vgl. Nowotny 1990: 36), ‚marktunabhängige‘ Alltagskompetenzen entwickeln, individuell sinnvolle Beschäftigungen praktizieren, soziale Strukturen pflegen, sich neue Sozialkontakte erschließen, lernen mit eingeschränkten Gestaltungsmöglichkeiten zu leben und Strategien gegen Stigmatisierungen auszubilden. Im Folgenden sollen drei mögliche Perspektiven angedeutet werden, die Zugänge zur Frage nach einer Lebensorganisation ohne Erwerbsarbeit öffnen: erstens ein ‚erweiterter Arbeitsbegriff' mit dem sich Teilhabe an gesellschaftlicher Arbeitsteilung jenseits anerkannter und angemessen entlohnter Erwerbsarbeit beschreiben lässt; zweitens die Berücksichtigung von Komplementärrollen und sekundären Leistungsrollen, die es ermöglicht ‚Inklusion von Personen in Sozialsysteme' differenzierter zu betrachten als ausschließlich über die Teilhabe am Arbeitsmarkt und drittens Aspekte der ‚Situationsbeurteilung und Selbsteinschätzung', die es Menschen erleichtern, ein Leben ohne anerkannte Erwerbsarbeit aktiv zu gestalten.

Zum ersten: Nach Heinze und Offe haben gerade die offenen Diskussionen über Begriffe von Arbeit „Anhaltspunkte dafür herausgearbeitet, dass die zentrale Stellung der förmlichen Erwerbsarbeit in der Lebensweise, der Sozialstruktur und der Konfliktdynamik fortgeschrittener Industriegesellschaften durchaus fragwürdig geworden sind" (Heinze/ Offe 1990: 7). Sie schlagen deshalb vor, mit einem erweiterten Arbeitsbegriff zu operieren, der anzuwenden wäre: „wenn eine Tätigkeit durch ein vorbedachtes und nicht nur von dem Arbeitenden selbst, sondern auch von anderen als nützlich bewertetes Ziel geleitet wird, und wenn die Anstrengungen, die auf dieses Ziel gerichtet sind, zu diesem in einem vernünftigen Verhältnis der Effizienz bzw. der technischen Produktivität stehen" (Offe/ Heinze 1990: 105) und charakterisieren damit „Formen nicht-marktfähiger Arbeit" (ebd. 107) bzw. Eigenarbeit mit zumindest teilweise „nicht-monetären Tauschsystemen" (ebd. 109). Vor diesem Hintergrund beschreiben sie ‚Haushaltsarbeit im Familienverband', ‚Do-it-yourself-Leistungen', ‚Tätigkeiten aufgrund formal gesatzter Pflichten', ‚bezahlte Gelegenheitsarbeit im Rahmen der Geringfügigkeit', ‚Schwarzarbeit bzw. illegale Beschäftigung' und ‚selbstständige Alternativbetriebe' als „'nützliche Tätigkeiten' in der Grauzone zwischen Freizeitkonsum und Erwerbsarbeit" (ebd. 95ff.). Diese Arbeiten könnten als Alternativen der Teilhabe an gesellschaftlicher Arbeitsteilung gelten, zumal sie mehr „Freiheit, Selbstbestimmung, Autonomiespielräume und Optionen" (Mükkenberger 1990: 199) versprechen als abhängige Beschäftigung. Jedoch wird der „Zugewinn an Freiheit mit materiellen Einbußen und Unsicherheiten erkauft" (ebd. 200) angesichts der „herrschenden sozial- und wirtschaftsstrukturellen, nicht zuletzt auch der sozialrechtlichen Bedingungen" (Heinze/ Offe 1990: 8). Skolka verweist auf die wirtschaftlichen Vorteile von Eigenarbeit insbesondere im Dienstleistungsbereich, die durch technologischen Fortschritt und elektronische Datenverarbeitung erheblich erleichtert wird (Skolka 1990: 57). Als weitere Argumente für Eigenarbeiten nennt er den erleichterten Zugang zu technologischem Wissen, Unabhängigkeit vom Markt und in der Zeitgestaltung (vgl. ebd. 67) und ‚Vertrauen in die eigene Arbeit': „Man weiß, was notwendig war und was tatsächlich geleistet wurde" (ebd.). Allerdings bleiben moderne Eigenleistungen abhängig vom Erwerb von Werkzeugen und Materialien, so dass auch Skolka noch davon ausgeht, dass ‚Eigenleistungen ein Privileg sind', das Menschen ohne Erwerbsarbeit eher nicht zugänglich ist (vgl. ebd. 68). Trotz der fehlenden materiellen Absicherung und sozialen Anerkennung sowie erschwerender gesetzlicher Rahmenbedingungen lohnt es sich danach zu fragen, „ob und unter welchen Bedingungen die Haushaltsproduktion und informelle Austauschbeziehungen eine Möglichkeit bieten, die Ausfälle von Einkommen aus formeller Arbeit (zumindest teilweise) zu kompensieren und zur Sicherung eines angemessenen Wohlfahrtniveaus beizutragen" (Häußermann/ Lüsebrink/ Petrowsky 1990: 88). Es scheint als wären die Reduktion des Haushaltsbudgets und viel Zeit, die für die haushaltliche Produktion von Gütern und Dienstleistungen verwendet werden könnte (vgl. ebd. 88) nicht die entscheidenden Bedingungen für derartige Arbeiten. Vielmehr scheinen die dafür erforderlichen Erfahrungen und Kompetenzen nicht mehr selbstverständlich. So vermuten Häußermann u.a.: „unter den Bedingungen der Reduzierung sozialstaatlicher Leistungen und struktureller Arbeitslosigkeit finden sich heute Haushalte in einer ‚Modernisierungsfalle', weil sie von den Voraussetzungen für eine vollkommen marktvermittelte Lebensweise ausgeschlossen und zugleich von allen Möglichkeiten autonomer Haushaltsversorgung und Eigenarbeit abgeschnitten sind" (ebd. 90). Das unterscheidet anerkannte Formen der Lebensgestaltung in Industriestaaten von ‚traditionellen Armutssituationen', in denen Arbeitslosigkeit und ökonomische Armut keinen Statusverlust bedeuten, weil Menschen in soziale, insbesondere in familiäre Netzwerke eingebunden sind und an informeller Ökonomie teilhaben (vgl. Kronauer 2002: 31). Wenn Menschen, die ohne anerkannte Erwerbsarbeit leben, informelle Ökonomie und Eigenarbeit praktizieren können, steigen „der monetäre Ertrag als auch die Stabilisierung der sozialen Netze und die Befriedigung über die produktive eigene Leistung" (Häußermann/ Lüsebrink/ Petrowsky 1990: 98). Dafür sind einerseits verschiedenste Methoden der ‚Ausgabenminderung' durch ‚Sparökonomien' zu beobachten (vgl. ebd.) wie zum Beispiel die Kosteneinsparung bei Lebensmitteln durch Eigenanbau, Verwertung von Wald- und Wiesenfrüchten und den Verzicht auf Fertigprodukte; die Senkung von Energie- und Heizkosten durch die Nutzung natürlicher Energieträger oder die Einsparung von Waren- und Dienstleistungskosten durch weitgehend selbstständige Hausarbeit, handwerkliche und personenbezogene Tätigkeiten (vgl. Glatzer

1990: 22). Andererseits sind Strategien der ‚Einkommenserhöhung' durch Arbeit für andere oder den Verkauf von Eigenprodukten möglich. Dafür bedarf es nicht nur der Erfahrungen und Kompetenzen, die für Sparpotentiale vorhanden sein müssen, sondern auch eines ‚Netzes informeller Austauschbeziehungen und gegenseitiger Hilfe' (vgl. Häußermann/ Lüsebrink/ Petrowsky 1990: 100). Darauf lässt sich Englers Anmerkung beziehen, dass der ‚Bau eines sozialen, zeitlichen und räumlichen Netzes ohne vorgegebenes Zentrum' nur gemeinsam mit anderen möglich ist (vgl. Engler 2005: 56).

Zum zweiten: Inklusion kann im Anschluss an die systemtheoretische Gesellschaftstheorie als Form der Berücksichtigung von Personen in Sozialsystemen beschrieben werden. Dadurch wird soziale Ungleichheit erzeugt (vgl. Kap. 1). Stichweh vermerkt, dass die Frage nach den Operationsweisen sozialer Systeme und ihrer Effekte zu stellen ist, wenn man sich für die Produktion, die Stabilisierung und den Abbau von Ungleichheiten interessiert (vgl. Stichweh 205: 166). Dabei kommt in den Blick, dass Menschen nicht nur durch Leistungsrollen, wie sie im Zusammenhang mit Erwerbsarbeit beschreibbar sind, Anteil am sozialen Leben haben. Teilhabe bedeutet vor allem den Zugang zu Leistungen durch Komplementärrollen: „Inklusion kann sich nicht auf die Leistungsrollen erstrecken, sondern nur auf ihre Komplementärrollen: Nicht jeder kann Arzt werden, aber jeder Patient; nicht jeder Lehrer, aber jeder Schüler. (…) Inklusion heißt also nicht: Mitgliedschaft in der Gesellschaft, sondern heißt als Modus vollwertiger Mitgliedschaft: Zugang eines jeden zu jedem Funktionssystem" (Luhmann 1988: 31). Allerdings agieren Funktionssysteme mit den jeweiligen Leistungsrollen nur bedingt mit Rücksicht auf die Komplementärrollen. Deshalb beschreibt Stichweh den Wohlfahrtsstaat als ‚Instrument der Inklusionsvermittlung' mit der Funktion „Schwierigkeiten der Inklusion in verschiedenen Funktionssystemen durch staatliche Angebote zu kompensieren oder aufzufangen" (ebd. 195). Das hieße, dass für alle Menschen gesellschaftliche Zugehörigkeit über Teilhaberechte verwirklicht werden müsste. Wie schon dargestellt ist aber sowohl der Zugang zu Leistungen über Komplementärrollen als auch die Wahrung persönlicher Integrität ohne anerkannte Erwerbsarbeit erschwert. Für die Frage, wie soziale Inklusion möglich ist, wenn nicht durch Erwerbsarbeit thematisiert Stichweh sekundäre Leistungsrollen, die sich zum Beispiel in ‚Systemen der Amateurwissenschaft, des Breitenports, der Hausmusik, der Lokalpolitik oder auch der freiwilligen Hilfs- und Ordnungsdienste etablieren' (vgl. ebd. 35). Als sekundäre Leistungsrollen können ‚freiwillige sozialer Tätigkeiten' verstanden werden, die über die Teilhabe in Vereinen und Selbsthilfegruppen realisiert werden aber auch durch Ehrenämter. Mit Hilfe solcher sekundären Leistungsrollen in Ehrenämtern und freiwilligen sozialen Dienste wurde „der deutsche Nonprofit-Sektor (…) ein bedeutender Wirtschaftsfaktor“[49] (Anheier 2000: 307). Als Formen sozialer Inklusion ermöglichen ‚freiwillige soziale Tätigkeiten’ der und dem Einzelnen verlässliche Sozialkontakte, Aktivität, „soziale und persönliche Herausforderungen“ (Müller-Kohlenberg 1990: 219) und individuelle Zufriedenheit, aber keine Verbesserung der materiellen Lebenssituation. Engler plädiert mit Blick auf die gesellschaftliche Reproduktion dafür, ein ‚Arbeitsvermögen, das keinen Tauschwert hervorbringt’ ökonomisch gleich zu stellen, weil Erwerbsarbeit nur im ‚Geflecht ergänzender Aktivitäten’ existieren kann (vgl. Engler 2005: 98). Für diese Gleichstellung stehen die Diskussionen um ein ‚Solidarisches Bürgergeld’ (vgl. Borchard 2007), ‚Sozialeinkommen’ (vgl. Rifkin 1996: 193ff) oder auch ‚bedingungsloses Grundeinkommen’, das entkoppelt vom Arbeitsmarkt allen Menschen ein auskömmliches Leben ermöglichen würde (vgl. Gorz 2000: 113ff). Müller-Kohlenberg nimmt an, dass die entscheidende Dimension für freiwilliges soziales Engagement die Überzeugung ist, nicht überflüssig sondern „in ein Sozialsystem eingebunden zu sein und darin etwas Sinnvolles leisten zu können“ (Müller-Kohlenberg 1990: 213). Olk beschreibt eine neuere Form des Ehrenamtes, das nicht mehr „durch gesellschaftliche Zentralwerte legitimiert (…) hochorganisiert, in festgefügte Formen der Kooperation der Arbeitsteilung eingebaut“ ist (Olk 1990: 251). Diese veränderte Art des Ehrenamtes „entwickelt sich in überschaubaren lokalen Lebenszusammenhängen und äußert sich in weitgehend selbstbestimmten, autonomen und gering formalisierten Organisationsformen“ (ebd.) und mag damit auch leichter zugänglich sein für Menschen, die in einer Lebenssituation ohne anerkannte Erwerbsarbeit nach Teilhabemöglichkeiten suchen.

Zum dritten: Menschen, deren Leben nicht durch Erwerbsarbeit strukturiert wird, benötigen Alternativen für Selbstrespekt, Motivation, soziale Teilhabe und Weltbezüge (vgl. Engler 2005: 10). Nur wenige Autoren wie Arendt versuchen den tätigen Menschen gegen den Arbeitsglauben wieder zu beleben und eine Vision einer menschlichen Existenz zu entwerfen, „die ledig sein wird der Last

[49] „Die Nonprofit-Einrichtungen hatten im Jahr 1990 insgesamt einen Umsatz von (…) etwa 3,9% des Bruttoinlandprodukts. (..) Zudem enthalten die Angaben zu Kosten und Wertschöpfung (…) noch nicht den Wert der freiwilligen und ehrenamtlichen Arbeit. Wäre der Wert dieser Arbeit einbezogen worden, so würde sich der Beitrag des Nonprofit-Sektors an der Wertschöpfung, ja nach zugrunde gelegtem Berechnungsschema, auf 4-5% steigern“ (Anheier 2000: 3008).

der Arbeit und des Jochs der Notwendigkeit“ (Arendt 2007: 12). Diese Vorstellung verdeutlicht sie mit einem Bild, dass sie als Übersetzung eines Ausspruches Catos kennzeichnet: „Niemals ist man tätiger, als wenn man dem äußeren Anschein nach nichts tut, niemals ist man weniger allein, als wenn man in der Einsamkeit mit sich allein ist“ (ebd. 415). Nach Engler scheint es nicht zuletzt eine Frage der fehlenden Erfahrung der Selbstsetzung von ‚Lebenssinn' zu sein, die solche Alternativen erschweren: „Was dem Aufbruch in ein Leben ohne Arbeit fehlt, ist mehr als alles andere die Antwort auf die Frage nach dem Wozu“ (ebd. 42). Die Initiativen der ‚Glücklichen Arbeitslosen' können als Versuche aufgefasst werden, den Status ‚Leben ohne anerkannte Erwerbsarbeit' zu entstigmatisieren. Sie plädieren für ein „vernünftiges, sinn- und freudvolles Leben (...) [und die] Zurückeroberung der Zeit“ (Die glücklichen Arbeitslosen 1997: 6) bei einer „Ökonomie der Gegenseitigkeit“ (ebd. 12). In ihrem Manifest ist zu lesen, was sie erreichen wollen: „Die gesellschaftliche Akzeptanz der glücklichen Arbeitslosen. Das Schaffen eines artgerechten sozialen Umfelds. Die Anhäufung von Angelegenheiten, bei denen sich glückliche Arbeitslose entdecken und treffen können. Das Experimentieren mit ‚unklaren Ressourcen', um der Diktatur der Lohnabhängigkeit in die Flanke zu fallen. Die Umrisse einer neuen Lebensphilosophie, die die alte abendländische Moral des Unglücks bzw. die Ökonomie vollständig vernichten wird“ (ebd. 1). In dieser Diskussion wird das Wozu den Menschen selbst überlassen. Thematisiert wird das Wie und zwar in Abgrenzung zu den Zumutungen einer unerfüllten, lebensbestimmenden Arbeit. Man kann sich fragen, warum es einigen Menschen gelingt, ihr Leben ohne Erwerbsarbeit aktiv und produktiv zu gestalten und andere an dieser Lebenssituation verzweifeln. Luedtke untersucht dafür Aspekte der ‚Situationsbeurteilung und Selbsteinschätzung von Arbeitslosen' und kommt im Wesentlichen zu drei Schlussfolgerungen. Zum einen stellt er fest: „Arbeitslose, die sich selber positiver wahrnehmen, können (…) auch besser mit der Situation der Arbeitslosigkeit umgehen“ (Luedtke 1997: 297). Zudem hält er fest, dass Möglichkeiten einer Lebensgestaltung ohne Erwerbsarbeit mit einem hohen Selbstwertgefühl und dem Bedürfnis nach Eigenständigkeit „vom Ausmaß der erfahrenen emotionalen und instrumentellen bzw. praktischen Unterstützung“ (ebd. 217) abhängen. Nicht zuletzt vermerkt er, dass die Zufriedenheit mit der eigenen Lebenssituation zunimmt und das Gefühl der Belastung abnimmt, je besser die eigene finanzielle Lage eingeschätzt wird (vgl. ebd. 171).

Auf die Frage nach der Bedeutung von Risiken prekärer Ausbildungs- und Arbeitsmarktchancen lassen sich zusammenfassend zwei Antworttendenzen festhalten. Zum einen ist davon auszugehen, dass Leben ohne Erwerbsarbeit nicht „notwendigerweise in Rückzug, Selbstaufgabe, Apathie und Zerfall der Zeitstrukturen endet" (ebd. 277), sondern von Menschen aktiv und produktiv gestaltet wird, wenn sie Alternativen individueller Lebensführung sowie sozialer Teilhabe realisieren können. Zum anderen bleibt festzuhalten, dass diese Art der Lebensgestaltung durch fehlende gesellschaftliche Anerkennung und unzureichende finanzielle Absicherung erheblich erschwert wird. Zu fragen wäre, ob gerade darin eine wesentliche Bedingung dafür zu finden ist, dass Lebensgestaltung ohne anerkannte Erwerbsarbeit so häufig mit sozialer Exklusion gleichgesetzt wird.

Für ein Leben in der ‚Zone der Ausgrenzung' aus dem Arbeitsmarkt beschreibt Kronauer zwei typische Verläufe: einen abrupten Abbruch einer kontinuierlichen Erwerbsbiographie – wie im folgenden Portrait ‚Torsten' thematisiert – und eine „Karriere von Mehrfacharbeitslosigkeit" (Kronauer 2002: 162) – von einer solchen wird im Karin-Portrait berichtet. Nicht berücksichtigt werden damit Menschen, die erst gar keinen Zugang zum ersten Ausbildungs- und Arbeitsmarkt finden – wie ‚Claus' – und Menschen, die diese Form von Inklusion für sich ablehnen und ihr Leben selbstbestimmt ohne Erwerbsarbeit gestalten – wie ‚Lorenz'. Mit den Erzählungen von ‚Torsten', ‚Karin', ‚Claus' und ‚Lorenz' sollen Beispiele für Alternativen individueller Lebensführung sowie sozialer Inklusion ohne Erwerbsarbeit ebenso wie deren Schwierigkeiten durch eingeschränkte Teilhaberechte aufgezeigt werden. Dabei soll der Blick auf die „Doppelbestimmung gesellschaftlicher Zugehörigkeit" (ebd. 47) über Partizipation und Interdependenz gerichtet werden. Interdependenz – die soziale Einbindung durch wechselseitige Abhängigkeit – realisiert sich in gesellschaftlicher Arbeitsteilung, die sich nicht in Erwerbsarbeit erschöpft und über soziale Nahbeziehungen, deren besondere Bedeutung in allen vier Portraits in unterschiedlicher Weise zum Tragen kommt. Soziale Partizipation – die gesellschaftliche Zugehörigkeit über Teilhaberechte – verwirklicht sich nicht nur über den Zugang zu Leistungen und die Wahrnehmung politischer Interessen, sondern auch über die Wahrung persönlicher Integrität (vgl. Kapitel 1).

In diesem Sinne lassen sich die folgenden Portraits als Argumente gegen eine Ausgrenzungsdebatte lesen, die prekäre Ausbildungs- und Arbeitsmarktchancen mit ‚Prekariat' oder gar ‚Überflüssigkeit' gleichsetzen. Diese Beispiele für die zeitlich-biographische, soziale und sachlich-inhaltliche Kontingenz individueller Lebensführung sowie sozialer Teilhabe sollen jedoch die vielfältigen angesprochenen Schwierigkeiten sozialer Inklusion ohne Erwerbsarbeit – in einer Gesellschaft, die sich als Erwerbsarbeitsgesellschaft darstellt – nicht nivellieren: „Sofern und solange sich soziale Ordnung und Arbeit wechselseitig vertreten, steht das Leben ohne Arbeit für Regellosigkeit, Schmarotzertum; es bedarf schon gehöriger Anstrengung, sich diesem Urteil innerlich zu widersetzen“ (Engler 2005: 25).

6.1 Torsten: Der Ausgleich ist die ehrenamtliche Arbeit. Und den Tag halt für sich genießen zu können.

Der Erzähler der Torsten-Geschichte ist ein 48-jähriger Mann, der sein Leben seit mehreren Jahren ohne Erwerbsarbeit gestaltet. Seinen Alltag beschreibt er in Bezug und in Abgrenzung zur Lebenssituation von Menschen mit Erwerbsarbeit: „Der Alltag – Na ja, im Wesentlichen so wie die Leute, die zur Arbeit gehen. Also die wachen früh auf, stehen auf, das gleiche mache ich auch. – Die, die zur Arbeit gehen, die verlassen eben dann die Wohnung. Ich bleibe zu Hause, frühstücke, nehme n Buch zur Hand oder setze mich an n Rechner – oder ja, mache nichts. (…) Einfach dasitzen und den Gedanken freien Lauf lassen“. Der Erzähler stellt eine Art rhetorische Selbstanfrage: „Bin ich arbeitsscheu, asozial und ein Schmarotzer“? Damit wird einer Abwertung von Menschen, die ihr Leben ohne Erwerbsarbeit gestalten thematisiert; als Menschen, die die Gesellschaft schädigen und auf Kosten anderer leben. ‚Torsten' entgegnet diesem – vielleicht schon öfter explizit oder implizit erfahrenem und auch von Engler festgehaltenen Vorwurf (vgl. oben), in dem er die Zuschreibung ablehnt: „Nein, auch ich möchte mich nützlich machen (…) Ich würde gern dort arbeiten (…) wo ich gezielten Einfluss auf den notwendigen gesellschaftlichen und wirtschaftlichen Umbau ausüben kann“.

In der Geschichte werden zwei Selbstentwürfe des Erzählers entfaltet, die nebeneinander stehen. ‚Torsten' beschreibt sich einerseits nicht als ‚Arbeitsloser' sondern als ‚Arbeitssuchender', der allerdings nicht bereit ist, einer Erwerbsarbeit nachzugehen, die er als ‚Zwangsarbeit' empfindet. Vielmehr ist er auf der Suche nach einer anerkannten und angemessen entlohnten Erwerbsarbeit, die seiner Qualifikation und seinem Selbstverständnis entspricht. Der Erzähler betont jedoch auch, dass er sich zu den ‚glücklichen Arbeitslosen' zählt (vgl. oben) und sein Leben entsprechend gestaltet. Beide Entwürfe werden mit der Beschreibung einer ‚menschenfeindlichen Gesellschaft' und ‚entfremdeter' Erwerbsarbeit begründet, die ‚Torsten' für sich ablehnt: „Erwerbsarbeit um jeden Preis, so stellt sich für mich die derzeitige Arbeitsmarktpolitik in Deutschland dar. Dies (...) ist gefühlter Terrorismus und Idiotie. Mit Terrorismus meine ich das zum Teil repressive Verhalten der Personen, die die Verordnungen und Gesetze umsetzen. (...) Wenn einem Menschen eingeredet wird, dass Arbeit das Allerwichtigste im Leben is und es dabei vorkommt, dass – der Mensch während seiner Arbeit oder durch seine Arbeit krank wird und – möglicherweise gar nicht das machen kann, wozu er sich eigentlich berufen fühlt. Und das dann auch noch in einem Umfeld stattfindet, wo nich das Gemeinschaftliche zählt, sondern dass – eine so genannte Wettbewerbsfähigkeit und (...) Konkurrenzverhalten als Naturgesetz – dargestellt wird". Sein Begriff von Arbeit liest sich wie ein Gegenentwurf zu dieser Art von Erwerbsarbeit: „Für mich wäre Arbeit eine Beschäftigung innerhalb einer – Gemeinschaft, die dazu dient, das Leben einer Gemeinschaft aufrecht zu erhalten – und weiter zu entwickeln. Das wäre für mich Arbeit. (...) Und da hat – jedes Mitglied dieser Gemeinschaft entsprechend – seiner Fähigkeiten und Fertigkeiten – seinen Platz". Diese Vorstellung von ‚sinnvoller Tätigkeit' scheint den Rahmen sowohl für die Konstruktion des Erzählers als ‚Arbeitssuchender' als auch für die als ‚glücklicher Arbeitsloser' zu bilden. Beide Entwürfe sollen im folgenden Portrait (re)konstruiert werden.

Der Anspruch einer individuell sinnvollen und angemessen entlohnten Erwerbsarbeit lässt sich mit ‚Torstens' langjähriger Erwerbsbiographie und dem in diesem Kontext thematisierten Bewusstsein der eigenen Fähigkeiten und Erfahrungen erklären. Die Erzählung wird mit einem Ich-distanzierten Bericht über eine scheinbare ‚Normalbiographie' in der DDR eröffnet: „Das is ja (…) so ne Art vorbestimmtes Leben, Kindergarten, Schulzeit, Lehre, Beruf". Über die frühe Kindheit erfährt die Leserin zunächst nichts, benannt und als ‚selbstverständlich erfolgreiche' dargestellt werden die Schuljahre, eine Berufsausbildung in einem großen Betrieb, deren Wahl eher zufällig wirkt und eine etwa 20-jährige berufliche Tätigkeit in Schichtarbeit mit genutzter Aufstiegschance: „die zehn Klassen allgemeinbildende Oberschule absolviert, mit erfolgreichem Abschluss natürlich. (…) eine Lehre – als Facharbeiter für chemische Produktion auch erfolgreich abgeschlossen (…). Ich hatte so gut wie gar keine Vorstellungen. Ich bin da einfach hin (…) und – los ging's. (…) Danach (…) als Anlagenfahrer und Schichtleiter – in der Abteilung Niederdruck-Polyäthylen (…) gearbeitet".

Aus dem Bericht über die Arbeit lässt sich schließen, dass ‚Torsten' in dieser beruflichen Tätigkeit soziale Anerkennung und individuellen Sinn finden konnte: „Und wer denn eben mehrere Arbeitsplätze bedienen konnte und auch dann während dieser Tätigkeit, sage ich mal selbstständig gehandelt hat (…), der is dann – gefragt worden: ‚Traust Du Dir das zu? Würdest Du das machen, stellvertretender Schichtleiter?' (…) Ich bin da sehr aufgeschlossen für die neuen Aufgaben gewesen (…). Erst Stellvertreter und dann – Schichtleiter". Mit den beschriebenen Aufgaben wird weitgehende Selbstorganisation und Eigenverantwortung innerhalb der Arbeitseinheit verdeutlicht, für die der Schichtleiter einzustehen hatte: „Na einmal die Einteilung der Leute in der Schicht und – die Verantwortung für den reibungslosen Schichtbetrieb, also dass die Produktion läuft und wenn irgendwelche Störungen sind, dass dann die Störungen behoben wurden. Meinetwegen im Verbund mit der Instandhaltung oder mit der Betriebsmess-, Steuer- und Regelungstechnik bzw. wenn's ganz kritisch war, gab's ja dann auch nen Bereitschaftsdienst von der Abteilung, der dann auch halt informiert worden ist". Als einen weiteren bedeutsamen Aspekt dieser beruflichen Tätigkeit kennzeichnet der Erzähler deren Organisationsform, die nach dieser Darstellung große Freiräume für das Privatleben eröffnete: „Das nannte sich ein Zwölf-Stunden-Wechselschicht-System. Ich empfand das als sehr angenehm, eine sehr effektive Arbeitszeit-Gestaltung mit sehr viel Freizeit. Denn zwischen jeder Schicht war ja erst mal ein Tag frei und dann nach vier Schichten warn drei Tage frei". Auch auf die Bedeutung der Erwerbsarbeit für soziale Beziehungen wird verwiesen. ‚Torsten' benennt „einige Arbeitskollegen und Kolleginnen" als Personen, die für ihn wichtig sind. Dieser Bericht über den Zugang zur Erwerbsarbeit und ihre Ausführung liest sich wie das Einfügen in eine feste Ordnung. Der Eindruck wird verstärkt durch einen reflektierenden Kommentar, der sich zum einen als Erklärung dafür lesen lässt, dass diese Situation des ‚Einordnens' nicht als ein ‚Ertragen' oder ‚Zwang' thematisiert wird und zum anderen die individuelle Übernahme der eingenommenen Rolle betont: „Na wie gesagt, ich bin ohne Vorstellungen dahin. (…) Und da hab ich mir eigentlich so gar keine Gedanken gemacht. Hab mich beworben, bin angenommen worden (…) hab die Ausbildung mit Erfolg abgeschlossen, um dann – nahtlos ins Berufsleben einzutreten und dort – meinen – Mann zu stehen". Die Leserin erfährt, dass sich ‚Torsten' im Laufe dieser Zeit weiter qualifiziert hat. Der Erzähler berichtet, dass er nebenberuflich eine Abiturausbildung und anschließend ein zehnjähriges berufsbegleitendes Studium erfolgreich beendet hat: „Und – während dieser Zeit habe ich das Abitur an der Volkshochschule (…) nachgemacht und (…) ein [zehnjähriges] Fernstudium an der M-Universität (…) absolviert. Und als Abschluss habe ich ein Diplom, Fachrichtung Verfahrenstechnik-Umweltschutztechnik". Diese Qualifizierungsmaßnahmen mögen einen erheblichen Aufwand neben der Berufstätigkeit bedeutet haben, wurden aber vom Betrieb auch unterstützt: „Na das war so geregelt, dass n Teil in der Freizeit gemacht werden musste und wenn dann – Seminare warn, die in den Schichtbetrieb rein gingen, wurde ich freigestellt – für die Zeit des Seminars. Und es gab auch noch gelegentlich frei zu verwendende Studientage (…) da konnte man jetzt sagen, ich möchte frei haben, weil wir in dem Zeitraum ne Klausur schreiben oder ne große Arbeit haben. Und dass man sich darauf entsprechend vorbereiten konnte". Diese Unterstützung lässt sich als Förderung von Fachpersonal für den eigenen Betrieb verstehen. Der angestrebte Einsatz in der betrieblichen Forschungsabteilung wurde allerdings in ‚Torstens' Fall aufgrund der gesellschaftlichen und damit auch wirtschaftlichen Veränderungen nicht mehr realisiert: „Na ja, das war ja (…) noch – die schönste, tiefste – oder wie auch immer – DDR-Zeit ((lacht)). (…) Ich wollte im Prinzip aufgrund des Abschlusses dann in – die Forschung – gehen. Das hat aber – nicht geklappt, weil eben dieser Umstrukturierungsprozess dann in den 90-er Jahren eingetreten ist. (…) und (…) viele Betreibe im Osten – sag ich mal – schlicht und einfach platt gemacht [wurden]. – Und da war dann auch kein Platz mehr in – der Forschung bzw. auch im Betrieb – für meine Person". Der Erzähler zeigt mit dieser Textpassage an, dass sich damit nicht nur seine Karrierepläne zerschlagen haben, sondern auch seine langjährige berufliche Tätigkeit ihr Ende fand: „Und ich bin dann betriebsbedingt entlassen worden – mit vielen andern zusammen".

An dieser Stelle wird eine erzählzeitliche Zäsur gesetzt: „So, das war erst mal der – hauptberufliche Werdegang". Man könnte zum einen annehmen, dass mit der Charakteristik der beschriebenen kontinuierlichen beruflichen Beschäftigung und Karriere bis zum Diplom als ‚haupt-berufliche' Biographie, zugleich die Tätigkeit angegeben ist, an die der Erzähler – im Sinne einer individuell sinnvollen und angemessen entlohnten Erwerbsarbeit – gern wieder anschließen würde. Das kommt erst für eine viel spätere erzählte Zeit zur Sprache. Zum anderen ließe sich vermuten, dass das Ende dieser Erwerbsarbeit und damit der scheinbaren ‚Normalbiographie' mit der Thematisierung von Gefühlen des Ärgers, der Wehmut, der Verzweiflung oder dergleichen kommentiert würde. Solches findet sich in der Erzählung gar nicht. Vielmehr erzählt ‚Torsten', dass er die Entlassung eher als Chance wahrgenommen hat mit der Hoffnung auf eine neue Arbeitsmöglichkeit: „Ja, ich war – überhaupt nich traurig. (…) Ich war dann immerhin knapp 22 Jahre dort – und da dachte ich mir, na jetzt warst de 22 Jahre hier und denn kannst de in der zukünftigen Zeit sicherlich noch viel Neues lernen und eventuell auch wieder – ne entsprechende Arbeit finden".

Die der kontinuierlichen Berufstätigkeit zeitlich nachfolgend benannten Arbeits- und Weiterbildungsgelegenheiten werden dementsprechend als Eigenaktivität dargestellt: „Ich ging dann in den zweiten Arbeitsmarkt rein". Es folgt ein Bericht über knapp vier Jahre Qualifizierungs- und Umschulungsmaßnahmen mit einem Akzent auf akademische Bildung: „Dann hatte ich [zwei Jahre] eine Strukturanpassungsmaßnahme, mit ner siebenmonatigen Unterbrechung. Da hatte ich ne Weiterbildung, Controlling-Assistent im Gesundheitswesen. Und [ein dreiviertel Jahr] hatt ich noch mal ne Weiterbildung – vom Arbeitsamt, ‚Arbeitslose Akademiker in kleine und mittelständische Unternehmen – Modell: Jobrotation'". Aus der Kennzeichnung der aufgezählten Maßnahmen als dem Status eines Akademikers angemessene, ließe sich schließen, dass ‚Torsten' einen beruflichen Neuanfang versucht hat, dieser aber nur kurzzeitig geglückt scheint. Als Anspruch der Weiterbildungsmaßnahme wird die Übernahme in den ersten Arbeitsmarkt erläutert: „Und optimal wäre es gewesen, wenn dann der Praktikumsbetrieb die oder den Praktikanten über-nommen hät-te ((spricht besonders betont durch Dehnung der Worte))". ‚Torsten' berichtet, dass bei ihm diese Forderung realisiert und er eingestellt wurde: „Bei mir war das – so der Fall. Ich hatte dann ein Praktikum in einem Kopier- und Reprobetrieb (…) und bin dort für n halbes Jahr beschäftigt – gewesen, wurde dann allerdings betriebsbedingt gekündigt". Diese ‚betriebsbedingte Kündigung' erinnert an ein relativ verbreitetes Gebaren von Betrieben Fördermittel in Anspruch zu nehmen ohne längerfristige Beschäftigung zu ermöglichen. ‚Torsten' berichtet, dass er seit dieser Zeit arbeitsuchend ist und dies lediglich von einer Arbeitsbeschaffungsmaßnahme bei einem lokalen Radiosender – der von einem gemeinnützigen Verein betrieben wird – unterbrochen wurde. Aus anderen Erzählpassagen ist zu erfahren, dass er bei diesem Sender zuvor schon einige Jahre ehrenamtlich tätig was und es zur aktuellen Erzählzeit auch noch ist: „Dann hatte ich eine ABM als Technikpädagoge im Sender Radio C (...) und – seitdem bin ich wieder auf – Arbeitssuche – bisher erfolglos".

Der Erzähler erklärt, dass er einige Arbeitsangebote abgelehnt hat und bestätigt damit seinen Anspruch an eine individuell sinnvolle und angemessen entlohnte Erwerbsarbeit: „Ich hatte – dieses Jahr bereits drei Vorstellungsgespräche (...), aber – der angebotene Lohn war nicht – so, wie ich mir das vorgestellt habe. Ich hab da ganz konkrete Vorstellungen, zehn Euro Stundenlohn möchte – ich schon haben und ne maximale Arbeitszeit von 130 Stunden im Monat. Mehr möchte ich nicht – arbeiten, weil ja das Leben an sich mehr was mit leben zu tun hat als – mit Arbeit. Ja. ((lacht lange)). (...) Also eine hab ich zurückgegeben, weil's nicht meiner Qualifikation – entsprach". ‚Torsten' berichtet in diesem Zusammenhang von seiner ‚individuellen' Eingliederungsvereinbahrung, in der er sich zu „Eigenaktivitäten" verpflichten musste. Im Gegenzug scheinen seine Vorstellungen von qualifizierter Erwerbstätigkeit respektiert zu werden: „Die haben das so – akzeptiert. – Also bisher komm ich eigentlich ganz gut mit der – ARGE aus. Ich werde relativ in Ruhe gelassen. – Ich hatte (...) die Wiedereingliederungsvereinbarung – unterschrieben – mit der – Aufgabe, innerhalb von zwei Monaten sechs bis acht Bewerbungen – zu schreiben. Daran habe ich mich auch im Wesentlichen – gehalten". Diese Darstellung wirkt fast teilnahmslos, auf den ‚Sinn' oder ‚Unsinn' der zahlenmäßig festgelegten Bewerbungsbemühungen wird nicht eingegangen.

Im Kontext der langjährigen Erwerbsbiographie, dem thematisierten Bewusstsein der eigenen Fähigkeiten und Erfahrungen sowie der Erwerbslosigkeit aufgrund struktureller Veränderungen des Arbeitsmarktes wirkt der Selbstentwurf des Erzählers als ‚glücklicher Arbeitsloser' nicht wie eine freiwillige Entscheidung. Er könnte vielleicht auch als „Stolz der Resignation" (Kronauer 2002: 182) interpretiert werden: „Also dass ich keinen festen Arbeitsplatz finde, das akzeptiere ich erst mal – so wie es ist. Es ist ja – sag ich mal, nicht Hundertprozent mein persönliches Verschulden. Ich hab ja – denk ich mir eine – doch recht ordentliche Qualifikation, könnte sicherlich auch viele Sachen machen. Es wird halt nich benötigt. Und dieses (...) vorhandene Wissen, das erleichtert mir eigentlich den Umgang mit dieser Situation". Gegen die Lesart ‚Stolz der Resignation' spricht, dass aus den darauf bezogenen Passagen der Erzählung (re)konstruiert werden kann, dass ‚Torsten' mit der Selbstbeschreibung als ‚glücklicher Arbeitsloser' eine individuell sinnvolle Lebensgestaltung thematisiert trotz Ausgrenzungserfahrungen: „Ich stand dem erst mal sehr offen gegenüber, da ich – auch sehr viele Freizeitaktivitäten habe. (…) Also ich hab damit keine negativen Erfahrungen gemacht. – Im Groben sag ich mal. Es gibt schon mal n paar – Stunden oder Tage wo man sich – dann doch relativ – na ja, ungebraucht fühlt oder – nicht angenommen von der Gesellschaft oder nicht einbezogen – ins alltägliche Leben". So können einige Erzählinhalte als Wahrung persönlicher Integrität durch die Art des Selbst-Welt-Verhältnisses interpretiert werden. In anderen Abschnitten wird die alltägliche Lebensführung unter den wirtschaftlichen Bedingungen von Arbeitslosengeld II als mögliche mit individuellen – wenn auch eingeschränkten – Spielräumen dargestellt. In weiteren Passagen beschreibt der Erzähler soziale Teilhabe als Alternative zu Erwerbsarbeit. Diese drei Aspekte sollen nun ausgeführt werden.

Die Unterstellung der Fragenden, dass mit dem Ende der Erwerbsarbeit ein ‚Bruch' in der Biografie entstanden ist, weist der Erzähler zurück. Dagegen wird eine kontinuierliche Identität konstruiert, die Veränderungen und Flexibilität als Chance versteht: „Brüche, Brüche würd ich's nich nenn. (…) Das sind einfach neue Abschnitte gewesen – die das Leben reicher und interessanter machen. Dieses Lange-in-einem-Bereich-bleiben führt ja nicht selten dazu, dass nur noch in eingefahrenen Gleisen sich bewegt und gedacht wird. – Und das find ich eigentlich nich so – toll, sondern – eher – immer wieder was Neues mal ausprobieren oder sich aneignen. Da bleibt der Geist wesentlich flexibler – also aufnahmefähiger". Darüber hinaus wird in einem allgemeinen reflektierenden Kommentar Arbeit – nicht nur Erwerbsarbeit – in den Kontext der Lebensführung gestellt, deren Bedeutung gegenüber anderen Tätigkeiten eingeschränkt und mit einem Appell für ein Leben in Muße geworben: „Warum betrachten wir die Arbeit nicht als das notwendige Übel? Machen wir nur das, was zum Überleben notwendig ist. Weniger ist mehr! Wir arbeiten zu viel und fühlen zu wenig! Warum haben wir Angst vor dem Nichtstun? Nichtstun kann so schön sein. Wir leben doch nicht, um zu arbeiten, sondern wir arbeiten um zu leben. Verteilen wir die notwendige Arbeit, und wir werden sehen, dass wir das Notwendige gesünder, ohne zerstörerischen Wettbewerb, mit viel Spaß und Freude erreichen. Dadurch bleibt sehr viel Zeit für die Liebe, für die Muße, für das Spiel und für die Faulenzerei. Der Mensch ist von Natur aus bequem, stehen wir dazu, belügen wir uns und die Anderen nicht länger damit, dass die Arbeit(s)-Sucht das Schönste ist".

In der Torsten-Erzählung wird das Bezug von Arbeitslosengeld II als ‚Sicherheit' dargestellt, die ein auskömmliches Leben ermöglicht: „Solange ich – genügend Geld habe um – eben erst mal diese drei Grundbedürfnisse Essen, Kleiden, Wohnen – zu befriedigen und obendrein noch einen – gewissen kulturellen Standard – oder nicht Standard, das ist Quatsch, da müsste man schon wieder den Standard definieren – also mir ein kulturelles Leben gewährleisten kann, dann ist das für mich eine Sicherheit – die mir hilft ein, ja ein relativ sorgenfreies (...) erst mal privat sorgenfreies Leben führen zu können". In dieser Darstellung lehnt ‚Torsten' ausdrücklich den Vergleich mit einem ‚allgemeinen kulturellen Maßstab für Lebensstandards' (vgl. Kronauer 2002: 176)[50] ab. Andere Textpassagen, in denen ‚Torsten' über die Bedeutung von finanziellen Mitteln und mögliche Alternativen reflektiert, lassen vermuten, dass u.a. der Verzicht auf die Gegenüberstellung mit „gesellschaftlich realisierten Möglichkeiten des Lebensstandards" (vgl. ebd. 11) dem Erzähler ermöglicht, sich nicht als ‚ausgegrenzt' zu thematisieren. Gleichzeitig werden finanzielle Beschränkungen angedeutet: „Also im Moment is es ja so, dass (...) Geld erst mal ne wichtige Rolle spielt, weil ja das, was gebraucht wird zum täglichen Leben, sei es – Lebensmittel oder die Kleidung oder – das Bezahlen der Miete – erst mal nur mit Geld realisierbar is. Und auch das – Teilnehmen an kulturellen Veranstaltungen in der Regel mit – Geldaufwand verbunden ist. – Es gibt natürlich auch schon – allerdings im kleinen Kreis – alternative Lebensformen, wo das Tauschen wieder praktiziert wird[51]. (...) Da bin ich aber nicht – drin. Ich versuche eben – mit einem geringen finanziellen Aufwand mein Leben zu bestreiten. Das ist – sag ich mal, zu neunzig Prozent möglich. (...) Kinobesuche kosten Geld, Theaterbesuche kosten Geld, Gaststättenbesuche kosten auch – Geld und da ist schon eine gewisse Einschränkung nötig. Das kann nich alles vom ALG II beglichen werden". Die berichteten Beschränkungen beziehen sich insbesondere auf Angebote, welche die

[50] Zur Fraglichkeit ‚kultureller Maßstäbe für Lebensstandards' für individuelle Lebenssituationen vgl. auch die Anmerkung im Kapitel 6.3.

[51] Als Modell der hier angesprochenen Tauschsysteme können die ‚Arbeitsbörsen' verstanden werden: „Die erste Arbeitsbörse wurde im September 1832 in London unter finanzieller und organisatorischer Unterstützung Owens eröffnet. (...) Die Arbeitsbörse war ein Markt, auf dem Arbeiter in ihrer doppelten Rolle als Produzenten und Konsumenten ihre Ware tauschten. Jeder Arbeiter erhielt für seine Waren eine Vergütung in Form von Arbeitsscheinen (Labour Notes), die dem Wert des Rohmaterials und der durchschnittlich zur Herstellung der Produkte erforderlichen Arbeitszeit entsprach, und konnte mit diesen Scheinen seinerseits seinen Bedarf aus dem Warenlager der Börse decken" (Offe/ Heinze 1990: 112). In aktuellen Systemen werden zumeist auch Dienstleistungen in den Tausch von Arbeitsleistungen einbezogen.

Gestaltung eigener Zeitstrukturen (vgl. oben) erleichtern würden. In der Erzählung werden eine allgemeine – aber nicht realisierte – und eine individuelle Alternative thematisiert: „Alternativen – gäbe es, wenn's zum Beispiel (...) ein bedingungsloses Grundeinkommen geben würde. (...) wo auch ein kulturelles Leben möglich is, ohne jetzt den Pfennig oder den Euro mehrmals umdrehen zu müssen". Die Höhe des Arbeitslosengeld II scheint ‚Torsten' zu veranlassen, kulturelle Teilhabe auf einen privaten Bereich zu beschränken. Dabei wird die Bedeutung eines sozialen Netzes angesprochen: „im lockeren Freizeitbereich, also wo man n paar Leute kennt, die sich gelegentlich mal treffen zum Spieleabend oder (...) sich mit Freunden in ner Wohnung treffen oder draußen irgendwo und sich – unterhalten. Na ja – und das Fernsehen is ja – gelegentlich auch mal ne Ablenkung". Neben diesen als ‚gelegentlich' gekennzeichneten sozialen Kontakten werden in der Torsten-Erzählung drei systematische Kontexte sozialer Inklusion benannt – die ehrenamtliche Arbeit, das Hobby und die Herkunftsfamilie – denen der Status einer ‚Gemeinschaft' zugeschrieben wird. Man könnte sagen, dass die sozialen Beziehungen, die sich mit diesen Strukturen verbinden, als lebensbestimmend charakterisiert werden: „Was macht das Leben aus? – Das Leben in ner Gemeinschaft, wo man akzeptiert wird und wo man sich positiv einbringen kann und das auch macht und dort Anerkennung und Achtung erfährt – und das auch den andern Leuten in dieser Gemeinschaft rüber bringt. Also dieses gegenseitige Miteinander, dieses Geben und Nehmen".

In der Torsten-Erzählung über die ehrenamtliche Tätigkeit lassen sich all die einleitend benannten Teilhabeaspekte zur Bedeutung ehrenamtlicher Arbeit wieder finden: Aktivität, Herausforderungen, Zufriedenheit und verlässliche Sozialkontakte. ‚Torsten' gibt dieser Beschäftigung eine besondere Bedeutung für seine Lebensgestaltung, indem er ihr – neben der Akzeptanz der Lebenssituation und der Fähigkeit zur Lebensfreude – eine Kompensationsfunktion für nicht vorhandene Erwerbsarbeit zuschreibt: „Der Ausgleich – ist die ehrenamtliche Arbeit (...) oder aber dieses Annehmen der Erwerbslosigkeit – und damit – so umzugehen – dass es eben jetzt erst mal ne völlig normale Sache ist, keine Arbeit zu haben. Und den Tag halt für sich genießen zu können". Über die ehrenamtliche Arbeit wird in ähnlicher Weise wie über die Erwerbsarbeit gesprochen. Es gibt einen vergleichbar zufällig wirkenden Zugang, einen Bericht über die eignen Ideen, deren engagierte Umsetzung und auch die Kontinuität, hier zum Zeitpunkt der Erzählung über sechs Jahre. Allerdings wirkt diese Erzählung lebendiger und weniger distanziert, was der größeren Nähe zwischen erzählter und Erzählzeit zugeschrieben werden könnte, vielleicht aber auch den größeren individuellen

Gestaltungsspielräumen. ‚Torsten' erzählt: „Das erste Mal hatte ich (...) von dem Sender gehört – von nem Kumpel, der meinte: ‚He Du, da gibt's nen neuen Sender. Das hört sich recht gut an.' Da hab ich mir die Frequenz eingestellt und gehört und hörte dort die Aufforderung, dass sie Leute suchen, die gern – mitmachen möchten. Na ja – dacht ich mir, na das is ja was. Das hat dann aber – gedauert: Was könnst du denn dort machen? Und denn is es mir eben in n Sinn gekomm. Ich bin begeisterter Leser (...) ner Zeitschrift für Satire und Humor. Da versuchen wir dort n paar Artikel in ne Sendung zu packen, mit Musik zu untermalen und dann ne Ein-Stunden-Sendung draus zu machen. Ja und mit diesem Sendekonzept bin ich halt dahin, hab das vorgestellt in ner Redaktionskonferenz. Das is dann auch akzeptiert worden und da hab ich dann (...) diese Sendung alle vierzehn Tage gemacht. Das hat mir auch sehr viel Spaß gemacht. Und – da hatt ich auch noch zwei andere Sendungen. Klassikadaptionen: hab dann dort (...) Klassik vorgestellt die von Rockgruppen neu interpretiert wurde. Das hat mir auch sehr viel Freude gemacht. Und die eine Sendung (...), die sollte so sehr stark ins Politische gehen. – Da hatte ich mal – zwei Sendungen gestaltet. (...) Ja und dann nach ner Pause[52] (...) hab ich mir gedacht, Blues gibt's im Radio noch nich so sehr – stellst de mal n Konzept vor, Blues am Sonntag. Eine Stunde mit Blues und – literarischen Texten. (...) Na und mittlerweile mach ich (...) mit vier andern Leuten (...) ne Sendung für Erwerbslose, also rund um das Thema Erwerbslosigkeit". Nicht nur die Erzählung über die Radiosendung zum Thema Erwerbslosigkeit – aber sie besonders – erweckt den Eindruck, als habe ‚Torsten' ein Wirkungsfeld gefunden, in dem er seine Ansprüche an Arbeit und Leben gut miteinander verbinden kann: „Zum einen kommen Betroffene zu Wort, also wie mit denen umgegangen wird. Was wird denen angeboten? Zum Teil wurden auch schon die – Ein-Euro-Stellen beleuchtet. Sind's wirklich zusätzliche Tätigkeiten oder sind es – Tätigkeiten, die eigentlich einer entsprechenden Qualifikation bedürfen und eigentlich auch anders bezahlt werden müssten? (...) Und – denn komm auch Beiträge rein von Leuten, die sich mit dem Thema Arbeitslosigkeit, Armut und Mindestlohn beschäftigen. – Wenn's dann neue (...) Publikationen gibt, die versuchen wir dann – hörbar zu machen".

Ebenso wie der ehrenamtlichen Tätigkeit verschiedene Bedeutungsaspekte zugeschrieben werden, ist es auch bei dem Hobby, über das berichtet wird. Für

---

[52] Die Leserin vermutet, dass es sich bei der Pause ehrenamtlicher Arbeit um die Zeit gehandelt haben könnte, in der ‚Torsten' über eine Arbeitsbeschaffungsmaßnahme als Technikpädagoge beim Sender tätig war.

das ‚Laufen' werden drei Funktionen benannt. Zunächst kommt – wie selbstverständlich – die ‚ganzheitliche' Aufrechterhaltung der Gesundheit zu Sprache: „Laufen ist ein Teil der Gesundheitspflege, also dient zur Gesunderhaltung für – Körper und auch Geist und Seele". In diesem Zusammenhang wird das Hobby als Zeit und Gelegenheit für Selbstreflexionen charakterisiert: „Grade wenn man unterwegs ist, also wenn man Laufen gewesen ist, hat man Zeit, über gewisse Probleme nachzudenken und – sich dann – n anderes Verhalten auszudenken, zurecht zu legen, was günstiger ist für alle – für alle beteiligten Seiten. (…) Das Alleine-Laufen (…) bietet die Möglichkeit – abzuschalten und – ja – sehr tief ins Unterbewusstsein vorzudringen". Daneben wird ‚Laufen' auch als Anlass für soziale Gemeinschaft thematisiert: „Der wesentliche Unterschied ist eigentlich der – wenn man sich mit Bekannten trifft zum Laufen, da erfolgt ein sehr reger Informations- und Gedankenaustausch über alles Mögliche". ‚Torsten' berichtet, dass er hier mit Menschen zusammenkommt, die ähnliche Lebensvorstellungen haben, „die – praktisch auf meiner Welle, Wellenlänge ((räuspert sich)) mit reiten und – ja, wo eben n gutes Verhältnis vorhanden is. (…) und der Versuch [gelebt wird] als Mensch (…) in einer menschenfeindlichen Gesellschaft, wie es ja der Kapitalismus – ist".

Als wichtigsten Aspekt sozialer Teilhabe benennt der Erzähler seine Herkunftsfamilie mit den Eltern als bedeutsamste Personen: „Die wichtigsten Personen (…) also da muss ich ganz klipp und klar sagen, sind erst mal meine Eltern. Die haben mich ja hier in dieses Leben – gebracht ((lacht beim Sprechen))". Man könnte sagen, dass mit einem Teil der Erzählung über das Elternhaus die Lebensweise des Erzählers in eine familiäre Tradition gestellt wird, welche die Zufriedenheit mit einer Lebensgestaltung unter materiellen Einschränkungen erklärt: „Und ja, die zählten halt zu den einfachen – sag ich mal – Arbeitsleuten. (…) Das Wichtigste – gegenseitige Achtung – Aufrichtigkeit – und – ein Leben zu gestalten, in dem – Geld nicht so ne große Rolle spielt. – Und eben ja, eben nich über seine Verhältnisse zu leben. (…) Und des hat mich auch nich weiter gestört. Das hab ich als angenehm empfunden – ruhig und bescheiden zu leben". Aus einem anderen Teil dieser Passage lässt sich so etwas wie eine besondere Erfahrung von Nähe und Geborgenheit lesen. „Ich wurde als fünftes Kind – geboren. (…) Ich bin als Nesthäkchen – ja und Muttersöhnchen groß geworden. ((lacht)) Zumindest war das die damalige Betrachtungsweise der älteren Geschwister. (…) Ob das tatsächlich an dem war – entzieht sich meiner Kenntnis ((lacht))". Auf die Frage nach einer eigenen Familie konstituiert sich der Erzähler als geschiedener Vater, der eine ‚partnerschaftliche' Beziehung zu seinen

Kindern pflegt: „Ich war mal verheiratet, zwei Kinder. Die Kinder sind schon weit über achtzehn. (...) Wir haben nicht das klassische Vater-Sohn-Tochter-Verhältnis, sondern ein Verhältnis, wo über alle Probleme – offen – und sachlich – diskutiert wird. Also als gleichberechtigte Partner sehe ich die Kinder jetzt“. Es mag verwundern, dass die Geschichte der eigenen Familie nicht erzählt wird. Vielleicht gehört sie für den Erzähler nicht zu den Themen, die in der gegebenen Situation anzusprechen wären.

Was zum Abschluss der Erzählung angesprochen wird, ist das Sehnen nach einer Partnerschaft und die Hoffnung auf eine Erwerbsarbeit, die als individuell sinnvolle erlebt werden könnte. Dabei erweckt die Art der Thematisierung den Eindruck, dass ‚Torsten' eine ‚feste Beziehung' zu einem erfüllten Leben fehlt. Das Thema Erwerbsarbeit dagegen lässt ihn mit der Bemerkung ‚wenn sich's ergibt' eher gelassen erscheinen: „Wünsche gibt's auf alle Fälle. Da ist zum einen das kleine private Glück, also eine – feste Beziehung wieder zu erlangen oder aufzubauen. – Na ja und wenn sich's ergibt, ne Arbeit zu finden, (...) mit der ich mich – identifizieren kann. Also keine Arbeit (...), die ich machen muss, weil (...) ein Ablehnen zu finanziellen Konsequenzen führen – könnte, die also so ne Art Zwangsarbeit wäre, was übrigens auch gegen das – Grundgesetz verstößt“.

Fragt man nach der besonderen Form von Inklusion und Exklusion in der Torsten-Erzählung kann man das Konzept ‚Erwerbsarbeit' als kontingentes kennzeichnen, möglich (auch angestrebt) aber nicht notwendig für soziale Inklusion. Teilhabe an gesellschaftlicher Arbeitsteilung wird gleichberechtigt mit Berufstätigkeit wie mit ehrenamtlicher Beschäftigung realisiert. Soziale Einbindung erfolgt über Arbeitskontakte wie über die Familie und persönliche Kontakte sowie durch Hobbys. Materielle Einschränkungen werden im Zusammenhang mit Erfahrung und bewusster Lebensführung als zu bewältigende dargestellt. Dass sich mit dieser Art von Lebensführung besondere Anstrengungen verbinden, die „Stunden oder Tage wo man sich – dann doch relativ – na ja, ungebraucht fühlt oder – nicht angenommen von der Gesellschaft oder nicht einbezogen – ins alltägliche Leben“ unbeschadet zu überstehen, lässt die Erzählung eher ahnen.

In der nachfolgenden Karin-Erzählung wird Erwerbsarbeit auch als individuell bedeutsame und angestrebte, aber nicht notwendige für soziale Inklusion dargestellt.

6.2 Karin: Was bedeutet Arbeit für Sie? Sehr viel, wenn ich sie kriegen würde.

Die Lebensgeschichte, welche diesem Portrait zugrunde liegt, beginnt mit einer Selbst-Vorstellung, die den thematischen Raum der Erzählung öffnet. „Also, mein Name is ‚Karin'. (...) aufgewachsen in nem kleinen Dorf, (...) hab noch drei Geschwister. (…) Es war so ne richtige, schöne, gemütliche Familie, war das. (...) Und das versuch ich jetzt eben weiter zu bringen ((lacht)) in meinem Leben, das nachzumachen und das hat ooch bis jetzt gut geklappt. Also, in die Schule bin ich dann gegangen, habe meine zehnte Klasse gemacht, habe dann eine Lehre begonnen, als Fernsehmechaniker, die mir sehr gut gefallen hat, wo ich ooch traurig drüber bin, dass das Fernsehgerätewerk dann schließen musste. Und – bin verheiratet, habe zwei Kinder, n Sohn 20 Jahre, n andrer Sohn zwölf Jahre ((lacht))". Das Erleben in einem kleinen Dorf als Tochter in einer sechsköpfigen Familie, die als Vorbild für das Leben als Ehefrau und Mutter eingeführt wird, scheinen die Lebensgeschichte ebenso zu bestimmen wie die Erfahrungen der beruflichen Ausbildung und Arbeit. Besonders bemerkenswert sind die konkreten Verbindungen, die zwischen den angesprochenen Themen der Erzählung hergestellt werden. In diesen Beziehungen findet sich die charakteristische Art der Wechselwirkung von Teilhabe und Ausgrenzung durch ‚Arbeit' mit familiären Nahbeziehungen. Das individuelle Glück der Familie durchzieht als Grundstimmung die Erzählung. Dieses erscheint auch als Basis dafür, dass es den Eheleuten gelingt, sich selbst durch alternative Beschäftigung am Rande des Arbeitsmarktes und Eigenarbeit nicht als Arbeitslose zu etikettieren[53].

Insofern bietet die Karin-Erzählung ein Beispiel dafür, wie Menschen ihre ‚Existenz auch ohne Lohnarbeit sichern und die persönliche Würde wahren', was nach Engler „für immer mehr Menschen zur wichtigsten Überlebenstechnik" wird (Engler 2005: 1). Die angespannte finanzielle Situation als Bedarfsgemein-

---

[53] Menschen, die als ‚ausschließlich geringfügig entlohnte Beschäftigte' gelten oder die eine ‚Arbeitsgelegenheit mit Mehraufwandsentschädigung' wahrnehmen (Ein-Euro-Jobs) werden, wie schon dargestellt, auch statistisch nicht als arbeitslos angesehen und zahlenmäßig in der Arbeitslosenstatistik nicht ausgewiesen (vgl. Jahnke 2006).

schaft mit dem gesetzlich erlaubten geringfügigen Zusatzverdienst[54] scheint das familiäre Glück einzuschränken. Zumindest lässt es sich nach Einschätzung der Erzählerin nur durch gemeinsame Anstrengungen in Richtung Sparökonomie aufrecht erhalten: „Es fehlt eben nur das, die finanziellen Mittel dann nachher, aber ansonsten muss ich sagen, sind wir glücklich. Ja". Diese Situation ließe sich bei der beschriebenen Lebenssitution nur durch Erwerbsarbeit entspannen. Dass diese für ‚Karin' sehr viel bedeutet lässt sich jedoch nicht nur dem Wunsch nach einer besseren finanziellen Absicherung zuschreiben. In der Erzählung werden zeitlich-biographisch und sachlich-inhaltlich kontingente Bedeutungen von Erwerbsarbeit thematisiert. Der Darstellung dieser Kontingenz des Konzeptes ‚Arbeit' unter Einschluss von ‚Nicht-Erwerbsarbeit' widmet sich das folgende biographische Portrait.

Die Autorin der Karin-Geschichte hatte zur Erzählzeit einen so genannten ‚Ein-Euro-Job'[55] in einem gemeinnützigen Verein, der unter anderem offene Familienfreizeitangebote organisiert. In der Erzählung wird die Freude an dieser Tätigkeit ebenso betont und begründet wie deren Ende beklagt: „Haben wir jetzt n ganzes Jahr gearbeitet. Es hat viel Spaß gemacht. (...) Ich bin lieber (...) kreativ irgendwo beschäftigt, wo ich weiß, wo was entsteht. (...) hier bedaure ich, dass das jetzt schon wieder im Dezember vorbei is". Die Erzählerin stellt sich als schöpferische Frau mit Interesse und Freude am Produkt vor, für die Arbeit und Verantwortung schon von Kindheit an selbstverständlich zu ihrem Leben gehörte. Die Lebensart der Herkunftsfamilie fasst ‚Karin' in einem sprachlichen Bild: „bin in ner Familie aufgewachsen, die bäuerlich is". Als typische Aspekte für ein ‚bäuerliches' Leben lassen sich z.B. die familiäre Arbeitsteilung, die ‚Rollenmuster', der Zusammenhalt der Geschwister und der relative Wohlstand durch die – Erwerbsarbeit ergänzende – Bewirtschaftung eines kleinen ‚Hofes' interpretieren. ‚Karin' erzählt, dass beide Eltern – nicht nur – in einem landwirtschaftlichen Betrieb

[54] Der maximale, nur unter bestimmten Bedingungen vollständig anrechnungsfreie, Zuverdienst zum Arbeitslosengeld II beträgt 180 Euro monatlich.
[55] Vgl. dazu auch die Ausführungen im Kapitel 5.1.

beschäftigt waren: „meine Mutti (…) im Schweinestall ((lacht)) und mein Vati war Traktorist (…) dann haben wir ja selber noch Vieh gehabt was sie mit – besorgen mussten“. Mit der Berufstätigkeit der Mutter, „die ooch sonnabends, sonntags arbeiten mussten, wegen dem Vieh“ und den langen Arbeitszeiten des Vaters „von früh bis Abend“ wird die familiäre Arbeitsteilung erklärt: „Und die haben eben immer viel – Arbeit gehabt. Wir mussten eben immer mit unterstützen. Aber jetzt nich so, dass wir mussten, wir haben's eben gemacht weil's eben dazu gehörte“. Von den Söhnen der Familie wird erzählt, wie sie ‚im Hof' beschäftigt waren: „Die haben dann eben mal die Kartoffeltempe fertig machen müssen, für die Schweine. Da haben sie auslesen müssen, die Kartoffeln“. Über Mutter und Tochter wird berichtet, wie sie sich die Sorge um ‚Karins' kleine Schwester und die Hausarbeit geteilt haben: „Ich musste den Haushalt mit führen. (…), wenn meine Mutti arbeiten gewesen is (...) hab ich s Essen mit vorbereitet. (...) meine Schwester, die is zwölf Jahre jünger wie ich und ich bin dann praktisch ihre Mutti gewesen. (…) Wenn (...) meine Mutti dann auch zu Hause war, dann hat sie den Haushalt gemacht und ich hab mich mehr um meine Schwester gekümmert“. Sowohl die zu erledigenden Arbeiten der Kinder als auch ihre Aufteilung erinnert die Erzählerin als Teil einer ‚guten' Kindheit in einem vertrauten und verlässlichen Familienverbund: „Wir haben uns immer ergänzt (…) Wie soll ich n sagen? Nich (…), dass wir uns viel gestritten haben, wir waren ebend alle eine Gemeinschaft“. Einen wesentlichen Teil dieses Eindrucks macht die reflektierende Darstellung der elterlichen Erziehungspraxis aus. Während der Vater als jemand beschrieben wird, der die Kinder beschützt und nicht gezüchtigt hat, erscheint die Mutter implizit als Erziehungsverantwortliche: „Ich hab nie irgendwelche Klatschen gekriegt, oder so. Wir konnten uns immer hinter meinem Vati verstecken. Da haben wir immer gemacht: Vati, Vati, Vati! Die Mutti kommt schon wieder!“. So mag die Mutter dafür Sorge getragen haben, dass die Verantwortung für schulische Belange und die Berücksichtigung kindlicher Freiräume Vorrang hatten vor den Pflichten der Kinder in Haus und Hof: „Wir haben aber erst unsre Hausaufgaben gemacht, (…) so zwischendurch waren eben dann die Einteilungen. (…) Also, freie Zeit hatten wir immer“. In der Erzählung wird die Bedeutung der eigenen kleinen Viehwirtschaft für die finanzielle Absicherung und Erhöhung des Lebensstandards der Familie betont. „Ja, und geldmäßig, muss ich sagen, war bei uns nie n Engpass gewesen. (…) Meine Eltern haben sich da immer n bisschen über Wasser gehalten mit m Vieh (…) was eben Anschaffungen gewesen sind, konnten sie sich dadurch finanzieren“. Damit wird eine relativ verbreitete und unterstützte Nebenerwerbsmöglichkeit in der ‚Mangelwirtschaft' der DDR angesprochen, die mit den wirtschaftlichen Rahmenbedingungen der Erzählzeit nicht mehr gegeben ist.

In einer Art Fazit hält ‚Karin' fest: „Wir haben's eigentlich von der Familie her gut gehabt. Wir wurden eben ordentlich erzogen". Die Familie stellt den Rahmen für die reflektierte Zufriedenheit in der Kindheit dar und die ‚ordentliche Erziehung' deren Bezugspunkt. Die kindlichen Tätigkeiten in Haus und Hof werden nicht als belastend für die Freiheit der Kinder und für die nachträgliche Einschätzung der Kindheit beurteilt, vielmehr erscheinen Arbeit und Verantwortung als Teil einer Erziehung, wie sie aus Sicht der Erzählerin sein soll. Es fällt auf, dass bis auf einen kurzen Verweis auf die Schule – „Also schulisch bin ich Durchschnittsschüler gewesen. Ich hab meins gemeistert was ich wollte. Ich hab ooch dadurch dann ooch den Beruf gut gekriegt". – andere Sozialräume und Beziehungen der Kinderzeit in der Lebensgeschichte kein Thema sind. Interpretiert man einen Kommentar zur Entwicklung von Selbstkompetenzen während der beruflichen Ausbildung als Reflexion auf die Kindheit, könnte man vermuten, dass es das Kind ‚Karin' außer „von der Familie her", vielleicht nicht so gut gehabt hat. Berichtet wird hier von der Empfindlichkeit gegen Kränkungen und anschließendem Rückzugsverhalten: „Ich weiß bloß, dass ich früher n Mensch gewesen bin – wenn mich einer / Wenn mich jetzt wirklich einer beleidigt hat, bin ich abgegangen und hab geheult". Die Erzählerin betont das ‚früher' und erklärt die Zeit ihrer beruflichen Ausbildung als Zeit der nachhaltigen Bildung von Selbst-Bewusstsein: „Wo ich im Fernsehwerk gelernt habe, hab ich erst gelernt, mich selbst zu finden und selbst zu verteidigen, also meine Meinung zu bilden. (…) Das hab ich ooch – ordentlich in n Griff gekriegt. Also, ich weiß wie ich jetzt – mhm! wie ich mich jetzt zu verhalten habe – sämtlichen Situationen gegenüber". Die Erzählerin thematisiert sich vor dem Hintergrund des skizzierten lebensordnenden Einflusses familiärer und beruflicher Erfahrung als sozial kompetente Person auf der Grundlage einer eigenaktiven Entwicklung vom schnell zu verletzenden Kind hin zu einer Frau, die scheinbar nichts erschüttern kann.

‚Karin' berichtet also, dass sie nach dem Abschluss der zehnten Klasse eine Ausbildung „als Fernsehmechaniker" absolviert hat, die ihren Neigungen und Kompetenzen entsprach „Das war für mich ein Traum. Also ich hab das schon immer gerne gemacht, von Anfang an. Wir haben in der Lehre Radios bauen müssen, dann war ich eine mit derjenigen, die schneller fertig war wie die Andern, meins funktionierte gleich. ((lacht beim Sprechen)) (...) Ich muss sagen: war schön". Erzählt wird von einer etwa zehnjährigen erfolgreichen beruflichen

Arbeit: „Ich hab mich da so hoch gearbeitet, im Fernsehgerätewerk, dass ich nachher in der Endkontrolle gewesen bin, dass ich vom Direktor Auszeichnungen gekriegt habe, – dass ich – ausgezeichnet worden bin – für andre Betriebe zu arbeiten“. So lässt sich nachvollziehen, dass ‚Karin' über ihre Betroffenheit von der Schließung des Werkes erzählt, obwohl sie zu dem Zeitpunkt schon einer anderen Tätigkeit nachgegangen ist.

Die Erzählerin schildert in einer Szene vom Wechsel der beruflichen Tätigkeit als „Geflügelzüchter bei uns im Ort“ erste neue Arbeitserfahrungen als Neuling, ohne ausreichendes Wissen und Routine bis hin zur Fachkraft mit praktischen Fähigkeiten, theoretischem Wissen und Freude an der Arbeit: „Wir haben selber die Küken ausgebrütet und dann (…) zum Verkauf geschickt. Und wir hatten vier große Ställe (...) Mein erster Arbeitstag is mit Tränen vergangen ((lacht)). Weil nämlich die Frauen zu mir gesagt haben: ‚Hast Du Angst vor Hähne?', da hab ich gesagt, wieso Hähne? (…) Das is doch (…) ne Hühnerfarm. ‚Nee, aber wir haben ne Brüterei, also müssen ja irgendwo ooch die Eier herkommen und die betretenen Eier'. Na ja (…) Wie ich dann in den Stall komme, stehen dann 300 Hähne um mich drum rum. Und alle eben die Versuchung: Ich muss da jetzt hin! Ich muss die hacken! Und dann hatte ich sie ooch im Genick ((lacht).) Und nach m Frühstück hab ich dann nachher gesagt, da gehe ich nich mehr rein! ((lacht)). Aber ich hab's doch geschafft und es hat mir nachher genau soviel Spaß gemacht, wie im Fernsehgerätewerk. (…) Bin ich dann abends, dreimal in der Woche abends in die Schule gefahren (…) und hab genau so abgeschlossen, meinen Facharbeiter (…) nebenbei Familie (…) Haushalt (…). Und da war ich eben ooch froh, dass mein Mann dann zu Hause (…) das Wochenende dann, hat er sich dann ums Kind gekümmert. (…) Und ich war dann arbeiten. Bis 14 Uhr sind wir dann immer sonnabends und sonntags gegangen. Bin zwischendurch nach Hause – wenn wir Pause hatten und dann wieder auf Arbeit. Dann mussten Eier abgesammelt werden, weil, das waren freilaufende Hühner. Das waren nich Batterien, sondern richtig frei laufend. Und das war eben das Schönste, ooch mit da dran. Na, vor allen Dingen weil's eben off m Land is“. Trotz aller Anstrengung der Abendschule und Wochenendarbeiten wirkt diese Erzählung als hätte ‚Karin' mit Unterstützung ihres Ehemannes die Tätigkeit gefunden, bei der sie familiäre und berufliche Interessen miteinander verbinden konnte. Eine entsprechende Nachfrage wird bestätigt: „Haben Sie sozusagen Ihr Leben, was Sie privat so glücklich macht, dann auch mit der Arbeit gefunden, ja?“ „Mhm. Na!“ Man könnte unterstellen, dass die Erzählerin dieser Erwerbsarbeit bis zum Erreichen des Rentenalters nachgegangen wäre. Sie erklärt, warum das nicht möglich war: „Das waren auch so um die acht Jahre rum, was ich da gearbeitet habe. Na. Und das hat dann nachher auch zugemacht. Und (…) dass ich in der Zeit, wo mein kleiner Sohn geboren is, arbeitslos geworden bin“. Damit enden die erzählten kontinuierlichen Arbeitszeiten.

In dieser Szene wird neben der eigentlichen Erwerbsarbeit auch die gemeinsame Organisation von Arbeit und Familienleben mit Kleinkind angesprochen. Die Leserin ist der Ansicht, dass ‚Karins' Erzählungen zur eigenen Familie für sich sprechen. Deshalb möchten wir ihnen hier einen größeren Raum geben. ‚Karin' erzählt über sich und ihre Familie: „Mein Mann is mein Nachbar. (...) Schon immer gewesen ((lacht)). Wir haben praktisch zusammen gespielt, immer schon. (...) Das hat sich so entwickelt. (...) Er weiß was er an mir hat. Doch, wir haben ooch n ganz gutes Familienleben, muss ich sagen. (…) Der Große is ruhig und so: komm ich heute nich, komm ich morgen. (...) is n ganz ruhiger, n ganz Lieber. (...) Der is 20 Jahre, hat jetzt eine Ausbildung gekriegt, als Metallbearbeiter. (...) Sein Hobby is Hammerwerfen. (...) Also, der Große (...) is froh, dass er – zu Hause sein darf – und seinen Computer hat und seine Musik. Das is alles. Und ebend sein Sport, das is das Wichtigste. (…) Und mein kleiner Sohn, der is jetzt zwölf – und is (...) entgegengesetzt vom Großen, aber auch sehr lieb. (...) der is ein Pfiffikus. (...) Der liest viel – aber eben / Is fixer mit irgendwelchen Dingen, redet mit der Zunge schneller. (…) und da sieht man eben den Unterschied (...) der is nun schneller und der is eben m-m-m. Aber, ich kann mich nich beklagen, über gar keinen. Es hat jeder (...) seine Arbeit, die wissen was sie zu tun haben (...) Ich brauch bloß mal ((imitiert Pfeifgeräusch)) zu pfeifen ((lacht)) Ja? (…) Wir haben (…) auch Tiere (…) nur keine Schweine. Wir haben Hühner, eine Ente ((lacht)) (…) ne Vogelvoliere haben wir, mit Wellensittichen und Nymphensittichen. Dann haben wir Kaninchen. (…) Und mein Großer hat n Kaninchen, das frisst nur mit Musik. Der nimmt das Radio, macht's Radio an, dann nimmt er's raus und streichelt es, dann kriegt es sein Futter von der Hand. Ja. Na. Dann haben wir noch n Hund, das Pony, na und drinne haben wir dann noch eine Schildkröte und zwei Katzen. (…) meine Eltern sind heute noch jeden Tag bei uns (…) das Pony, das pflegt und hegt mein Vati. Und dann hat er sich noch n paar Hühnerchen hingemacht. Und das is meinem Vati seins: n ganzen Tag da so. – Na. Doch, s is schön! Kommt zwar mal vor, dass wir uns dann doch einmal bisschen zanken (…) wie s in jeder Familie is. Aber ansonsten: ich halte nich lange aus ((lacht)) mein Mann auch nich“. Die Erzählung dieses gleichberechtigten harmonischen Familielebens in der Tradition der Herkunftsfamilie bekommt als Darstellung einer einmaligen individuellen Erfahrung ein besonderes Gewicht vor dem Hintergrund von Erschwernissen, die hier als zu bewältigende Gegebenheiten kommentiert werden. Auf diese soll nun eingegangen werden.

‚Karin' erzählt von der Unterschiedlichkeit ihrer Söhne und betont dabei die Stärken beider. Das erscheint nicht selbstverständlich, wenn man die Darstellung der entgegen gesetzten schulischen Erfahrungen der Söhne hinzunimmt, die – entgegen der Bedeutungszuschreibung in bildungspolitischen Diskussionen – in der Erzählung nur ganz am Rande eine Rolle spielen. Die Erzählerin zitiert den jüngeren Sohn, der eine Empfehlung für den Besuch eines Gymnasiums zunächst ausgeschlagen hat: „Ich mache mein Ding in der Realschule weiter. (...) Mit dem Durchschnitt bekomm ich dann meinen erweiterten Realschulabschluss und dann möcht ich aufs Fachgymnasium" und berichtet, dass der ältere Sohn große Schwierigkeiten in der Schule hatte: „weil mein Sohn (...) zwar nich dumm war, der hat ooch alles geschafft, (...) aber der Schulgang selber war für ihn zu, zu schnell und das hat er nich begriffen". Die Wahrnehmung der psychischen Probleme des Sohnes durch die Mutter, wird als Anlass beschrieben, sich aktiv für den Besuch einer Förderschule einzusetzen: „da hab ich gesagt, das geht nich weiter so. Ich kann den Jungen nich leiden sehen. (...) Ich kümmere mich jetzt selber drum und suche eine Schule. (...) Und nach der Woche hat er gesagt: ‚Ich gehe nie, nie, nie wieder weg. Ich bleibe hier". Die Bedeutung der Lernbeeinträchtigung wird dabei ausschließlich aus der vermuteten Perspektive des Sohnes thematisiert. Für das familiäre Zusammenleben scheint sie nicht von Belang.

Anders die Krankheit des Ehemannes, die in ihrer großen Tragweite für die Familie dargestellt wird: „Also, mein Mann is von Beruf Maurer, gewesen. Und zwar hat mein Mann 2001 zwei Schlaganfälle hintereinander gehabt, kurz nachdem er arbeitslos geworden is. (...) Also, ich muss sagen, die erste Zeit war – schwer. (...) Aber ansonsten haben wir's gut über die Runden gebracht". Die Erzählpassagen über die Erkrankung und die Zeit danach lesen sich wie ein Bericht über eine schwere Krise und ihre gemeinsame Bewältigung, bis auf eine Einschränkung, die fehlende Möglichkeit einer anerkannten Erwerbsarbeit nachzugehen: „Er kann soweit alles, bis auf seinen Beruf, nich mehr ausführen, is deshalb auch arbeitslos – bekommt keine Arbeit mehr. Gar nich. Der hat sich schon beworben, als Hausmeister, als alles Mögliche, im Zoo und überall, bekommt nur Absagen". Erzählt wird von einer stundenweisen Arbeitstätigkeit und der Eigenarbeit des Ehemannes, die es ihm ermöglicht, sich mit dem Status ‚arbeitslos' als beschäftigten Menschen zu erleben: „Und dann hat er aber vor drei Jahren (...) n Angebot gekriegt ‚Essen auf Rädern' fahren. Und das macht er (...)

Und beschäftigt is er ooch dann mit unserm Haus. Also, er denkt praktisch in dem Moment nich, dass er arbeitslos is, er is in Beschäftigung".

,Karin' berichtet, wie auch sie sich nach der Schließung der Geflügelfarm erst um reguläre Arbeit, dann um Beschäftigung bemüht hat: „dann bin ich zwischendurch mal arbeiten gegangen, in ne Zahnarztpraxis (...) Da hab ich (...) Reinigung mitgemacht. (...) Die hatten aber dann nachher auch keinen mehr gebraucht". „Und da hab ich dann einmal so Telefonistin machen wollen. (...) In der Umschulung (...) habe ich gemerkt, dass ich nich für das geeignet bin. (...) Ich kann zwar telefonieren, ich kann ooch gut umgehen mit Leuten am Telefon, das hatten sie mir ooch dort bestätigt. (...) Aber ich (...) kann nich Leuten was verkaufen, was ich selbst nich kaufen würde". Eine zertifizierte, vom damaligen Arbeitsamt finanzierte Ausbildung als Einzelhandelskauffrau ist nach Einschätzung der Erzählerin irrelevant für Bewerbungen, weil Praxiserfahrungen fehlen. Das gleiche gilt für eine Umschulung, von der ,Karin' meint, dass sie ihre Chancen auf Erwerbsarbeit wegen fehlender Praxis nicht steigert: „Habe dann nachher zwischenzeitlich eine Umschulung gemacht, als Krankenpflegehelfer, bin aber dann auch nich weiter gekommen (...) weil – wir da keine Praxis weiter hatten, sondern nur Schule". ,Karin' erklärt, dass ihr Interesse an einer Fortführung dieser Bildungsmaßnahme an finanziellen Barrieren scheitert: „Ich hatte dann mal zwischendurch ooch gefragt (...) wegen dem Krankenpflegehelfer (...) da mal eine Weiterbildung (...). Da ging eben keen Weg rein oder ich hätte es selbst bezahlen müssen".

Im nachfolgenden Bericht über regelmäßige erfolglose Bewerbungen – einer distanzierten entpersonalisierten Darstellung – wirkt die erzählte Person entgegen anderer Darstellungen der Erzählung wie unbeteiligt: „Also, Bewerbungen sind immerzu gelaufen, aber es hat sich dann nachher nischt mehr getan". Die Erzählerin betont, dass sie nur noch unspezifische Bewerbungen schreibt: „Ich hab mich dann nachher nur noch unter ,Mitarbeiter' beworben", mit Blick auf offene Optionen nichtbekannter möglicher Stellen: „Ich sage mir, (...) wenn ich jetzt an nen Betrieb schreibe (...) hab ich eventuell die Chance, dass vielleicht ooch was anderes gesucht wird." Dieser Bericht über die Hoffnung durch unspezifische Bewerbungen die eigenen Arbeitsoptionen zu erweitern, steht im Gegensatz zu den erzählten konkreten Erfahrungen und Kompetenzen als Voraussetzung für erfolgreiche Arbeit und Selbstbewusstsein. Es scheint, als hätte sich die Erzählerin inzwischen mit ihrer Lebenssituation als ,Langzeitarbeitslose' abgefunden, die immer wieder mal von Arbeitsgelegenheiten unterbrochen wird: „das liegt immer mal so zwischendurch (...) immer mal n Jahr, oder zwei Jahre, so dazwischen“. Die Tätigkeit, die sie zur Erzählzeit ausübt, wird mit Worten beschrieben, die große Begeisterung ausdrücken, diese wird mit der Art der Beschäftigung begründet: „Ich bin lieber jetzt kreativ irgendwo beschäftigt.“ ‚Karin' erzählt: „Beim Arbeitsamt hab ich gefragt, liegt nich mal irgendwas an, dass ich mal n Ein-Euro-Job kriege oder so was? (...) Sie hatten's mir aber versprochen. (...) Und dann hab ich's gleich sofort gekriegt. Von heute auf morgen hab ich dann hier angefangen und s Erste, was wir gemacht haben sind Vorbereitungen gewesen auf n Märchenspiel, ‚Frau Holle'. Und da bin ich die Frau Holle gewesen ((lacht)). Und das is so gut angekommen (...) Zwischenzeitlich haben wir dann Ferienspiele organisiert, mit den Kindern. Da haben wir gebastelt, gefilzt, Papier schöpfen haben wir gemacht. (...) wenn irgend so ne Familientage anstehen (...) dann waren wir dabei. Da haben wir Laternen gebastelt. (...) Und – zwischenzeitlich haben wir das Projekt Märchen (...). Und da war ich dann die Zauberin und hab die Zaubersuppe gekocht ((lacht)). Aber das war ooch sehr schön. (...) Mhm. Also, es war immer viel zu tun, immer (...) alles selber hergestellt. Alles was zu nähen war (...) habe ich dann mitgemacht. Obwohl ich eigentlich nich Schneiderin bin ((lacht))“. Die Erzählerin berichtet von dem gemeinschaftlichen Wunsch nach zeitlicher Ausdehnung des Ein-Euro-Jobs aller Ausführenden in dem Projekt und resümiert: „Tja, für mich is es eigentlich schade, (...) dass ich gehen muss. Das is für mich traurig. Dass ich dann weiß: Ich bin dann zwar wieder zu Hause – wo ich denn gesagt hätte, ooch, ich wär jetzt lieber auf Arbeit“.

So bildet den Abschluss dieser Passage die Erzählung über ein individuelles Gefühl des Bedauerns, das mit einem Vorrang von Arbeit auch gegenüber dem nicht ungeliebten ‚Hausfrauenstatus' begründet wird. Andererseits wird die Bedeutung von Erwerbsarbeit für die individuelle Lebensführung aber auch begrenzt. Auf die Frage: „Was bedeutet Arbeit für Sie?“ folgt die Antwort: „Sehr viel, wenn ich sie kriegen würde“. Erwerbsarbeit scheint sehr bedeutsam, wenn sie zugänglich ist, mit der Einschränkung – wenn vorhanden. Man könnte im Umkehrschluss interpretieren, wenn sie nicht zugänglich ist, bedeutet sie auch nicht viel. Der Erfahrung, dass der Zugang zu Erwerbsarbeit erschwert ist, gibt die Erzählerin doppelten Ausdruck, zum einen mit einer Ich-Darstellung als allgemeiner Fall von Chancenlosigkeit durch unrealistische Forderungen potentieller Arbeitgeber: „Na ja, und – is ja eben das Problem, dass man's nicht kriegt. (...) Weil, die haben lieber Jüngere mit viel Erfahrung, als wie Ältere, die wirklich Erfahrung haben“. Zum anderen wird ein unmittelbares Erleben thematisiert, die abgeschriebene eigene Hoffnung auf Erwerbsarbeit: „Und jetzt: ich bin 46

Jahre. Da is es sowieso so gut wie keine Aussichten mehr auf Arbeit – so richtig". In der Kommentierung zur Situation thematisiert sich die Erzählerin wiederum als allgemeinen Fall: „aber irgendwo muss es doch weiter gehen. Mhm – Und das schafft man eigentlich, muss ich sagen". Wie schon bei der Darstellung der Familiensituation, werden auch die Erschwernisse eines Lebens ohne anerkannte Erwerbsarbeit als zu bewältigende Gegebenheiten kommentiert. Folgt man der Karin-Erzählung sind vor allem die Eigenorganisation des Alltags und die finanziellen Einschränkungen zu bewältigen.

Mit der Organisation des Alltags ohne Erwerbsarbeit scheint die Erzählerin keine Probleme zu haben. Private Arbeit wird zur Beschäftigungsmöglichkeit als Ersatz für anerkannte Erwerbsarbeit oder auch für die ‚zwischenzeitlichen' Tätigkeiten auf dem zweiten Arbeitsmarkt: „Also, da muss ich jetzt sagen, ich habe dadurch dass ich nun das Haus habe (...) dann beschäftigt man sich ja doch. Man sucht sich dann schon Arbeit". Dabei scheint es sich um keine notwendig von ‚Karin' zu leistende Hausarbeit zu handeln, vielmehr um eine Umorganisation der familiären Arbeitsteilung: „Wo ich sagen muss, mein Mann hilft ooch sehr viel mit (...). Wenn ich dann nach Hause komme dann weiß ich: da is abgewaschen – und das is dann ooch mal durchgesaugt. Da brauch ich dann gar nischt mehr". Die häusliche Arbeitsteilung mit Außer-Haus-Arbeiten beider Eheleute übernimmt jetzt die ‚Haus-Frau': „Und so hab ich dann nachher die Zeit, dass ich das über die ganze Woche verteile. Dann sind ja mal die Fenster dran, dann sind die Gardinen". Darüber hinaus spielen in der Erzählung private Arbeiten eine große Rolle, in denen unter anderem auch neu erworbene kreative Fähigkeiten als ‚Ein-Euro-Jobberin' für familiäre Zwecke ‚verwertet' werden: „Und wenn ich doch mal Langeweile habe, dann nehm ich eben mein Bastelzeug. (...) dadurch, dass ich nun das Filzen so schön kann, hab ich meiner Nichte nen Blumenstrauß gefilzt ((lacht)). (...) Und da hat sie sich eben dolle gefreut." Neben dem Wunsch andere zu erfreuen, wird Geldknappheit als Begründung für die ‚Eigenproduktion' von Geschenken benannt: „was ich eben mache (...) wo ich's nich kaufen kann, wo ich das selber herstelle".

Die Bewältigung finanzieller Einschränkungen erscheint in der Erzählung als das größere Problem: „Grade jetzt (...) wo dann die Bedarfsgemeinschaften gebildet worden sind, da is es ganz krass geworden. (...) Da haben wir praktisch zu viert, über die Bedarfsgemeinschaft gelebt, mit achthundert Euro. (...) Vorher ging's ja noch, aber jetzt absolut nich mehr"[56]. Während in diesem reflektierenden Kommentar die Finanzsituation als nicht mehr zu bewältigendes Problem dargestellt wird, erklärt sie die Erzählerin an anderer Stelle als Anforderung, die mit Einschränkungen in der Lebensführung zu bewältigen ist: „Das is es eben! Man muss es schaffen. Dann muss irgendwo zurückgesteckt werden". Auf die Frage: „Wie funktioniert das? Wie kriegen Sie das hin, so Ihr Leben zu organisieren?" wird ein sehr disziplinierter Umgang mit finanziellen Verpflichtungen thematisiert: „Zuerst das, was wir bezahlen müssen und alles andre bleibt. Das was übrig bleibt, is für uns. (...) anders geht's nich. Du musst Dich orientieren! Du musst lesen, um irgendwas rauszukriegen! (...) Meine Kinder waren zufrieden mit dem, was ich für sie gekauft habe. Es waren ooch schöne Sachen, aber eben keine Markenartikel. (...) Und wenn ich da abends ne Butterschnitte habe und Salat dazu, dann sind die schon zufrieden". Mit dieser Erzählung über das knappe Finanzbudget und den disziplinierten Umgang der ganzen Familie, das sparsamen Wirtschaften mit der Begleichung von Festkosten vor Konsumausgaben wird zugleich der Anschein eines ‚normalen' Lebens thematisiert: „Das fragt sich meine Schwester, das fragt sich meine Mutti. Die haben immer gesagt: ‚Ich verstehe s nich. Ihr lebt eigentlich noch ganz normal. Wie kriegst Du das hin?'". Im Ausgangssegment der Lebensgeschichte thematisiert die Ich-Erzählerin noch einmal ihren praktizierten Umgang mit finanziellen Verpflichtungen: „Ich weiß, das und das kommt und das müssen wir und dann wird das beglichen und dann is das okay". Betont wird die zeitnahe Zahlung zum einen mit dem Verweis auf das Ansteigen der Verpflichtungen durch Verzug: „Wenn man einmal ins Hintertreffen gerät (...) dann is das s Doppelte" und zum anderen mit dem Selbstanspruch schuldenfrei zu leben: „Und da [in Schulden] möchte ich nie rein kommen', deswegen meistern wir das so".

Auf die Frage: „Strengt Sie das an, so sparsam zu leben?" stellt die Erzählerin das Leben mit finanziellen Engpässen als Lernprozess dar und die Realisierung des Geforderten als Ich-Erfahrung: „Nee. Gar nich. Nee. Überhaupt nich. (...) Wir haben's eben so gelernt, jetzt. In den vielen Jahren haben wir's so ge-

---

[56] Im März 2008 hätten die ‚regulären' Regelleistungen (vgl. SGB II § 28 und §29) für eine vierköpfige Familie mit einem Kind das jünger als 14 Jahre ist und einem Kind ab 15 Jahre ohne Abzüge insgesamt 1.107 Euro betragen (zweimal Partnerregelleistung: je 312 Euro Arbeitslosengeld II; Regelleistung für nicht Erwerbsfähige ab 15 Jahre: 276 Euro Sozialgeld einschließlich Kindergeld; Regelleistung für nicht Erwerbsfähige jünger 14 Jahre: 207 Euro Sozialgeld einschließlich Kindergeld) (vgl. www.gegen-hartz.de, 17.3.08).

lernt. Na. Ich hätte zwar gerne mehr. Wer das wohl nich? ((lacht)) Aber es is / Es geht". ‚Karin' als Organisatorin des gelingenden Umgangs mit knappen Ressourcen scheint dabei um den Rückhalt ihrer Familie zu wissen: „Ich, ich meister das so, indem ich weiß, ich hab ne Familie hinter mir stehen, die zu mir hält, die genau wissen in welcher Situation wir uns befinden, die nich drängeln, nich fragen, nich betteln und – mit dem zufrieden sind was wir haben". ‚Glück' wird in dieser Lebensgeschichte als Zufriedenheit kommentiert, aber auch als Einschränkung: „So richtig überglücklich is das nich so. Also, es is nur glücklich. Ich bin zufrieden mit dem was ich habe".

Als Besonderheit dieses biografischen Portrait bezüglich Inklusion und Exklusion erscheinen einerseits die Darstellung der Kontingenz des Konzeptes ‚Arbeit' sowie das Ausgrenzungspotential bei einseitiger Orientierung an Erwerbsarbeit und andererseits die Stabilität des familiären Netzes in Verbindung mit vielfältigen Erfahrungen und Kompetenzen für Eigenarbeit. Erwerbsarbeit wird insbesondere in ihrer symbolischen Funktion dargestellt, aber nicht als Zentrum der Lebensgestaltung. Als dieses gilt in der Karin-Erzählung die Familie. Das Konzept ‚Arbeit' scheint in der Erzählung einen Bedeutungswandel zu erfahren, der es der Erzählerin ermöglicht, sich in unterschiedlichsten Situationen als ‚Arbeitende' vorzustellen. Der thematische Rahmen für die Beschreibung von Arbeit als Quelle von Selbstbewusstsein und Anerkennung ist die Erzählung über die Ausbildung und zehnjährige Arbeit im Fernsehgerätewerk. Diese Tätigkeit wurde dennoch von ‚Karin' aufgegeben, zugunsten einer – ebenfalls längerfristigen Beschäftigung, die sich mit dem Familienleben gut in Einklang bringen ließ. Für die Möglichkeit der Verbindung von familiären und beruflichen Interessen, hat die Erzählerin sowohl eine die Familie zeitlich belastende zweite Ausbildung als Geflügelzüchterin als auch Wochenendarbeit realisiert. Akzeptiert wurde später auch eine üblicherweise schlecht entlohnte Erwerbsarbeit, die keiner zusätzlichen Qualifikation bedarf und ein niedriges Sozialprestige hat, die Reinigungsarbeiten in einer Zahnarztpraxis, vielleicht mit dem aus der Herkunftsfamilie übernommenen Anspruch, dass Arbeit zum Leben gehört. So lassen sich auch die Umschulungs- und Qualifizierungsmaßnahmen als Versuche lesen, die Chancen auf eine anerkannte Erwerbsarbeit zu erhöhen. Darüber hinaus werden in der Erzählung drei Alternativen von ‚Arbeit' thematisiert und zwar nicht nur unter dem Aspekt der Ausgrenzung aus dem Arbeitsmarkt, sondern als Formen gelungener Lebensführung. Das betrifft zum einen die ‚Arbeitsgelegenheit mit Aufwandsentschädigung' bei einem gemeinnützigen Verein, mit der die Erzählerin kreatives Potential, soziales Engagement und sinnvolle Teilhabe verbindet. Die zweite Alternative zu anerkannter und auskömmlicher Erwerbsarbeit findet sich in der Erzählung über die ‚geringfügige Beschäftigung' des Ehemannes in Verbindung mit Eigenarbeit, die es erlaubt, sich als produktiven Menschen zu beschreiben. Als dritte Form akzeptierter ‚Nicht-Erwerbsarbeit' wird der Status ‚Haus-Frau' vorgestellt, der einen erfüllten Lebensalltag mit Haus- und Eigenarbeiten ermöglicht.

Ebenso wie die Kontingenz des Konzeptes ‚Arbeit' wird in dieser Erzählung das Ausgrenzungspotential einer einseitigen Orientierung an Erwerbsarbeit thematisiert. Das betrifft zum einen verwehrte bzw. eingeschränkte Arbeitsmöglichkeiten im Zusammenhang mit strukturellen Problemen des Arbeitsmarktes, wie die Schließung von Betrieben, die Kündigung aufgrund fehlender Bedarfe, Umschulungen ohne Praxis und formale Befristungen von Beschäftigungen auf dem zweiten Arbeitsmarkt. Zum zweiten werden individuelle Zumutungen angesprochen, die eine unbedingte Verpflichtung zu Erwerbsarbeit mit sich bringt. ‚Karin' erzählt von dem vergeblichen Versuch, sich als ‚anonyme Verkäuferin' fragwürdiger Produkte – auch Telefonistin genannt – ihren Lebensunterhalt zu ‚verdienen'. Zum dritten wird von fehlender finanzieller Unterstützung von Qualifikationen für eine relativ Erfolg versprechende Inklusion durch Erwerbsarbeit berichtet. Man könnte vermuten, dass sich ‚Karins' Chancen als nur schulisch ausgebildete Krankenpflegehelferin mit einer – nicht selbst zu finanzierenden – praxisorientierten Zusatzqualifikation erheblich erweitern würden. Zum vierten wird das ausgrenzende Potential der finanziellen Zuwendungen von Arbeitslosengeld II und Sozialgeld verdeutlicht, dem scheinbar nur mit großer Selbstdisziplin und der Unterstützung in sozialen Nahbeziehungen zu begegnen ist. Dagegen wird in der Karin-Geschichte die Wahrung persönlicher Integrität durch das Selbstverständnis als kompetente und kreativ gestaltende Frau sowie die individuell sinnvolle Eigenorganisation des Alltags gesetzt. Als Garant sozialer Inklusion gilt in der Karin-Erzählung die Familie, sowohl die Herkunftsfamilie als auch die eigene Familie, die in enger traditioneller Verbindung dargestellt werden. Sie bietet Identifikationsmöglichkeiten, wechselseitige Unterstützung und Anerkennung, Verständnis den Rahmen für Zufriedenheit mit einer Lebensgestaltung ohne anerkannte Erwerbsarbeit.

Eine ähnliche Bedeutung der Familie kann aus in der Claus-Erzählung herauslesen, allerdings in einem ganz anderen sozialen Milieu.

6.3 Claus: N bisschen Geld kann man immer in der Tasche haben.

„Na dann fange ich mal an mit meiner kleenen Geschichte hier, wo ich noch nen ganz kleiner Stift war. Bloß dass ich da immer – fast immer, so mit – zehn oder so, neun oder wann das war, hab ich immer Mopeds geklaut mit meine größeren Bruder und alles“. So beginnt die Erzählung von ‚Claus', einem 19-jährigen jungen Mann in einer berufsvorbereitenden Bildungsmaßnahme, die er als zweite Maßnahme nach einem Berufsvorbereitungsjahr absolviert. Das Streben nach beruflicher Ausbildung und Erwerbsarbeit, so wie es in der Erzählung thematisiert wird, wirkt im Kontext der Lebensgeschichte wie eine sozial erwünschte, aber individuell eher unwahrscheinliche Perspektive. Ein Leben ohne Erwerbsarbeit scheint vor allem aufgrund der fehlenden finanziellen Ressourcen für den Erzähler nicht als Option in Frage zu kommen. Der Bericht über die erfolglosen Bewerbungen um eine Lehrstelle und die antizipierten Schwierigkeiten mit den theoretischen Anforderungen einer beruflichen Ausbildung lassen jedoch vermuten, dass dieses – vielleicht unterbrochen von Gelegenheitsarbeiten – eine Zukunftsaussicht sein könnte. Im Mittelpunkt der Claus-Erzählung steht aber nicht der verwehrte Zugang zu einer beruflichen Ausbildung, sondern die Lebensgestaltung des Jugendlichen innerhalb der Herkunftsfamilie, in der beide Eltern ohne anerkannte und auskömmliche Erwerbsarbeit leben und in der Eigenarbeit sowie ‚Untergrundökonomie' selbstverständlich zur Lebensführung zu gehören scheinen. Im folgenden Portrait sollen die Exklusionsrisiken ebenso zur Sprache kommen wie Teilhabechancen in einem sozialen Milieu, das in medienpolitischen Diskussionen populistisch als ‚neue Unterschicht' etikettiert wird[57].

[57] Wenn man die Ausbildungs- und Arbeitsmarktchancen, die in der Claus-Geschichte thematisiert werden, in den Mittelpunkt der Aufmerksamkeit rücken würde, könnte dieses Portrait auch im Kapitel 4 ‚Jugendliche mit schlechteren Startchancen' platziert werden. Hier sollen jedoch die Möglichkeiten einer Lebensgestaltung ohne anerkannte Erwerbsarbeit näher betrachtet werden, für die in der Claus-Erzählung ein Kontext angesprochen wird, der häufig mit ‚Perspektivlosigkeit' und ‚Haltlosigkeit' (vgl. Kronauer 2002: 168) gleichgesetzt wird. So geht Kronauer bei Jugendlichen, deren Zugang zu einem gesellschaftlich anerkannten Status durch berufliche Ausbildung blockiert ist, von „Erfahrungen des Zurückbleibens, der Missachtung und des Scheiterns“ aus (ebd. 166) und beschreibt u.a. ‚niedrige Bildungsabschlüsse' und ‚Gelegenheitsjobs mit wenig Achtung und schlechter Bezahlung' als ‚Sackgassen' für Teilhabechancen (vgl. ebd.). Dabei unterstellt er, dass Erfahrungen von Ausgrenzung aus der ‚Enttäuschung von Erwartungen und Ansprüchen, die allgemein verbreitet sind'

Es ist eine besondere biografische Erzählung, die uns hier begegnet. Die fiktionale Welt des Claus-Erzählers wirkt wie zusammengesetzt aus vielen Puzzelteilen, die nichtchronologisch unterschiedliche Zeiten und Situationen der Kindheit und der aktuellen Lebenssituation ins Bild rücken. Die Bilder werden vorwiegend durch schnell wechselnde kleine szenische Erzählungen erzeugt, zuweilen durch kurze Kommentierungen unter-brochen, in denen immer wieder die Familie bzw. das familiäre Umfeld thematisiert werden. Zentraler Charakter der reflektierenden Kommentare der Claus-Erzählung ist der Erzähler. Andere Inhalte wirken wie Schlaglichter über äußere Vorgänge eingestreut. Fragen und Aufforderungen, die der Erzähler an sich selbst richtet, wie z.B.: „Was haben / Was hab ich noch als kleener Stift gemacht? (...) Was könnt ich Ihnen noch erzählen? – Muss ich jetzt nachdenken!“ oder auch: „Und dann / ooch, was wollt ich jetzt sagen? Jetzt hab ich es wieder vergessen. – Was wollte ich jetzt sagen? Ich hab's vergessen.“ verweisen auf die Erzählung selbst als unmittelbar erfahrbare Handlung und zugleich auf die Situativität ihrer Konstruktion.

Der Erzähler der Claus-Geschichte stellt sich als Teil einer sechsköpfigen Familie, die in eine Großfamilie integriert ist, vor. Berichtet wird, dass die Eltern schon lange Zeit ohne anerkannte Erwerbsarbeit leben und zur aktuellen Erzählzeit einer Arbeitsgelegenheit mit Mehraufwandsentschädigung nachgehen: „so sieben oder sechs Jahre waren die Heeme. Und jetzt haben se nen Een-Euro-Job gekriegt vom Arbeitsamt oder Sozialamt oder was des is. (…) Unkraut zuppen hier und Bäume absägen mit der Kettensäge, Steine hucken, verputzen und alles so n Pipapo“. Der Aspekt der Beschäftigung scheint wichtiger, als die Einschränkung, dass es sich dabei um keine Erwerbsarbeit auf dem ersten Arbeitsmarkt handelt: „Hat mein Vater sich ooch gefreut, endlich wieder arbeiten. Sechs

---

wachsen (vgl. ebd. 212), die auf ‚allgemein akzeptierten Vorstellungen und Erwartungen von Teilhabemöglichkeiten beruhen, die sich an ‚sozialen Erfahrungen eingelebter kultureller Maßstäbe für Lebensstandards' orientieren (vgl. ebd. 176). Vielleicht müsste man diese unterstellte Allgemeinheit ‚kultureller Maßstäbe' in Frage stellen, um nach Möglichkeiten einer Lebensgestaltung ohne anerkannte Erwerbsarbeit fragen zu können.

Jahre off der faulen Haut gelegen und denn wieder arbeiten“. Während auf den Vater im Lauf der Erzählung häufig Bezug genommen wird, erfahren wir über die Mutter auch auf Nachfrage nur sehr wenig: „Und Ihre Mutter?“ „Weeß ich nich. Die hat gloobe ich nur ABM gemacht oder so was oder Hausfrau oder so was, keene Ahnung. Ich weeß nich mal, was für nen Berufsabschluss hier / Lehre die gemacht hat oder wie des da heißt. Oder halt Beruf, weeß ich gar nischt“. Das hier thematisierte Unwissen über den Beruf der Mutter lässt sich als Hinweis auf dessen Bedeutungslosigkeit für das Familienleben verstehen. Von familienrelevanter Bedeutung scheint ihre Rolle als Hausfrau, eventuell mit gelegentlicher Tätigkeit auf dem zweiten Arbeitsmarkt.

Von sich berichtet ‚Claus', dass er eine Förderschule besucht hat. In einem zusammenfassenden Kommentar zur Schulzeit heißt es: „Haben wir aber ooch nur Scheiße gebaut“. Der Erzähler äußert sich zufrieden über die Schulsituation und eigenen Leistungen: „Gut. – Unsere Schule ging halbwegs. Eensen, Zween und Dreien hatt ich immer auf m Zeugnis“. Auch der jüngere Bruder wird als Schüler mit Förderbedarf im Bereich Lernen vorgestellt: „Eener geht noch in de Schule, ooch off de Lb-Schule[58] (…) in de achte Klasse“. ‚Claus' erzählt: trotz niedriger, bzw. fehlender Schulabschlüsse haben die beiden älteren Brüder „ooch alle zwee ne Lehrstelle (…). Der eene macht hier so Werker-Gärtner oder was des is. Und der mittlere, der zwee Jahre älter is als ich, der macht Friedhofsgärtner“. In der Erzählung über die Ausbildungen der Brüder werden die Teilausbildung eines Werker-Gärtners und die Berufsausbildung eines Friedhofsgärtners als gleichberechtigte nebeneinander gestellt und erklärt: „Aber der, der zwee Jahre älter is als ich (…) [der auszubildende Friedhofsgärtner], der hat Achte-Klasse-Abschluss, also keen Abschluss, von normaler Schule und hat ne Lehre gleich gekriegt, ooch übers Arbeitsamt“. Neben den als ‚gut' bewerteten eigenen Schulleistungen in der Förderschule kann auch mit dieser Erfahrung die Zufriedenheit mit dem erreichten Schulabschluss erklärt werden, auch wenn ‚Claus' selbst zur Erzählzeit an keiner Berufsausbildung teilhatte.

Als ein charakteristisches Merkmal der Familie erscheint die vielfältige Eigenarbeit, angeregt durch den Vater: „Mein Vater kann ja alles Heeme selber. (…) macht eigentlich alles selber. Der legt Fußboden selber, der würde sogar das Dach selber decken, so wie ich den kenne. Der macht ooch an de Autos selber, weil er die Werkstatt nich bezahlen kann“. Als ein Anlass für die vielfältigen

[58] Förderschule für den Förderbereich Lernen

Eigenarbeiten, zu denen der Vater befähigt scheint, wird das fehlende Geld für Dienstleistungen benannt. Zudem taucht in einem Kommentar zur Wohnsituation ein vermutlich altes geerbtes Haus auf: „Wir hatten ja keen Klo im dem Haus, das wir geerbt haben. Mussten noch raus gehen, off nen Pumsklo“. Die Geschichte legt den Gedanken nahe, dass dieses Erbe der Familie ein Leben ermöglicht, das weitgehend frei von Mietbelastungen ist, aber Investitionen von gemeinsamer familiärer Eigenarbeit erfordert. ‚Claus' erzählt: „Wir haben ja ooch selber unsres Bad hochgestockt, (…) jetzt haben wir n richtiges Klo. (…) Denn haben wir's noch alle verputzt alle Mann, alle dreie, ich, mein Vater und mein andrer Bruder“. Weitere gemeinsame Ausbauvorhaben am Haus werden mit einem eigenem Lebensbereich für die älteren Brüder begründet: „Denn wir wollen ja den Boden oben ooch noch ausbauen. Des wir Großen da hoch gehen und der Kleene bleibt unten. Des is besser so“. Das klingt so, als richten sich die erwachsenen Söhne auf ein längerfristiges gemeinsames Leben in der Herkunftsfamilie ein[59]. Auf die konkrete Nachfrage wird diese Vermutung bestätigt und zugleich relativiert: „Na. – Na, ich bin ja nich so ofte Heeme. Ich bin mehr bei der Freundin“.

Diese Aussage wirkt wie ein Gegensatz zur fast gesamten Erzählung, in der das Familienleben, die gemeinsamen Aktionen und Streitigkeiten sowie das Leben im Dorf thematisiert werden. An anderer Stelle erklärt der Erzähler, warum auch die Freundin an diesem Leben seit längerer Zeit Anteil hat: „Des wird jetzt – een und n halbes Jahr, wird des jetzt. (…) Und se kommt ooch öfters zu uns da ins Dorf. Und da hängen wir da. Die hat doch ooch nur hier Langeweile. Die is ja Einzelkind“. Für Langeweile scheint im Leben des Claus-Erzählers kein

---

[59] Wenn junge Erwachsene Transferleistungen nach dem SGB II beantragen, gelten sie – abgesehen von wenigen Ausnahmefällen bis zur Vollendung des 25. Lebensjahres als Teil der Bedarfsgemeinschaft der Eltern: „Zur Bedarfsgemeinschaft gehören

1. die erwerbsfähigen Hilfebedürftigen,
2. die im Haushalt lebenden Eltern oder der im Haushalt lebende Elternteil eines unverheirateten erwerbsfähigen Kindes, welches das 25. Lebensjahr noch nicht vollendet hat, und der im Haushalt lebende Partner des Elternteils, (…)
4. die dem Haushalt angehörenden unverheirateten Kinder der in den Nummern 1 bis 3 genannten Personen, wenn sie das 25. Lebensjahr noch nicht vollendet haben, soweit sie die Leistungen zur Sicherung ihres Lebensunterhaltes nicht aus eigenem Einkommen oder Vermögen beschaffen können“ (SGB II § 7 (3).

Daraus folgt, dass die zur Bedarfsgemeinschaft gerechneten jungen Erwachsenen kein eigenes Arbeitslosengeld II und auch keine Mitzuschüsse für eine eigene Wohnung erhalten, sondern nur 276 Euro Sozialgeld einschließlich Kindergeld, auch dann, wenn sie in einer eigenen Wohnung leben würden.

Raum. In einer Szene wird über die Art erzählt, wie die Kinder ‚Nachbarschaftskonflikte' gezeigt aber auch erlebt haben: „Haben immer beim Nachbarn – die Fenster kaputt geschmissen, als kleene Stifte, als Sechs-, Siebenjährige – weil wir den nich leiden konnten. – Dann haben sie bei uns schon die Autos aufgekloppt und all so n Scheiß. Scheiben kaputt geschmissen bei de Autos". In einer anderen Szene wird von einem ähnlich rauen Umgang der Kinder untereinander und als jugendliche Verwandte erzählt: „und als kleener Stift hatte ich ooch schon nen Spaten im Kopp. (…) Nen Spaten, so n kleenes Ding hier so, wo de mit im Sand spielen tust. Hat mich eener an Kopp geschmissen. – Und mit sechzehn, siebzehn da hat mich mein – großer Cousin, hat mich nen Lenker an Kopp geschmissen, hier an die Seite. – Und den hab ich danach krankenhausreif geschlagen". Eine bleibende Kopfverletzung schreibt der Erzähler einem eigenen Missgeschick zu: „Als kleener Stift bin ich vor die Klärgrube geflogen, – mit m Kopp, – hab nen Stein im Kopp. Hier. – Hier hab ich den immer noch drin". Aber auch von eher traditionellen kindlichen Aktivitäten im Dorf ist vereinzelt zu lesen: „Sind immer in der Schule auf de Dächer rum gekrabbelt. (…) Und dann hab ich (...) sieben, acht Jahre Fußball gespielt".

Als Selbstverständlichkeit ohne distanzierende Kommentierung erzählt ‚Claus', dass Fahrräder nicht gekauft werden, sondern in ‚Eigenarbeit' erworben. Benötigte Teile werden scheinbar wahlweise vom Schrott oder durch Diebstahl organisiert: „Fahrräder hole ich mir ooch keene aus m Laden, mach ich mir ooch alles. Entweder hole ich se mir vom Schrott oder gehe mal so mit Kumpels n bisschen off Achse. Mal n paar Fahrradteile abschrauben von andre Fahrräder, was wir so grade mal brauchen". Der Erzähler erklärt Diebstähle vollständiger Fahrräder als Aktionen – vielleicht als Geldquelle – der Vergangenheit. Zur Erzählzeit entwendet er ‚nur noch' Teile für den Eigenbedarf, die er vermutlich nicht kaufen kann: „Des habe ich früher ofte gemacht, off m Bahnhof gegangen (…) und Fahrräder mit nem kleenen Taschenbolzenschneider, klick und denn abgefahren und weggemacht. Des hab ich ooch mal gemacht. Aber mach ich jetzt nich mehr. Ich bau nur noch n paar Teile ab, die ich brauch, wie Lenkung oder Räder oder so was".

Das Fahrrad spielt in der Claus-Erzählung eine besondere Rolle. Es ist tägliches Fortbewegungsmittel: „Ich fahr immer mit Fahrrad. (…) weil ich übelst weit mit m Fahrrad fahren tue, erstmal bis zum Bahnhof und dennoch die zwee Kilometer bis nach uns und denn noch eenmal zehn Kilometer". Und es scheint auch einen symbolischen Wert zu haben. Im Zusammenhang mit einem Bericht über den Diebstahl des eigenen Fahrrads erzählt ‚Claus' von dessen Preis und dem rechtmäßigen Kauf durch Ersparnisse. Diese Geschichte steht im Gegensatz zur Erläuterung, dass Fahrräder nicht gekauft, sondern ‚organisiert' werden. Vielleicht dient sie der Symbolisierung des zugeschriebenen Wertes: „Ich hatte Papiere und alles. Ich hatte ja so n ganz, ganz neues Fahrrad. Das hat 1200 Euro gekostet das Fahrrad. Und da hat der mir die Räder abgebaut. (…) Hab ich ooch lange gespart, hab ich – vier Jahre gespart für das Fahrrad".

Schon zu Beginn der Geschichte stellt sich der Ich-Erzähler als etwa neun- bis zehnjähriger Junge vor, der „immer Mopeds geklaut" hat mit seinen älteren Brüdern. Gemeinsam wurden nicht nur Mopeds gestohlen, auch Zigaretten: „Zigarettenautomat (...) drücken die einfach drauf, ohne Geld, ohne alles, kam Zigaretten runter gepurzelt, haufenweise. (...) Und dann noch immer nen Händler beklaut. – Eener hat n abgelenkt – und wir, ich und mein Bruder haben die Zigaretten raus geklaut. – Wo er drinne war und laberte so nen Scheiß". Seine Teilnahme an den gemeinsamen Diebstählen der Brüder begründet der Erzähler ‚zweckrational': „Dass ich die nicht verpetzen tu und so n Scheiß" und eröffnet mit der Ergänzung noch einen anderen Aspekt ‚delinquenten' Verhaltens: „Also wenn wir een mal wehtun". Ob mit diesem ‚Wehtun' der erlebte Verlust der Bestohlenen gemeint sein könnte oder vielleicht darüber hinaus körperliche Gewalt bleibt offen. In einer späteren Erzählpassage werden die Berichte über die gemeinsamen Mopeddiebstähle wieder aufgenommen: „Und denn eenmal, wollten wir so n Moped aus der Garage rausholen, aus ner ganz alten Garage. Da stand noch so n ganz altes Moped drin. Hinten [in der Garage die] Scheibe kaputt. Mein Bruder sagt: ‚Mach mal die Scheibe kaputt'". Über die dabei zugezogene Verletzung wird dem Vater eine andere Geschichte erzählt: „Zu meinem Vater hab ich gesagt, ich hab mich im Sperrmüll, an ner Tüte die Finger offgeschlitzt". Sowohl in der Aufforderung des Bruders, als auch in der Reaktion des Vaters: „Hat sich mein Vater ooch kaputt gelacht", taucht der raue Umgang untereinander wieder auf. Diese Art des Familienlebens wird vom Erzähler scheinbar unspektakulär akzeptiert. Die Einschätzung: „Heeme jeht's ooch" wirkt wie ein unmittelbarer Gedanke dazu. ‚Claus' erklärt das so: „Versteh ich mich mit alle. Außer mit m Vater, puffen wir uns mal. Ich ärgre den immer so aus Langeweile. Da kriege ich immer Brustpuffer von dem, wenn ich ihn ärgre. (…) im Spaß. Da hab ich ooch keen Problem damit, tut ja nischt weh. Des kribbelt nur n bisschen". An anderer Stelle wird wie selbstverständlich von der Unterstützung des Vaters bei Bewerbungsschreiben gesprochen: „und denn hab ich Bewerbungen geschrieben, mit m Computer. Besser gesagt, mein Vater hat's geschrieben, ich hab ihm nur gesagt, was er machen muss". Bemerkenswert scheint die Rollenverteilung, der Sohn zeichnet verantwortlich für den Inhalt, der Vater für die Ausführung. In einem ganz anderen Erzählzusammenhang findet sich eine mögliche Erklärung für die Notwendigkeit der Hilfe des Vaters: „meine Rechtschreibung is nich so gut".

Die Textpassage, aus der diese Erklärung entnommen wurde, thematisiert das Interesse an einem Realschulabschluss und erläutert zugleich, warum es dafür keine Umsetzungsbestrebungen gibt: „Wollt eigentlich ooch hier immer mal – mein Realschulabschluss machen, weil ich nur Neunte-Klasse-Abschluss hab – Sonderschule. Aber hab ich keen Bock mehr auf Schule. – Immer so – nachdenken und nachdenken und meine Rechtschreibung is nich so gut. Hier Schreiben und so was, des sieht n bisschen gekritzelt und gekrakelt aus". Angedeutet werden negative schulische Erfahrungen und entsprechende Selbsteinschätzungen, die im Rahmen einer Erklärung zur Möglichkeit Gärtner zu lernen, deutlich zur Sprache kommen: „Das macht ja ooch Spaß, so Hecken schneiden und Rasen mähen und so was. Aber bloß zur Prüfung, die ganzen Lernsachen, so Blumen und so was / Da musst de über 200 Namen wissen, von de Blumen. Und soviel passt bei mir in Kopp nich rin. ((lacht)) Des vergess ich immer alles". Während die praktischen Erfahrungen und die Freude an der Tätigkeit für den Beruf sprechen, scheinen die theoretischen Anforderungen ‚Claus' eine Ausbildung als Gärtner zu verschließen.

Ähnliches wird auch im Bericht über den eigentlichen Ausbildungswunsch thematisiert: „Kfz-Mechaniker wollt ich eigentlich machen, aber kann ich ja nicht ohne Realschulabschluss". Man könnte zwar einerseits sagen, dass der Erzähler hier einen verbreiteten Berufswunsch unter Jungen benennt, für den ihm die Zugangsvoraussetzungen fehlen. Andererseits scheint er durch seine praktischen Erfahrungen einen besonderen Zugang zu diesem Tätigkeitsfeld zu haben, sowohl durch kindliches Erleben der Eigenarbeit des Vaters: „Der macht ooch an de Autos selber" als auch durch die große Bedeutung, die Fahrzeugen in der Erzählung der Kinderzeit: „Viel Moped gefahren – schwarz, Auto schwarz gefahren" und der aktuellen erzählten Zeit zukommen: „Auto hab ich ooch schon. (…) Von nem Kumpel. (…) Der frisst zwar ooch n bisschen viel, aber – geht schon". Von solchen ‚lebenspraktischen' Erfahrungen im familiären Kontext wird auch im Zusammenhang mit anderen Arbeitstätigkeiten erzählt, z.B.: „Tierpfleger oder so was, was das war (…) Mit Tiere kenn ich mich ooch aus. Wir haben ja genug Tiere. Wir hatten schon an de acht Katzen – und – Hunde. Wir haben / wir verkaufen jetzt ooch Hamster und so n Scheiß".

Nicht nur die Befähigung durch Eigenarbeit sondern auch die Befähigung zur Eigenarbeit gilt in dieser Geschichte als Begründung für die Akzeptanz eines möglichen Ausbildungsberufes bei scheinbar gleichzeitigem Wissen um die geringen Chancen. Der Erzähler erklärt sein Interesse und seine Freude am Holzbau mit den erlernten Fähigkeiten zur Herstellung von Produkten des Eigenbedarfs. Die entsprechenden Erfahrungen stammen aus der Arbeit in diesem Berufsfeld während der berufsvorbereitenden Bildungsmaßnahme: „Jo, in so ne Richtung so was jo, Tischler. (…) kann man ooch viel selber bauen, Boxen und so was oder CD-Ständer oder so, was man für n Haus halt so braucht. Tische und so was, selber bauen, Anbauwand oder so was oder kleene Schränke oder so was. Macht ja ooch schon Spaß". Zur Freude an der Tätigkeit kommt die Möglichkeit, sich durch die Anwendung handwerklicher Fähigkeiten etwas Geld zu verdienen: „Ich hab ja ooch schon mit Boxen oder so n Scheiß Geld gemacht. Hab ich mir so nen Kasten gemacht und denn hab ich se verkooft. (…) nur die Kästen für – fünf Euro verkooft. Des ging schon so einigermaßen".

In der Erzählung ist zu erfahren, dass diese praktischen Zugänge zu verschiedenen Tätigkeitsfeldern sich auf den Zugang zu Berufsausbildung und anerkannter Erwerbsarbeit für ‚Claus' nicht ausgewirkt haben: „Ich bewerbe mich (…) habe (…) schon ungefähr so n Stapel ((zeigt die Höhe)) abgeschrieben. Und des Geld nich wieder gekriegt von die Assis, die ich's hin geschickt hab. Lauter Absagen gekriegt oder gar nischt zurückgekriegt". Obwohl diese Erzählung von Erfahrungen nicht lohnender Investition bei Bewerbungen eher gegen ein Festhalten am Ziel Berufsausbildung sprechen, thematisiert der Claus-Erzähler eben diese Hoffnung: „Denk ich mir mal. Hoffe ich doch mal, dass da was klappen tut". Auf die Nachfrage: „Lehre wollen Sie aber trotzdem machen?" erläutert der Erzähler diesen Wunsch mit der Aussicht auf regelmäßige Einkünfte: „Na, n bisschen Geld kann man immer in ner Tasche haben. Immer mal n bisschen so für Zigaretten oder des eene Bier am Wochenende oder so".

Als grundlegende Finanzierungsquellen der Familie benennt ‚Claus' staatliche Transferleistungen wie Arbeitslosen- und Kindergeld. Das ihm zur Verfügung stehende Sozialgeld bezeichnet er als zu gering, um mehr als unmittelbare Grundbedürfnisse zu erfüllen: „Jo – also mit dem Hartz IV (…) des is n bisschen happig für n Monat. – Von 110 Euro[60] kann man nich leben, wegen Zigaretten

[60] Die angegebene Geldmenge entspricht zur Erzählzeit in etwa dem Sozialgeld ohne Kindergeld, das ja formal den Eltern und nicht dem jungen Erwachsenen selbst zusteht.

und alles so n Scheiß". In der Geschichte wird erzählt, wie ‚Claus' diesem Mangel auch ohne Ausbildung und anerkannte Erwerbsarbeit begegnet, z.B. durch regelmäßige geringfügige Gelegenheitsarbeiten in frei verfügbaren Zeiten: „In Ferien immer geh ich – nebenbei Geld verdien. Mach ich auch wieder, am Wochenende jetzt". Als konkrete Einnahmequellen werden entgeltete Gartenarbeiten und hauswirtschaftliche Arbeiten innerhalb und außerhalb der Familie benannt: „Rasenmähen – hier mal Heckenschneiden, Fensterputzen – drin in der Küche, Bad, Stube und so nen Scheiß putzen. Da krieg ich immer Geld dafür von meiner Tante. – Ooch bei anderen mach ich das. (...) fahre einkoofen mit m Docker hinten ans Fahrrad ran. (...) Da kann man sich n paar Euro verdien, hm. – Da geht das schon". Berichtet wird, dass die Kompetenzen für die vielfältigen Tätigkeiten der alltäglichen Lebensführung frühen Erfahrungen im familiären Kontext entstammen: „Weil wir immer schon als Kinder Rasen gemäht haben oder so was, oder Fenster putzen". Darüber hinaus erzählt ‚Claus' über die gelegentliche Verwertung von ‚Wohlstandsmüll' als Einnahmequelle: „Denn haben wir mal die Garagen abgeklappert, ob die offen sind. Da war eene offen. Da stand een Auto drinne, aber voll auseinander gekloppt. Da haben wir noch die Boxen und alles so n Scheiß raus geklaut, Gusseisen und denn haben wir's einfach off n Schrott gebracht. – Geld verdienen n bisschen". Im Übrigen begründet ‚Claus' auch die Teilnahme an dem Interview mit seinem Interesse an der vereinbarten Aufwandsentschädigung von zehn Euro: „Nee, ich wollte heute komm, weil ich noch Zigaretten brauch und so n Scheiß und was zu saufen".

Dass diese Art der Lebensführung in der Geschichte nicht als Perspektive dargestellt wird, wurde schon beschrieben. Zunächst scheint es so, als ob ‚Claus' auf ein Ausbildungsangebot der Arbeitsagentur wartet und sich darauf verlässt: „die Frau W [Mitarbeiterin der Arbeitsagentur] hat gesagt, dess es klappt". Der Claus-Erzähler thematisiert das auch im Zusammenhang mit dem Vorhaben vorläufig im Haus seiner Eltern zu leben mit einer scheinbar zukunftsgewissen Vorausdeutung: „Noch ne ganze Weile Heeme bleiben, Lehre machen, dann hier (...) Arbeit suchen, egal wo, ooch wenn's hier im Westen drüben is". Erwerbsarbeit wird dabei als möglicher Kontext für den Verbleib im Elternhaus wie als Anlass für Veränderung des Lebensortes angegeben. Als unterstützende Instanz der zweiten Option wird die Großfamilie angegeben: „Kenn ich ja ooch viele aus m Westen, ooch Onkels. (...) die haben da drüben ooch viele (...) Arbeitsstellen und so was, meine Onkels. (...) Ooch da (...) wo mein Vater war, is ooch n Onkel von mir – als Chef". Allerdings stellt der hier thematisierte mögliche Zugang zum Arbeitsmarkt gerade keine berufliche Tätigkeit nach erfolgreicher Berufsausbildung dar. Beschrieben wird ein sogenannter ‚Mc Job' mit seinen problematischen Arbeitsbedingungen, aber auch mit seiner – vor allem finanziellen – Attraktivität. Wenn die berichtete Höhe des erreichten Lohnes relativ unwahrscheinlich scheint, ist sie vielleicht als Sinnbild für ein der sonstigen Erfahrung nicht entsprechendes verfügbares Budget zu deuten: „Mein Vater, der hat früher immer irgendwie so ne Putenschenkel oder so was gemacht. (…) Na hier, abtrennen und so was alles und verpacken und so was. Da stehst de doch immer n ganzen Tag und so was. Und da kriegst de übelst dicke Pfoten. Da hat der immer jeden Monat, am Monatsende hat der 5000 Euro mit Heem gebracht". Die Art der Thematisierung dieser Erfahrung spricht eher gegen die Entscheidung für eine Berufsausbildung. Auch die Beurteilung der angesprochenen Arbeitsgelegenheit bleibt ambivalent.

Einen anderen möglichen – aber bislang nicht erfolgreichen – Zugang zu Arbeitstätigkeiten, die keine Berufsausbildung erfordern scheint sich der Erzähler selbst mit Initiativbewerbungen zu erschließen: „Denn hab ich noch Kühlfrost packen und so was (…). Dann wieder hier Kauf und Handel und die ganze Lager und Handel oder wie des heeßt, hier mit Computer und so was". Auf Nachfrage: „Wo haben Sie die Informationen über die ganzen Stellen her?" erscheint das Fahrrad als Grundlage für Bewerbungsinitiativen: „Na mit m Fahrrad und so was rumgefahren. Wo was is und so n Scheiß und denn Namen offgeschrieben und so was und denn hab ich Bewerbungen geschrieben". Die thematisierte Erreichbarkeit mit dem Fahrrad als Voraussetzung für Information spricht gegen das Verlassen des sozialen Umfeldes, sondern lässt eher spekulieren, dass der Erzähler zukünftig sein Leben in seinem sozialen Umfeld gestalten wird, vielleicht mit Eigen- und Gelegenheitsarbeiten, wahrscheinlich ohne anerkannte Erwerbsarbeit und damit eingeschränkten finanziellen Ressourcen sowie Teilhaberechten, aber als Teil einer stützenden Großfamilie.

In der Claus-Geschichte ist über Personen mit ‚geringer beruflicher Sicherheit, beruflicher Mobilität und Aufstiegsorientierung, großer finanzieller Unsicherheit mit sehr niedrigem monatlichem Haushaltsnettoeinkommen und ohne finanzielle Rücklagen' (Müller-Hilmer 2006: 82f.) zu lesen. Von ‚Politikinteresse, politischem Kommunikations- und Teilhabeverhalten' (vgl. ebd. 86) erfährt die Leserin nichts. Insofern könnte man sie, soziale Teilhabe und Ausgrenzung betreffend, zu den Menschen zählen, die mit der Studie: „Gesellschaft im Reformprozess"[61] (ebd.) dem „abgehängten Prekariat" und im Anschluss in medienpolitischen Diskussionen einer „neuen Unterschicht" zugerechnet werden. In der FES Studie werden mit dem Begriff ‚Abgehängtes Prekariat' 8% der Bevölkerung der Bundesrepublik mit dem ‚höchsten Anteil an Arbeitslosen' charakterisiert, „stark ostdeutsch und männlich dominiert" (Koschützke 2006: 2), „Nichtwähler oder Wähler der Linkspartei und rechtsextremer Parteien" (ebd.), „geprägt von sozialem Ausschluss und Abstiegserfahrungen" (ebd.) Andere Charakterisierungen, die in der Studie dem ‚abgehängten Prekariat' zugeschrieben werden, finden sich in der Erzählung jedoch gar nicht wieder. Das betrifft insbesondere thematisierte Gefühle. Die Personen von denen hier erzählt wird, scheinen weder „in hohem Maße unzufrieden" (Müller-Hilmer 2006: 83), noch ihre „gesamte Lebenssituation als ausgesprochen prekär" (ebd.) zu empfinden. Es wird von keinen „besonders starken Zukunftssorgen" (ebd.) berichtet, auch nicht von Befürchtungen „selbst diesen niedrigen Lebensstandard in Zukunft nicht halten zu können" (ebd.). Sie scheinen ihr Leben zu bewältigen ohne „ausgesprochene Verunsicherung" (ebd.). ‚Claus' stellt sich nicht so dar, als fühle er sich „gesellschaftlich im Abseits und auf der Verliererseite" (ebd. 84). Im Gegenteil, trotz vielfältiger Exklusionsrisiken wie Hauptschulabschluss an einer Förderschule, fehlender berufliche Perspektive, geringer Mobilität und Aufstiegsorientierung, sehr niedrigem monatlichem Einkommen und ohne finanzielle Rücklagen klingt das Resümee der Erzählung: „Des wird schon einigermaßen", wie ein fatalistisches und verhalten optimistisches Lebensmotto, das die gesamte Geschichte durchzieht. Die Claus-Erzählung zeichnet das Bild eines jungen Menschen in einer Familie, die nach der Einschätzung der FES Studie zum „unteren Bereich" unserer ‚Drei-Drittel-Gesellschaft' zu zählen wäre, mit einem wachsenden „Risiko der sozialen und politischen Abkopplung" (Koschützke 2006: 2). Aber gerade diese Familie – mit ihren eigenen Regeln sozialen Zusammenhalts, den Erfahrungen von Eigenarbeit und Untergrundökonomie – scheint es zu sein, die ‚Claus' die einzige

[61] In der von der Friedrich-Ebert-Stiftung in Auftrag gegebenen Studie „Gesellschaft im Reformprozess" der Infratest Sozialforschung Berlin wurden im Februar/März 2006 rund 3000 wahlberechtigte Deutsche über 18 Jahre zu gesellschaftlichen Reformen in Deutschland befragt. Sie diente der Untersuchung grundsätzlicher Einstellungen der Bundesdeutschen zu gesellschaftlichen Veränderungsprozessen. Erste Teilergebnisse aus über 450 Tabellen wurden in der Öffentlichkeit mit aktuellen Diskussionen über Armut, neue gesellschaftliche Schichtungen etc. verbunden, obwohl in der Studie und in ersten Analysen beispielsweise der Begriff „Unterschicht" weder benutzt noch gedacht war. Vielmehr zielte die Befragung darauf ab, herauszufinden, welche Wertepräferenzen in der Bevölkerung vorliegen und welche Zuordnungen zu „politischen Typen" diese Präferenzen erlauben.

relativ zuverlässige Inklusion ermöglicht. Zumindest lässt sich aus der Erzählung eine Zufriedenheit mit der familiären Situation lesen. In der FES Studie wurde aus einer solchen Zufriedenheit bei 87% der Befragten geschlossen, dass die Familie – bei aller Verunsicherung, bei allen finanziellen Einschränkungen und zunehmenden gesellschaftlichen Ungleichheiten – ein wichtiger sozialer und psychischer Rückhalt bleibt (Müller-Hilmer 2006: 4ff.).

Das letzte Portrait bildet in gewisser Weise eine Ausnahme in diesem Band, weil es das einzige ist, in dem jegliche abhängige Erwerbsarbeit grundsätzlich abgelehnt wird. In der Lorenz-Erzählung wird einer der Menschen dargestellt, die ihr Leben selbstbestimmt ohne anerkannte Erwerbsarbeit gestalten.

6.4 Lorenz: Also man muss sich ja für nichts rechtfertigen glaube ich, aber man hat das Gefühl es zu müssen.

Der Erzähler der Lorenz-Geschichte ist ein 25-jähriger Mann ohne Berufsausbildung, der sein Leben bewusst in Abgrenzung zu Erwerbsarbeit gestaltet, „in der nur noch eine Art von Simulation von Arbeit stattfindet", wie ‚Lorenz' erklärt. In seinem Bericht über eine abgebrochene berufliche Qualifizierungsmaßnahme wirkt das Angebot wie eine Zwangsverpflichtung: „Und jetzt – kurz vor meinem 25. Geburtstag hat mir das Arbeitsamt irgendwie – ne Umschulung – wie soll ich sagen, also angeboten. Aber ich – denke mal, dass ich das auch nicht hätte ablehnen können, so einfach. Also ich hab noch keine Ausbildung gemacht und sie wollen ja schon, dass irgendwie jeder was hat"[62]. ‚Lorenz' widersetzt sich diesem ‚Willen'. Er erzählt, wie er eine zu akzeptierende Form der Verweigerung gegen die Maßnahme initiiert hat: „Na ich hab mir dann einfach ne Krankschreibung vom Psychologen geholt. – Und jetzt läuft's grad darauf hinaus, (...) dass jetzt so n ärztliches Gutachten eingeleitet werden soll – um meine Erwerbsfähigkeit zu prüfen". Die Geschichte wird von drei Erklärungen für das Desinteresse des Erzählers an beruflicher Ausbildung und anerkannter Erwerbsarbeit durchzogen. Zum einen verdeutlicht ‚Lorenz', dass er keine beruflichen Vorstellungen

[62] Die Mitarbeiterinnen und Mitarbeiter der ARGEn sind gehalten, jungen Erwachsenen unter 25 Jahren, die einen Antrag auf Leistungen zur Sicherung des Lebensunterhaltes stellen, spätestens nach einem viertel Jahr ein Angebot zur Teilhabe an beruflicher Vorbereitung oder Ausbildung bzw. zur Einmündung in den Arbeitsmarkt zu unterbreiten, vgl. dazu die Anmerkung im Kapitel 4.1.

hat, die ihm erstrebenswert erscheinen: „Mir würde jetzt auch nischt einfallen, was ich machen wollen würde, also jetzt irgendwie n Beruf, der mich jetzt so irgendwo glücklich machen würde“. In der Erzählung wird deutlich, dass dies nicht fehlenden Interessen, sondern antizipiertem und erlebtem zugänglichem Arbeitsalltag geschuldet ist. Zum zweiten erläutert er, dass mit der ‚Arbeitslosigkeit‘ keine Leere in seinem Leben verbunden ist. Vielmehr ist der Verweis auf eine zeitintensive individuell sinnvolle Tätigkeit ein Argument gegen Erwerbsarbeit: „Na so gesehen hab ich ja was, was ich wirklich für mich tue und wo ich weiß (...) ich kann’s halt nebenbei machen, aber dann könnt ich halt nich soviel Zeit investieren“. Und nicht zuletzt interpretiert ‚Lorenz‘ seine materielle Lebenssituation jenseits der Begriffe Mangel und Armut: „Ich verzichte fast auf gar nichts“.

Den Lorenz-Erzähler könnte man mit Engler als einen Mann beschreiben, der den Mut zu individueller Existenz hat, die sich neue Mittelpunkte erst noch schaffen muss‘ (vgl. Engler 2005: 56). Wie ‚Lorenz‘ von seinem ‚Bau eines sozialen, zeitlich und räumlichen Netzes ohne Erwerbsarbeit als vorgegebenes Zentrum‘ (vgl. ebd.) berichtet, soll im folgenden Portrait (re)konstruiert werden. Man könnte viele Einsatzpunkte finden, die sich als Anfang für die Erzählung anbieten. ‚Lorenz‘ wählt zögernd einen eher traditionellen Beginn: „Na, das fällt mir gar nich so leicht, einfach so zu erzählen. – Wo fängt man da an? – Beim Elternhaus“. Das Innehalten ermuntert die Interpretin einen anderen Einstieg zu wählen. Zunächst soll versucht werden, der Erzählung einer Lebenspassage nachzugehen, die ‚Lorenz‘ als möglichen Kontext für sein Selbstverständnis thematisiert: „Vielleicht is ja das auch irgendwas, was mich n bisschen so beeinflusst hat so“. Angesprochen wird damit die Pubertät, hier beschrieben als eine Zeit der Abkehr von schulischen Normanforderungen hin zu einer Art rebellischem Nihilismus: „In der siebenten, achten Klasse haben alle Jungs bei uns (...) immer die letzten Stunden irgendwie wegfallen lassen und sind dann immer zu mir nach Hause und haben ganz viel getrunken“. Der Erzähler stellt diesen ‚Wegfall‘ von Unterrichtsstunden in den Zusammenhang der Punkkultur. Daraus ließe sich eine identifikationsstiftende Zuordnung des Jugendlichen ‚Lorenz‘ in Distanz konstruieren: „Zu der Zeit hab ich viel mit – so Punkern abgehangen, so – bisschen so Linken“. Das liest sich, als würde ‚Lorenz’ erklären, dass er als Schüler einen erheblichen Anteil seines Lebensalltages mit ‚Punkern’ verbracht hat, ohne sich selbst als einen solchen zu verstehen. Erklären ließe sich diese abgrenzende Nähe mit der Zwiespältigkeit, mit der der Punk beurteilt wird. Zum einen gilt er als jugendliche Protestbewegung, als Provokation gegen gesellschaftlich etablierte Normen und lässt sich unter dem Zusatz ‚Linke’ mit dem Anspruch progressiver gesellschaftlicher Veränderung verbinden. Zum anderen hat er den Ruf einer provozierenden Popkultur: „Des waren eigentlich alles mehr so – Punk, nur so Trinken glaub ich. Des war alles immer feucht-fröhlich“. Sucht man nach der möglichen Beeinflussung des Selbstverständnisses des Lorenz-Erzählers, stößt man auf die Darstellung eines kreativen Nihilismus in Männergemeinschaft: „die Freunde, die mich dann so umgeben haben (…) des war so ne kleine Rauchgemeinschaft, irgendwie. Dass sich dann auch Leute treffen, weil se wissen, dass dort nichts von denen verlangt wird. Dass das so ne Runde is, also einfach so von jungen – Männern, sag ich mal, die wissen, die können dahin kommen, müssen nichts sagen, können einfach nur – Kopf ausschalten und irgendwie sich Visualisierungen rein ziehen“. Man könnte sagen, hier wird die Gemeinsamkeit zum Rahmen für die Möglichkeit unmittelbaren Erlebens einer Gegenwärtigkeit ohne Anforderungen zum Handeln und Denken.

Dieser Beschreibung steht ein expliziter Verweis auf einen erfolgreichen Schulabschluss gegenüber: „Ich hab n Schulabschluss“. Die Erklärung dafür, dass es sich dabei um einen Realschulabschluss handelt, fügt sich jedoch wieder in die oben gezeichnete Skizze eines Jugendlichen der schulische Normanforderungen verneint. ‚Lorenz’ berichtet von partiellen Schulleistungsproblemen und einer Klassenwiederholung und betont dabei einerseits Desinteresse und Drogenkonsum, andererseits das eigene potentielle Leistungsvermögen: „In der zehnten Klasse hatte ich irgendwie in zwei Fächern irgendwo n Faden nich mehr. Das war Chemie und Bio (…) und dann musste ich das noch mal wiederholen. (…) Ich hätte halt was dafür tun müssen und da hatte ich irgendwie kein Bock drauf (…), weil ich zu der Zeit viel gekifft hab und echt voll war. ((lacht leise)) (…). Also es gab eigentlich kein Grund, das nich zu machen, das Abitur. Das wär für mich nich wirklich n Problem gewesen (…) und das war vielleicht irgendwie – auch falsch von mir, auf jeden Fall war’s die Faulheit“. Damit könnte zugleich auch eine Begründung dafür gegeben sein, dass der Erzähler nach dem Abschluss der Schule keine Berufsausbildung aufgenommen hat.

In der Geschichte wird eine mögliche berufliche Option thematisiert und zugleich verworfen. Ein Argument dagegen ist der erreichte Schulabschluss: „Also ich hab mal überlegt, Musik zu studieren, aber da müsste ich jetzt auch irgendwie erst mal Abitur nachholen oder – müsste halt sonderlich begabt sein und des weiß ich nich, wie das is. Das kann ich selber nich einschätzen“. Der Verlauf der Erzählung lässt vermuten, dass ‚Lorenz' seine musikalische Begabung nicht von anderen bewerten ließ, um seine Chancen bezüglich eines Musikstudiums abwägen zu können und das trotz eines großen Interesses an musikalischem Schaffen, auf das später einzugehen ist. Berichtet wird von einer Tätigkeit als ungelernter Bauarbeiter im Anschluss an die Schulzeit: „Also nach der Schule direkt hab ich halt so n halbes bis ein Jahr gearbeitet auf m Bau“. Bezüglich dieser Arbeit wird an späterer Stelle erklärt, dass sie keinem regulären Arbeitsverhältnis entsprach: „Ich hab da auch nie was angegeben, von dem Geld, was ich verdient hatte“. In der Darstellung über die nachfolgende Registrierung als Ausbildungssuchender beim Arbeitsamt wirkt diese eher wie ein zufälliger Akt: „Und denn bin ich irgendwann – so zum Arbeitsamt gegangen, hab mich da einfach nur gemeldet so“, von dem sich der Erzähler dadurch distanziert, dass er ihn als von Dritten initiierten begründet: „weil mir irgendwie gesagt wurde, des müsste ich machen Das weiß ich gar nich“. Durch den Hinweis auf ein gewöhnliches Verfahren wird die Ungewöhnlichkeit der Situation betont: „Was? Sie haben sich noch nie bei uns gemeldet? – Und das war bestimmt schon seit zwei Jahren. Und irgendwie muss man ja trotzdem irgendwo gemeldet sein als – Arbeitsloser“. Obwohl ‚Lorenz' betont, dass er „nie wirklich was offiziell, außer dem Zivildienst“ gearbeitet hat, stellt er sich nicht als ‚Arbeitsloser' dar. Das lässt sich mit den Reflexionen des Erzählers zum Verständnis von ‚Arbeit' und mit Beschreibungen von Arbeitserfahrungen sowie individuell sinnvollen Alternativen zu allgemein gesellschaftlich respektierter Erwerbsarbeit begründen. Diese Aspekte sollen nachfolgend (re)konstruiert werden. Dass trotzdem eine Meldung als Erwerbsloser erfolgte, wird in der Lorenz-Geschichte nur unter dem Gesichtspunkt der materiellen Absicherung der Lebenssituation erklärt. Dieses Thema wird zunächst zurückgestellt und am Ende des Portraits ausgegriffen.

Auf die Frage nach der Bedeutung von Arbeit, antwortet ‚Lorenz': „Arbeit schafft“ und er bekräftigt: „Na ja, mir fällt nur Schaffen ein so als einziges, was ich grad so fassen kann“. Das ‚Schaffen' kann verschieden interpretiert werden. Im Text finden sich Passagen, in denen dieser Ausdruck im Sinne von ‚etwas produzieren' und solche, in denen das ‚Arbeit schafft' als ‚Arbeit macht zu schaffen' gedeutet werden kann. Produzierendes Schaffen wird mit Interesse und

Freude verbunden: „Da entsteht was bei. Es macht mir schon Spaß, irgendwas zu machen, (…) wenn ich irgendwie n Ergebnis sehe. Wenn ich jetzt irgendwie an nem Haus mitgebaut hab, denn hab ich halt gesehen, das Haus ist dann fertig und – das hat dann irgendwie was“.

Arbeit, die ihm zu schaffen macht, beschreibt ‚Lorenz' auf unterschiedliche Weise, zunächst als solche, der nur nachgegangen wird, um Erwerbsarbeit zu haben. Davon grenzt er sich ab: „Ich finde halt, viele gehen ja echt arbeiten und hassen eigentlich ihren Job, haben aber total Angst, diesen zu verlieren. – Das kann ich halt nich nachvollziehen. (…) Ich könnt mir nich vorstellen, dass ich irgendwie – so n stumpfsinnigen Job mache für mein Lebtag und denn irgendwie da voll für lebe“. In der Erzählung wird von solcher Art Arbeit berichtet: „beim Zivildienst“. Dabei sind es nicht die einfachen Botendienste ohne Qualifikationsanforderungen, „des waren so Hol- und Bringedienste, irgendwie so, Medikamente an Stationen verteilen und – Post in die Sekretariate“, die als Problem dargestellt werden. Vielmehr thematisiert ‚Lorenz' so etwas wie den Vorrang von formalen vor inhaltlichen Arbeitsanforderungen, mit denen er in Konflikt geraten ist: „Da hab ich auch gemerkt, dass (…) da Leute im öffentlichen Dienst arbeiten, die eigentlich überhaupt kein Bock haben, aber wissen, dass sie nich gefeuert werden können. Und so einfach nur jeden Tag dahin zu gehen und wirklich – erst mal zwei Stunden nur rum zu sitzen. (…) Und ich hab echt n Problem mit früh aufstehen und musste mich immer 6:45 Uhr da raus – quälen (…) und bin trotzdem jeden Tag irgendwie zu spät gekommen. Hab aber echt viel gemacht da. (…) Zum Schluss wurde mir aufgelistet, wann ich immer gekommen bin. Und da is dann so n Disziplinarverfahren eingeleitet worden“. Außer dem Zivildienst finden sich in der Erzählung – anders als vom Erzähler kommentiert – noch zwei Darstellungen – wenn auch kurzer – offizieller Beschäftigungen. Berichtet wird von einer Erwerbsarbeit, die aufgrund der unaufrichtigen Arbeitsanforderungen schnell wieder aufgegeben wurde: „Dann hab ich kurzzeitig in so ner Telefonzentrale gearbeitet[63]. Des war mir gar nichts, des war Tarife für die Deutsche Telekom verkaufen. (…) Des hieß so, man solle Umfragen machen und denn daraus irgendwie n Marketing / Des war ne sehr komische Firma. Das hab ich nich gern gemacht“. Der Erzählgegenwart am nächsten liegt das schon in der Einleitung des Portraits erwähnte Ausbildungsangebot. In einem distanzier-

[63] Auch in der Karin-Erzählung ist von einer Arbeit bei einem Telefondienst zu lesen, dort als vergeblicher Versuch als anonyme Verkäuferin fragwürdiger Produkte den Lebensunterhalt zu ‚verdienen'.

ten Bericht, in dem sich der Erzähler als Beobachter der Ausbildung darstellt, rechtfertigt er dessen Ablehnung mit einer Fremdheitserfahrung, die mit einer klischeehaften Beschreibung der Teilnehmer untermalt wird, die wie ein Gegenentwurf zu dem thematisierten Verständnis seines Selbst wirkt: „Ja und das hab ich mir dann angeguckt und (...) des waren alles so – Leute mit ihren tiefer gelegten Autos, so n bisschen so Nazi-Prols und deswegen bin ich irgendwie da nich so richtig klar gekommen. (...) Mir wollte da keiner was aufs Maul hauen, aber ich hab mich einfach wie n Fremder gefühlt". ‚Lorenz' erklärt in diesem Zusammenhang das Ausweichen aus ihm unangenehmen sozialen Situationen als eine individuelle Verhaltensoption und damit den Abbruch der Ausbildung als stimmig für sein personales Selbstverständnis: „Das is vielleicht auch so n wichtiger Punkt, (...) also wenn das Umfeld mich wirklich irgendwo – belastet, dann hab ich da n bisschen Angst vor. Und renn da irgendwo ooch vor weg".

Quer zu diesen – polarisierend als positive und negative dargestellten – Arbeitserfahrungen, bleibt der Bericht über eine Arbeitsgelegenheit als Bühnentechniker ambivalent: „Und denn hab ich – Veranstaltungen aufgebaut für n MDR, Bühnen und Sound gemacht und bisschen Praktika in nem Tonstudio". ‚Lorenz' berichtet, dass er an dieser Arbeit Freude hatte und bringt dies in Verbindung mit dem sozialen Kontext: „Na diese Veranstaltungen aufzubauen hat auch Spaß gemacht. Das lag (...) am Umfeld, dass ich den, mit dem ich das gemacht hab, dass ich den schon kannte". Die Vermutung der Fragenden, dass diese Arbeit im Zusammenhang mit dem musikalischen Interesse des Erzählers stehen könnte, wird dagegen verneint. Eben dieses wird vielmehr als Grund dafür angegeben, dass diese Tätigkeit keine längerfristige Erwerbsmöglichkeit für ‚Lorenz' darstellte: „da hab ich dann immer gemerkt, dass man sich das – wirklich sehr kaputt macht damit, dass man irgendwann dann gar keine Musik mehr hören kann. (...) In der Musik hört man dann einfach nur noch – was da zu laut is und da zu leise. (...) Irgendwas verändert sich da". In dieser Textpassage thematisiert der Erzähler eine deutliche Präferenz für ein musikalisches Schaffen: „Ich weiß auch, also wenn ich jetzt acht Stunden am Tag arbeiten würde, dass ich danach – eigentlich im Kopf so nicht mehr – wirklich fähig wär, wirklich zu üben".

Mit dieser Überlegung scheint ‚Lorenz' das Thema reguläre Erwerbsarbeit abzuschließen: „Und – des war's schon fast – glaube ich. ((lacht kurz)) Also jedenfalls grad fällt mir nichts mehr ein. Also ich hab nie wirklich länger als n halbes Jahr insgesamt gearbeitet. So richtig genau weiß ich das nich mehr, weil das schon lange her is". Als einzige mögliche Konsequenz der beschriebenen

Verweigerung eines Arbeitsangebotes thematisiert der Erzähler eine Arbeitsunfähigkeitsfeststellung und charakterisiert diese als formale, von denen das erzählte Ich unberührt scheint: „Kann sein, dass ich dann irgendwo – in meiner Akte irgendwie stehen hab, dass ich nicht mehr erwerbsfähig bin, dass ich depressiv bin oder – Na ja, was würde sich da verändern? – Na ja nichts ((lacht kurz))". In diesem Zusammenhang wird die Nichtaufnahme einer möglichen, aber nicht angestrebten Erwerbsarbeit einerseits als unkomplizierte Lösung dargestellt und andererseits wird auf andere Handlungsmöglichkeiten als individuell unerwünschte verwiesen: „Ich denk mal, dass ich es mir manchmal auch sehr einfach gemacht hab, dass ich gesagt hab, nee, ich will das nich, wo andere Leute sagen: ‚Ich zieh das jetzt durch und – stell in der Zeit mein Kopf aus und – krieg das Drumherum nich mit'".

An die Stelle einer möglichen Sinnstiftung durch berufliche Ausbildung und Erwerbsarbeit tritt in der Lorenz-Erzählung die Musik. Mit der Definition des erzählten Ich als Musiker wird in der Lebensgeschichte zunächst Kontinuität und Kompetenz bei der Ausübung einer Freizeitbeschäftigung thematisiert: „Ich mach seit – zehn Jahren Musik, spiel Schlagzeug. (...) Und – ja und ich spiel halt nach Noten und ohne Noten (...) mach auch n bisschen (...) so elektronische – Musik". Im Sinne des erläuterten Arbeitsverständnisses als Schaffen kann die anschließende Beschreibung der schöpferischen Tätigkeit des Musikers ‚Lorenz' als eine Darstellung von Arbeit aufgefasst werden: „Ich mach mit nem Gitarristen seit sechs Jahren Musik und wir machen so eigene Musik". Auch Aspekte der symbolischen, materiellen und sozialen Funktion, die Arbeit zugeschrieben werden (vgl. z.B. Galuske 1993: 36ff., Stuckstätte 2001: 21), finden sich in der Lorenz-Geschichte. Als Thematisierungen der symbolischen Funktion von Arbeit können Textpassagen gelesen werden, in denen so etwas wie Identitätsentwicklung und Selbstwert des Musikers angesprochen werden: „Also Musik (...) des is Technik und Gefühl. Das eine funktioniert ohne das andere nich. (...) Ich glaub, das braucht einige hunderte Male der Wiederholung, dass es so verinnerlicht is, dass man nich mehr nachdenken muss. Und dann, dann steht man da irgendwo drüber und – und dann denk ich, kann man da auch Gefühl reinlegen". ‚Lorenz' berichtet von verschiedenen Initiativen, die dem Technikerwerb dienen: „Und denn hab ich jetzt grad noch so n Jazz-Projekt. (...) Also ich mag eigentlich dieses Jazz-Standard-Zeug nich so, aber irgendwie kommt man da nich drum rum und des bringt auch was. – Is schon gut, zu können". In einer dieser Darstellungen werden Natur und Licht als Inspirationsquellen sowie der Glaube an das eigene Schaffen hervorgehoben: „Wir haben jetzt öfters draußen gespielt, in irgend nem Garten und des is einfach – da is Licht und da – des wirkt alles auf einen und ich glaub, das macht auch irgendwie kreativ". An anderer Stelle werden musikalische Einflüsse und deren ungewöhnliche künstlerische Umsetzung erläutert: „Das is – ne Mischung aus Jazz, Rock, Funk – so. Wir versuchen eigentlich alles als Element zu sehen und – einzubauen. (...) Das sind viele schräge Rhythmen – und – für n Zuschauer vielleicht nich so eingängig". Lediglich mangelnde Öffentlichkeit wird als eine Einschränkung des Musiker-Daseins angesprochen: „Ja und – das einzige, was noch fehlt is halt dieses, mehr unter Leuten – zu spielen. (...) Also wir haben jetzt nächsten Monat n Auftritt und der letzte war – vor zwei Monaten und das is nich viel, nich?" Der Wunsch nach mehr Auftrittsmöglichkeiten wird zunächst mit der Möglichkeit begründet, durch Routine die Differenz zwischen Darstellbarkeit und Leistungsvermögen zu verkleinern: „Na des is aber wichtig für – Leute, die Musik machen, dass se was präsentieren, sonst – bleibt's halt dieses, sich irgendwo im Keller zu verstecken. (...) Darum glaube ich, spielen die meisten halt unter ihrem Level eigentlich so. (...) und das [mehr unter Leuten spielen] gibt dann irgendwann so ne Lockerheit, glaub ich, dass man – nich mehr so – verkrampft is. Ja, dass man diesen Druck vielleicht nich mehr so doll empfindet. (...) Das is wie irgendnen Fußballer der weiß, dass jetzt grad ne halbe Millionen Menschen auf ihn gucken. Der steht unter so nem tierischem Druck die ganze Zeit". In diesem Kontext kommt die materielle Komponente von Arbeit zur Sprache: „Und – das is auch das Einzige finde ich, was es rechtfertigt, dass die Leute so viel Geld verdienen". Man könnte sagen, dass der Erzähler den Fußballer, der zu Recht viel Geld verdient, als Gegenfigur zum Musiker zeichnet, dem zu Unrecht die materielle Anerkennung seiner Arbeit verwehrt wird: „Also wenn ne Band hier irgendwo spielt und man will halt n bisschen Geld damit verdienen, sagt der Laden einfach: ‚Na ja, wir nehmen einfach irgend ne Band, die für n Apel und n Ei spielt'".

In diesem Kontext findet sich eine explizite Beschreibung von Musik als nicht gewürdigte Arbeit: „Und Musik is halt (...) ne Arbeit, wo man echt viel Zeit investiert und die einfach nich anerkannt wird". Die hier angesprochenen Schwierigkeiten fasst Morisse nach einer Befragung von ‚freiberuflich Kulturschaffenden' wie folgt zusammen: „Die meisten Kulturschaffenden müssen für ihre künstlerischen Aktivitäten hohe finanzielle Risiken und ein Leben in unsicheren Verhältnissen in Kauf nehmen. (...) Durchschnittlich verdient der typische freie Kunstschaffende 10.814 Euro im Jahr, der Berufsanfänger 7751 Euro. Die Lebenswirklichkeit hinter diesen Zahlen bleibt zumeist ausgeblendet. Dabei besteht darin die eigentliche lebenstaktische Kunst hinter der Kunst: die eigenen

Produktions- und Existenzbedingungen wirtschaftlich so auszubalancieren und über Brotjobs und Nebeneinkünfte so quer zu subventionieren, dass daraus eine selbsttragende und nachhaltige Angelegenheit wird" (Morisse 2008: 158). ‚Lorenz' scheint dieser ‚lebenstaktischen Kunst' auf der Spur, indem er für sich eine andere Möglichkeit gefunden hat, als Musiker Geld zu verdienen: „Ich geb immer nebenbei n bisschen Unterricht. Das is so schwarz, unter der Hand n bisschen was dazu verdienen". In einem Kommentar zu dieser Lehrtätigkeit wird jedoch nicht deren Illegalität, sondern deren soziale Komponente reflektiert: „Da merkt man, dass man andern Menschen irgendwie ne Freude macht. (...) Und man macht den Menschen dann auch klar, wie – was se da eigentlich grad gemacht haben, dass se was können, was se noch nie gemacht haben. (...) Das macht sehr viel Spaß". Solche sozialen Aspekte des Musikerlebens finden sich auch in einer Textpassage in der Kollegialität im Sinne einer wechselseitigen Ergänzung im gemeinsamen Schaffen als Basis eines gelungenen musikalischen Arbeitsergebnisses beschrieben wird: „Mein Mitmusiker (...) is mir halt sehr, sehr wichtig (...). Wir haben so n Austausch. Wir basteln zusammen was und mögen halt beide das, was der andre macht. Und das, was bei rauskommt, is halt auch nich schlecht".

Vergeblich wird man in der Lorenz-Erzählung nach Darstellungen von Arbeit als normatives System suchen, als welches Henecka Erwerbsarbeit charakterisiert, nämlich als eines, das die Lebenszeit und den individuellen Lebensalltag vorstrukturiert (vgl. Henecka 1990: 72). Eine fehlende klare Struktur von Lebenszeit wird in der Geschichte gerade als Gegenbild zur Normierung durch Erwerbsarbeit beschrieben, aber nicht als Problem der Lebensgestaltung, vielmehr als eines begrenzter Erzählbarkeit reflektiert: „Bei mir sind da so die Lükken dazwischen, die das dann irgendwie etwas – konfus machen. Weil die meisten machen ja auch Schule fertig und gehen dann gleich in ne Ausbildung oder Studium, je nachdem. Und das is alles sehr lückenlos und dadurch lässt sich das dann irgendwie nachvollziehen. Und außerdem kriegt man das ja auch alles bescheinigt, also kann man das in seinen Unterlagen nachlesen. Und wenn man diese Lücken hat, dann fällt's mir schwer. (...) Mir würde das jetzt schon schwer fallen, das aufs Jahr zu beziehen". Als besondere Anforderung der Lebensgestaltung wird dagegen der nicht durch Erwerbsarbeit vorstrukturierte individuelle Lebensalltag vorgestellt: „Ich müsste ja gar nichts machen. Ich könnte ja auch den ganzen Tag Fernsehen gucken oder so. (...) Und in dem Moment muss ich mich ja irgendwie auch selbst disziplinieren". Dass ‚Lorenz' diesen Selbstanspruch im Wesentlichen umzusetzen scheint, lässt sich implizit aus einer einschränkenden Erläuterung schließen: „Aber es gibt immer so ne Zeit, wo ich das dann merke, wie – wie ich übe. (...) Und es kommt dann oft auch vor (...). dass ich einfach nur spiele. Und das is dann auch schon wieder ne Art – wo dann die Selbstdisziplin fehlt". Die Thematisierungen der musikalischen Aktivitäten und die darauf bezogenen Kommentare lassen den Eindruck entstehen, dass ‚Lorenz' eine individuell sinnvolle Alternative zu einer allgemein gesellschaftlich respektierten Erwerbsarbeit lebt. Die Ausgrenzung aus dem Arbeitsmarkt wird als selbstbestimmte Entscheidung, nicht als Arbeitslosigkeit präsentiert.

Nach Kronauer gelten die Ausgrenzung aus dem Arbeitsmarkt und die Auflösung sozialer Bindungen als zwei Achsen des Exklusionsproblems. Im Anschluss daran könnte man Teilhabe an Arbeit und soziale Bindungen als Drehpunkte für Inklusion betrachten. Inwiefern musikalisches Schaffen in seiner hier besprochenen Form als Arbeit verstanden werden kann – und damit ‚Lorenz' als Teilhabender – wurde ausgeführt. Im Folgenden sollen die in der Lorenz-Erzählung dargestellten sozialen Beziehungen untersucht werden, um nach deren Inklusions- und Exklusionspotential fragen zu können.

Neben der schon thematisierten Bindung zu seinem ‚Mitmusiker' erzählt ‚Lorenz' von verschiedensten sozialen Beziehungen an denen er teilhat. Die Familiensituation wird als eine anregende dargestellt, in der Ungewohntes keine abwertende Einschätzung erfährt, vielmehr individuelle Entscheidungen respektiert und unterstützt werden. In der Geschichte heißt es: „Ich hatte, glaube ich, n sehr gutes Elternhaus". Der Erzähler scheint zunächst mit einer gemeinsamen charakteristischen Beschreibung der Eltern einzusetzen, die aber abgebrochen wird zugunsten einer getrennten Vorstellung, zunächst der Ausbildungssituation der Mutter und ihres familiären Kontextes: „Meine Eltern sind beide / Meine Mutter hat Kunst studiert (...). Des war damals noch zu Ostzeiten. Mein Opa, der hat seinem Bruder irgendwie zur Flucht verholfen und is dann für zehn Jahre ins Zuchthaus gegangen (...) Meine Großeltern sind dann in Westen gegangen und meine Mutter is erst mitgegangen, hat dort noch weiter studiert und is dann wieder zurück nach Ostdeutschland, in den Staat, der ihren Vater zehn Jahre eingesperrt hat". Dieser nüchtern wirkende Bericht enthält keine Wertung oder Kommentierung der Fluchthilfe, des Gefängnisaufenthaltes und die Ausbürgerung aus der DDR. Nur die Kenntnis ähnlicher Lebensgeschichten ermöglicht es der Leserin die Dramatik zu erahnen, welche die angesprochenen Situationen sowohl für den Großvater als auch die Familie bedeutet haben mögen. Lediglich der Kommentar zur Rückkehr der Mutter deutet Unverständnis an, aber auch hier findet sich keine Bewertung. Ebenso sachlich wird die Ausbildung des Vaters benannt: „während mein Vater in derselben Zeit in Moskau Kybernetik studiert hat, an irgend ner Hochschule“, ohne Erklärung und nur mit einem zeitlichen Verweis auf einen möglichen Zusammenhang mit der Rückkehr der Mutter in die DDR. Mit dieser Darstellung und den wenigen Anmerkungen könnte eine eigene – für DDR-Verhältnisse scheinbar unmögliche – Geschichte verbunden werden, die als Rahmen für die Darstellung der Besonderheit des Erzählers zu nutzen wäre. Fluchthelfer und ihre Angehörigen, wie die Mutter, galten auch als Ausgebürgerte als Staatsfeinde. Eine Rückkehr aus der BRD in die DDR noch dazu als Künstlerin galt als Politikum. Als DDR-Bürger im Ausland zu studieren, wie der Vater, erforderte außer hervorragenden fachlichen Leistungen auch besondere ‚Staatstreue'. Beides musste in entsprechenden Vorbereitungszeiten unter Beweis gestellt werden. In der Lorenz-Erzählung bleibt das alles eine kleine Episode. Stattdessen wird die Eigenart der Familienbeziehung mit einer konkreten Szene der Stärkung des Kindes ‚Lorenz' durch die Mutter als kindliche Erinnerung thematisiert: „Aus der Kindheit weiß ich, dass ich mit – vier Jahren aus dem Kindergarten ausgebrochen bin. Wir haben mit Bausteinen gespielt und – auf jeden Fall sollte ich und mein Kumpel da alles aufräumen, obwohl wir das gar nich waren. Und das hat uns halt nich gepasst (…) und denn sind wir halt raus. Und sind dann (…) mit nem Roller gefahren, bis uns die Polizei dann eingesammelt hat. (…) Und denn war da auch eine Erzieherin, (…) sie war immer sehr grob, sie hat mich immer am Ohr gezogen. Und das hab ich dann meiner Mutter erzählt und sie is mitgekommen und hat ihr dann die Leviten gelesen“. In anderen Textpassagen werden Intentionen der Eltern reflektiert: „als ich so – zehn Jahre war, da müsste so die Wende gewesen sein, (…) sind wir echt viel gereist. Also sie wollten uns viel zeigen“. Einer dieser Kommentare verweist direkt auf die erzählzeitliche Lebenssituation des Erzählers: „Klar wollten die [Eltern] schon, dass ich irgendwas mache (…) mir ne Ausbildung suche oder n Studium. Aber sie haben mich jetzt nich irgendwie unter Druck gesetzt oder so. (…) Die haben mir eben mit auf den Weg gegeben, dass ich mir halt meine eigenen Bilder vom Leben machen muss und – mein eigenen Weg gehen muss. Ich denke irgendwo aber stehen sie auch dahinter“. Mit dieser Einschätzung wird zwar eine abweichende Intention der Eltern bezüglich Erwerbsarbeit thematisiert, betont werden jedoch eine Ermutigung zu Individualität und deren anhaltende Unterstützung. Eine Beschreibung der Bemühungen des Vaters, den Sohn zu einer Ausbildung zu bewegen und eine Einschätzung der Beziehung des Vaters zu seiner Arbeit bestärken die Leserin, dass man das elterliche Verhalten als Akzeptanz entgegen eigener Erfahrungen auffassen kann: „Mein Vater hat mir auch öfters so was hingelegt und hat mir so – alle Berufe aufgelistet. (…) Mein Vater, der liebt seine – Arbeit. Der hat schon sehr verschiedene Arbeiten gemacht und – der steht dann da ooch voll dahinter. Das merk ich irgendwie, der is da dann voll drinne, aber das is dann auch irgendwie sein Leben".

‚Lorenz' zeichnet das Bild einer aktiven Kinderzeit mit einem engen aber nicht unproblematischen Geschwisterverhältnis, das sich bis in die Gegenwart der Erzählung fortsetzt: „Ich hab als Kind halt sehr viel Sport gemacht (…) Leichtathletik, Geräteturnen, Mehrkampf (…) und hab Judo gemacht. Ich hab das damals alles mit meinem Bruder zusammen gemacht, also diese Sportarten. (…) Ich war auch viel mit meinem Bruder einfach unterwegs. Dem ging das dann immer auf die Nerven, dass sein kleiner Bruder immer dabei war. (…) Wir haben uns dann oft gekloppt ((lacht kurz))". Auf die Frage, was ihn mit seinem Bruder verbindet, rückt wieder das musikalische Schaffen in den Mittelpunkt der Erzählung: „Also zurzeit is es die Musik. (...) Also mein Bruder spielt Bass (…). Und wenn wir Auftritt haben, dann kommt er her und dann proben wir ne Woche und – ne zeitlang haben wir auch jeden Tag geprobt und da kommt auch immer Neues raus, immer viel raus". ‚Lorenz' berichtet nicht nur von Gemeinsamkeiten, sondern kommentiert auch Differenzen zwischen den Brüdern: „Also er – er ist echt schon mehr in – so in dieses System integriert. Er versucht irgendwie da, wo ich Lücken hab, keine zu haben. Und er schafft das auch ganz gut. Er kann sich gut verkaufen. Ich glaub, da unterscheiden wir uns. Vielleicht ist das auch so n Ehrgeiz von ihm, vielleicht fehlt mir das".

Die Offenheit und Nähe mit Respekt vor Unterschieden, die in den Beziehungen der Familienmitglieder beschrieben werden, finden sich in einer initiierten Darstellung des sozialen Selbst des Erzählers wieder: „Ich würd mich – schon irgendwie als offen bezeichnen und – als – ich hoffe doch als gemocht ((lacht))". ‚Lorenz' erläutert, was einen Menschen für ihn bedeutsam macht: „Das is irgendwie so ne Ehrlichkeit, so ne – Ehrlichkeit zu sich selber, wo man merkt, dass die Leute, sie selber sind, wie auch immer sie sind. (…) So n gemeinsames Interesse muss eigentlich auch nich da sein, also (…) dass sie n Thema haben. – Ich kann da jetzt keen Typ so festmachen, ‚So sieht er aus'. ((lacht kurz)). Und die müssen mir auch nich ähnlich sein". Man könnte sagen, dass mit dem Verweis auf Authentizität und dem Abweis von Ähnlichkeit eine nicht definierte individuelle Eigenart der Personen als bedeutsamstes Kriterium der sozialen Beziehungen des Erzählers thematisiert wird. Die benannten Merkmale finden sich auch in der Reflexion von ‚Lorenz' über die Beziehung zu einer Frau bzw. seiner Freundin wieder: „Ne Beziehung jetzt zu ner Frau? ... Na das erste, des is einfach mein Gefühl, also dass der Mensch irgendwie was Besonderes für mich is. Und denn möchte ich auch, dass der Mensch irgendwie ehrlich is und das is eigentlich schon das Wichtigste. Und – dann – möchte ich auf jeden Fall mit dem Menschen – auch so mein Sexualleben ausleben. (…) Sonst is es halt ne Freundschaft. (…) Kommunikation is auch sehr wichtig (…). Man muss nich immer einer Meinung sein, das muss nich immer alles – Frieden und Blümchen sein, sondern man muss halt irgendwie es schaffen, wenn's halt Probleme gibt, das irgendwie sachlich, gemeinsam so – zu regeln, dass man halt irgendwie auf nen Nenner kommt. (…) Und ich hab grad ne Beziehung, wo das alles so klappt". Zusammenfassend könnte man interpretieren, dass die beschriebenen sozialen Nahbeziehungen ein starkes Inklusionspotential darstellen, weil sie ‚Lorenz' ein soziales Netz bieten, in dessen Zentrum der Respekt der Individualität steht und in dem Teilhabe an oder Ausgrenzung aus Erwerbsarbeit kein bedeutsames Thema zu sein scheint.

Soziale Beziehungen, die im Zusammenhang mit Arbeit thematisiert werden, sollen im Folgenden befragt werden. In diesem Zusammenhang findet sich in der Erzählung eine Einschränkung der thematisierten sozialen Offenheit des Erzählers: „Vielleicht such ich mir auch die Menschen aus (…). Also ich will nich mit jedem klar kommen. Auch wenn ich weiß, dass ich das könnte, wenn ich's wollte, aber ich will's nich. Also es gibt dann schon (…) bestimmte Leute (…) die ich dann nich an mich ranlasse". ‚Lorenz' erläutert, dass er sich weigert, mit Menschen zusammenzuarbeiten, die er als ‚Primaten' bezeichnet. Unterstellt man hier eine Wortverwandtschaft zu primitiv, könnte man Menschen, mit denen der Erzähler nichts zu tun haben möchte und von denen er sich abgrenzt vielleicht als einfach und naiv aber auch als grob und roh charakterisieren: „Ich hatte nie das – Ding, dass ich mit solchen (...) Primaten da zusammengearbeitet habe ((lacht)) – dass ich da meine Zeit verbringen muss und dass man (…) echt dann nur nach Hause gehen will. (…) Darum hatte ich auch immer irgendwie Angst auf so ne Berufsschule hier im Osten zu gehen. So war das bei dieser Umschulung, (…) Ich kam mir vor wie so n Schwarzer zwischen den ganzen Weißen. Ich glaub, das war wirklich so. – Da waren echt seltsame Leute in der Klasse".

Während die Abgrenzung zu ‚bestimmten Leuten' zugleich als Argument für die Verweigerung der angebotenen beruflichen Qualifizierungsmaßnahme aufgerufen wird, werden andere soziale Beziehungen als Teil sonstiger Arbeitserfahrungen dargestellt: „Ich hatte vielleicht auch immer das Glück, ich hab mit – echt netten Menschen da zusammengearbeitet. (…) Des waren ooch meistens irgendwelche Studenten (…) des war anders (…). Und – das hat dann auch Spaß gemacht. Des war irgendwie, des war echt was anderes". ‚Lorenz' erklärt einerseits die Rolle, die soziale Beziehungen in Arbeitsprozessen für ihn spielen. Andererseits berichtet er von einer Art sozialem Netzwerk, dass ihm Zugang zu Arbeitsgelegenheiten jenseits des offiziellen Arbeitsmarktes ermöglicht: „Irgendwie – des is auch mit – m Job so, dass ich immer eigentlich über soziale Kontakte irgendwelche Jobs bekomme. (...) diesen üblichen Weg von Bewerbungsschreiben, das kenn ich eigentlich gar nich".

Die bezahlten Arbeitsgelegenheiten werden im Wesentlichen als „so etwas wie ein Gelegenheitshandel mit Arbeitsleistungen" (Offe/ Heinze 1990: 102) beschrieben, die aufgrund ‚ihres Umfangs unterhalb der steuerlichen Erfassbarkeit, kein Beschäftigungsverhältnis begründen' (vgl. ebd.). Dazu gehören zum einen bezahlte Gelegenheitsarbeiten auf Baustellen: „unter der Hand n bisschen was dazu verdienen. (...) Das war dann schon meistens auf m Bau (...), dass ich da eigentlich nur so die nicht-fachmännischen Arbeiten gemacht habe und (...) dass das auch nich jeden Tag war". Zum anderen lässt sich so auch der Privatunterricht als Musiker verstehen: „Das is so schwarz. Das sind eigentlich immer Leute aus meinem Bekanntenkreis gewesen, die mich dann persönlich darauf angesprochen haben". Als eine illegale Beschäftigung bzw. Schwarzarbeit im eigentlichen Sinne, gilt eine Tätigkeit, die „überwiegend und nicht nur gelegentlich und teilzeitig erbracht" wird (ebd.). Auch solche Arbeitserfahrungen werden beschrieben: „Das letzte Mal war mit nem Architekten zusammen, (...) der sein eigenes Haus gebaut hat. (...) war das so, dass wir dann nur die Rechnungen so verteilt haben auf verschiedene Monate, (...) dass wir dann – halt nich über ne bestimmte Grenze hinaus gekommen sind, obwohl ich eigentlich schon viel mehr verdient hab". Hervorgehoben wird in der Erzählung über diese Arbeit wieder das soziale Wohlbefinden: „Er hat selber mitgearbeitet und – das war n sehr nettes Umfeld, wo dann auch seine Familie mit seinen vier Kindern dann irgendwie immer Nachmittag ankam und da Kuchen mitgebracht hat. (...) Ach ich weiß nich, des war einfach, das war einfach schön. Das hat Spaß gemacht. – Ich hatte auch immer echt, echtes Glück so, wenn ich gearbeitet hab".

Darüber hinaus werden in der Erzählung soziale Netzwerke als Alternative zu Geldleistungen thematisiert, die ‚Lorenz' ein Leben ohne Mangel ermöglichen: „Ich leb eigentlich dekadent (...). Also ich geh gerne mit meiner Freundin gut essen und – sehr oft in die Kneipe. (...) Das kann ich mir eigentlich gar nich leisten ((lacht)). (...) Na dann kommt es natürlich vor, dass ich mal – vielleicht n halben Monat gar kein Geld hab und mich irgendwie bei Freunden zum Essen einlade und – irgendwann revanchier ich mich dafür. Aber das muss halt auch wirklich dann auch wieder der Ausgleich da sein. Ich lad dann auch gerne mal Leute ein“. In dem Zusammenhang wird der Bedarf an finanziellen Mitteln grundsätzlich in Frage gestellt und der Wert von Alternativen als Kontext für soziale Kontakte veranschaulicht: „Zum Beispiel kann man auch – anders verreisen. Man kann auch den Finger rausstrecken und da kommt man auch gut rum. Trifft meistens noch sehr nette Leute. N andres Beispiel fällt mir jetzt grad so auf Anhieb – nich ein. Wo braucht man eigentlich Geld für?“ Auch in diesem Kontext werden Arbeitstätigkeiten angesprochen, die zwar nicht bar entgolten werden, aber den Zugang zu kulturellen Veranstaltungen ermöglichen: „Freunde von mir, die haben so nen Club – wo ich auch öfters auch einfach so irgendwie bei der Deko da helfe oder n bisschen beim Umbauen. (...) Und dadurch (...) brauch ich da irgendwie nich wirklich Geld mitzunehmen. Da zahl ich kein Eintritt“.

Fragt man nun nach dem Inklusions- und Exklusionspotential der sozialen Beziehungen in der Erzählung lässt sich erklären, dass die Anerkennung über Erwerbsarbeit für ‚Lorenz' keine besondere Bedeutung zu haben scheint. Man könnte vermuten, dass die vorhandenen sozialen Bindungen die Inklusion des Erzählers garantieren und ihm damit auch ermöglichen, sein musikalisches Schaffen trotz fehlender Einnahmen und begrenzter Öffentlichkeit als Arbeit zu verstehen. Nach Offe und Heinze stellt sich hier eine besondere soziale Teilhabe dar, in der nicht Erwerbsarbeit sondern ‚kulturelles Kapital' das Zentrum bildet: „Nur in manchen, keinesfalls in allen sozialen Schichten, Subkulturen, Stadtvierteln, Verwandtschaftsnetzen, Alters- und Berufsgruppen gelingt es, informelle Versorgungssysteme ins Leben zu rufen und über längere Zeit funktionsfähig zu halten, weil das ‚kulturelle Kapital', das für das Zustandekommen (und auch für die individuelle Nutzung) von solchen Netzwerken erforderlich ist, höchst ungleich verteilt ist“ (ebd. 107).

Teilhabe über soziale Netzwerke ohne anerkannte Erwerbsarbeit bedeutet dennoch nicht, dass in der Lorenz-Erzählung letztere nur in den thematisierten Verweigerungen zur Sprache kommt. Drei weitere Themen lassen sich (re)konstruieren: die formale Zuordnung als Arbeitssuchender, Reflexionen zu Möglichkeiten von Erwerbsarbeit und individuelle Perspektiven für Erwerbstätigkeit. Diesen drei Aspekten soll abschließend Raum gegeben werden. Die Registrierung als Arbeitssuchender begründet ‚Lorenz' mit grundlegenden Lebensbedürfnissen. Insofern scheint der Erzähler nicht ganz so unabhängig von finanziellen Mitteln, wie oben behauptet: „Ja und ich leb halt zurzeit vom Staat. Also irgendwie muss ich ja auch wohnen und – meine Miete zahlen und Essen kaufen“. Dass die grundsätzliche Möglichkeit einer Absicherung der alltäglichen

Bedarfe besteht, reflektiert der Erzähler als Besonderheit des gesellschaftlichen Kontextes: „Also so gesehen geht's uns ja allen sehr gut hier. Wobei (…) die Gesellschaftsform hier, in der wir leben, (…) eine der sozialsten is, denke ich". Sein eigenes Verhältnis zum Bezug von Arbeitslosengeld ohne Bemühungen um Erwerbsarbeit lässt ‚Lorenz' offen: „Das kann ich nich so genau sagen. Also für mich – ich würd jetzt sagen, das is okay. Aber – irgendwo wird man ja immer damit konfrontiert, dass es einen ja belasten sollte ((‚Lorenz' lacht kurz)). Ich weiß nich, ob das so – wirklich einfach zu beantworten is, weil – ich glaube, dass viele Sachen unterbewusst trotzdem da sind, die man – vielleicht nich so einordnen kann. Na. ... Also man muss sich ja für nichts rechtfertigen, glaube ich, aber – man hat das Gefühl, es zu müssen". Auf die Frage: „Wenn Sie aufgefordert werden würden, sich zu rechtfertigen für Ihre Art zu leben, was würden Sie da sagen?" fragt der Erzähler zunächst zurück, versucht dann eine individuell bedeutsame Erklärung und verwirft diese mit Blick auf den sozialen Kontext: „Also ich muss mich jetzt rechtfertigen für mein – Leben? – Na, dass vielleicht irgendwie – es so nich vieles gab, was mich jetzt wirklich interessiert hat und ich mir darum irgendwie n andern Weg gesucht hab und ich das nur mache, was mir auch wirklich Spaß macht, was vielleicht auch viele sich nich aussuchen können. – Und damit auch auf jeden Fall irgendwelchen Steuerzahlern auf der Tasche liege, wenn man so will. – Das fällt mir jetzt gar nich so leicht ((lacht))". Im Verlauf dieser Textpassage wird ein Gedanke an eingeschränkte Zuwendungen thematisiert: „Ich glaub auch, dass es so Leuten wie mir nich mehr einfach gemacht wird, dass man irgendwann vielleicht keine Bezüge mehr kriegt". Damit verbunden werden zwiespältige Bewertungen. Zum einen werden in Form eines allgemeinen Falls Befürchtungen des Erzählers geäußert, das eigene Schaffen nicht ausreichend vermarkten zu können: „Und dass Leute, die halt sich – nich verkaufen können, die halt nich – irgendwie ihr Geld irgendwo anders herkriegen, dass die auch vom Staat immer weniger kriegen werden. – Das macht mir auch schon n bisschen Angst". Zum anderen scheint sich ‚Lorenz' Reserven möglichen Gelderwerbs zuzuschreiben: „Ich muss mich dann halt selber drehen und – ich denk, dass is auch in Ordnung so. (…) Also ich denk schon, dass auch die Leute, die n andern Weg gehen, dass die auch irgendwie Geld mit verdienen können".

Die Reflexionen zu Möglichkeiten des selbstständigen Gelderwerbs werden zunächst gegen Erwerbsarbeit abgegrenzt und in diesem Zusammenhang wird das bereits vorgestellte Verständnis von Arbeit noch einmal aufgerufen: „Also es gibt schon viele Möglichkeiten, auch anders Geld zu verdienen. – Das würd ich jetzt nich als Arbeit bezeichnen, also insofern muss Arbeit auch nich unbedingt heißen, dass man Geld verdient". In der nachfolgenden Textpassage werden drei unterschiedliche Strategien dargestellt, wie das eigene künstlerische Schaffen den Charakter von Erwerbsarbeit erhalten könnte, wobei ‚Lorenz' die erste Möglichkeit für sich an anderer Stelle verworfen hatte: „Man kann ja auch Kunst studieren. Man kann ja auch gefördert werden (…) und lernen sich zu vermarkten". Für sich selbst entwirft der Erzähler zwei verschiedene Perspektiven mit jeweils zwei Erwerbsmöglichkeiten, zwei bei denen Gelderwerb unabhängig vom künstlerischen Schaffen erfolgen würde, aber Zeit für dieses ließe und zwei in denen die Hoffnung zum Ausdruck kommt, mit der Musik auch den eigenen Lebensunterhalt bestreiten zu können. Zum ersten heißt es: „Ich würd jetzt n Jahr lang irgendwo mich (…) ans Fließband stellen, um irgendwie ne Menge Geld zu verdienen, um irgendwie dann wieder ne Zeit davon leben zu können. Oder anders könnte ich mir vorstellen – ne bestimmte Zeit eines Jahres irgendwie was zu machen, um Geld zu verdienen – wovon ich in der restlichen Zeit leben könnte. (…) zum Beispiel (…) gibt's nen großen Pharmakonzern, (…) die bieten immer so irgendwelche Studien an, wo du dich als Proband zur Verfügung stellst". Für die Möglichkeit, das musikalische Können als Grundlage für den Lebensunterhalt zu nutzen scheint der Erzähler einerseits langfristig zu arbeiten: „Ich nehm halt Unterricht an ner Musikschule seit – sechs Jahren und werd da auch noch n Abschluss machen. Also das is dann irgend so n Schein, dass man – Leute, die eine Klasse unter einem selber sind, unterrichten darf. Aber vielleicht is das ja auch n Weg für mich". Andererseits scheint er sich zu wünschen, dass Kunst als Erwerbsarbeit anerkannt und honoriert wird: „Ich hoffe, dass ich halt irgendwann mit verschiedenen Band-Projekten einfach so – jedes Wochenende irgendwo spielen kann und da – vielleicht für n Abend meine hundert Euro irgendwie verdiene".

Inklusion in bzw. Exklusion aus gesellschaftlicher Arbeitsteilung betreffend lässt sich festhalten, dass die thematisierte bewusste Selbstausgrenzung des Erzählers der Lorenz-Geschichte aus dem ersten Arbeitsmarkt ihn nicht zum ‚Arbeitslosen' macht. Vielmehr ermöglichen ihm seine künstlerischen und praktischen Fähigkeiten sowie seine soziale Einbindung in ein differenziertes soziales Netz Teilhabe und ein erfülltes und auskömmliches Leben. Zum Problem wird diese Art der Lebensgestaltung, weil ihr die Teilhaberechte an sozialen Sicherungssystemen verwehrt werden. Die Kopplung von sozialen Rechten an Erwerbsarbeit nötigt Menschen wie ‚Lorenz', sich als ‚Arbeitssuchende' an einen Arbeitsmarkt zu binden, der ansonsten ohne Bedeutung für sie ist und sich damit staatlichen Kontrollen und Rechtfertigungszwängen zu unterwerfen.

In den vorgestellten Portraits wurden unterschiedlichste Formen der Gestaltung individuellen Lebens und sozialer Beziehungen im Kontext ‚prekärer Ausbildungs- und Arbeitsmarktchancen' thematisiert, in denen je verschiedene Schwierigkeiten und Chancen zur Sprache kamen. Allen gemeinsam scheint jedoch zu sein, dass Lebensführung ohne anerkannte Erwerbsarbeit mit fehlender gesellschaftlicher Anerkennung und unzureichender finanzieller Absicherung in Zusammenhang gebracht wird. Wenn man sich die Frage stellt, ob darin wesentliche Bedingungen dafür zu finden sind, dass Lebensgestaltung ohne anerkannte Erwerbsarbeit so häufig mit sozialer Exklusion gleichgesetzt wird, kann man auf Alternativen stoßen. So entwirft z.B. Gorz das Bild einer Gesellschaft ‚jenseits der Lohngesellschaft': „Es setzt voraus, dass das Bedürfnis, zu handeln und gesellschaftlich anerkannt zu werden, sich von bezahlter und fremdbestimmter ‚Arbeit' unabhängig macht, dass die Arbeit sich aus der Herrschaft des Kapitals befreit und dass die Einzelnen sich von der Beherrschung durch die Arbeit emanzipieren, um sich in der Vielfalt ihrer mannigfaltigen Aktivitäten zu entfalten" (Gorz 2000: 103). Gorz beschreibt einen Bruch mit der Vorstellung einer ‚Arbeitsgesellschaft' zugunsten einer ‚Kulturgesellschaft': „Damit diese sich etablieren und die Multiaktivität sich entwickeln kann, wird es keineswegs genügen, dass ‚die Gesellschaft ihr den rechtlichen und politischen Rahmen schafft' oder dass ‚das Unternehmen den Riegel des Lohnarbeitsverhältnisses sprengt'. Die Gesellschaft muss sich darüber hinaus in dieser Absicht durch eine Reihe spezifischer Politiken organisieren. D.h., sie muß die gesellschaftliche Zeit und den gesellschaftlichen Raum in einer Weise gestalten, dass abwechselnd oder gleichzeitig betriebene Tätigkeiten und entsprechende Zugehörigkeiten jeder und jedem als normal, von allen erwünscht und erwartet erscheinen" (ebd. 109). Einen solchen Entwurf muss man nicht als eine unrealistische Sozialutopie abtun. Man kann ihn auch als eine ernst zu nehmende Überlegung um nachhaltige Entwicklung verstehen. Dafür gibt die Studie ‚Zukunftsfähiges Deutschland' des Bundes für Umwelt und Naturschutz Deutschland des bischöflichen Hilfswerks Misereor ein Beispiel (vgl. BUND/ Misereor 1996)[64]. Bezüglich der Frage nach

[64] Dieser Entwurf gilt als erste wissenschaftlich fundierte Nachhaltigkeitsstrategie Deutschlands.

Alternativen gesellschaftlicher Anerkennung verweist Freise auf die Studie: „Menschen definieren sich nicht mehr vorrangig über Erwerbsarbeit, sondern über die Tätigkeiten, die Sinn stiften und Spaß machen – wozu auch die Erwerbsarbeit wieder zunehmend gehören kann, wenn sie nicht mehr den ganzen Alltag besetzt" (Freise 2000: 198).

Nach Gorz wäre die Voraussetzung dafür, dass ein solcher Entwurf umzusetzen wäre, aufzuzeigen, dass die dafür vorgeschlagenen Politiken[65] in der Gesellschaft ‚im Keim' enthalten sind: „1. allen ein ausreichendes Einkommen zu garantieren; 2. die Umverteilung der Arbeit mit individueller und kollektiver Zeitsouveränität zu verbinden; und 3. die Entfaltung neuer Formen von Gesellschaftlichkeit, neuer Kooperations- und Tauschverfahren zu fördern, die jenseits der Lohnarbeit soziale Bindungen und sozialen Zusammenhalt schaffen" (Gorz 2000: 112f.). Ein bedingungslos garantiertes Grundeinkommen für alle bezeichnet Gorz als ‚erste Voraussetzung für eine Multiaktivitätsgesellschaft' (vgl. ebd.): „Das Konzept ist einfach: Statt Arbeitslosengeld oder Sozialleistungen bekommt jeder Bürger monatlich einen bestimmten Betrag zum Leben. Den Anspruch hat er unabhängig von seiner sozialen Bedarfslage, egal ob Künstlerin mit wenigen Aufträgen, Familienvater oder Markenchefin" (Weiler 2008: 189). Unter dem Namen ‚Solidarisches Bürgergeld' wird für diese Idee in Deutschland inzwischen breit geworben und zwar weniger als Scherungssystem für den Lebensunterhalt der und des Einzelnen, sondern als ‚Weg für die Reform der sozialen Sicherungssysteme'[66] (vgl. Wagner 2008: 1).

Die zweite Forderung von Gorz, die Verbindung der Umverteilung der Arbeit mit Zeitsouveränität setzt nicht nur „selbstgewählte und selbstbestimmte Möglichkeiten von Diskontinuität und Flexibilität" (Gorz 2000: 139) voraus, sondern auch die Gabe, die frei verfügbare Zeit individuell nutzen zu können. Diese scheint ebenso wenig selbstverständlich wie die dritte Forderung, die ‚Ent-

---

[65] „Die institutionellen Entscheidungsträger, die diese Politiken ins Werk setzen können, sind jedoch nicht die Akteure jener anderen Gesellschaft, die heraufkommen muß. Man darf von der Politik nur erwarten, dass sie die Freiräume schafft, in denen sich die alternativen sozialen Praktiken entwickeln können" (Gorz 2000: 111).

[66] „Die sozialen Sicherungssysteme und die Rente sind in Deutschland in eine bedrohliche Schieflage geraten. Durch den demographischen Wandel wird sich diese Situation insbesondere im Bereich der Rente in den nächsten Jahren verschärfen. Die Kosten der komplexen Sozialversicherungs- und Rentensysteme belasten die Lohnnebenkosten und machen Die Arbeit in Deutschland teuer. (…) Es ist an der Zeit, diese Spirale nach unten umzukehren. (…) Das Solidarische Bürgergeld sichert allen Menschen in Deutschland eine Existenzgrundlage in Würde und belohnt zugleich Eigeninitiative und Einsatz bei einem leicht verständlichen und motivierendem Steuersystem" (Wagner 2008: 1).

faltung neuer Formen von Gesellschaftlichkeit'. In diesem Zusammenhang sollen zwei Fragerichtungen aufgegriffen werden, die im Text bereits angesprochen wurden. Zunächst ließe sich nach Unterstützungspotentialen für Menschen mit ‚schlechteren Startchancen' für individuelle Lebensgestaltung und soziale Inklusion fragen. Dafür bietet sich z.B. das pädagogische Konzept der Lebensweltorientierung an, das sich als eines gegen Eingriffsdenken, Bevormundung und Kontrolle versteht. Unterstützung hat hier das Ziel, ‚die Fähigkeit zu einer selbstbewussten und selbstbestimmten Gestaltung der eigenen Lebenswelt zu erweitern' (vgl. Dewe 1998: 23). Die Basis dafür wäre die Frage nach dem, was der und dem Handelnden als sinnvoll erscheint, was sie als ihre und er als ‚seine Welt' erfährt. Das Konzept der Lebensweltorientierung verbindet dabei das Anliegen, Schwierigkeiten und Potenziale sozialer Beziehungen wahrzunehmen, mit der Frage nach möglichen Veränderungen im pädagogischen Prozess (ebd.).

Darüber hinaus wäre nach individuellen Bedeutungen von ‚Inklusion und Exklusion' unter Berücksichtigung verschiedener Formen der Lebensführung zu fragen. Dafür möchte ich einen Auszug der Kritik des Autors der Lorenz-Erzählung zu dem vorliegenden Portrait wiedergeben: „Mir fällt auf, dass jegliche Art von individueller Entfaltung von Sozialwissenschaftlern auf die Du Bezug nimmst, dies doch als etwas sehr pubertär-rebellisches und auch als sehr negativ bis hin zu a-sozial interpretieren". In diesem Sinne lässt sich Oswalds Kritik an einer Engführung der „Produktion von Sinn und sozialem Nutzen" (Oswald 2008: 134) verstehen, die sie in der Gleichsetzung von prekären Ausbildungs- und Arbeitsmarktchancen mit sozialer Exklusion erkennt: „Die statistische Verteilung von Teilhaberechten sagt (...) nichts darüber aus, wie das Soziale in konkreter Interaktion entsteht und welche Arten von Nützlichkeit sich durch die Kombination von spezifischen Ressourcenausstattungen mit bestimmten Teilhabeoptionen ergeben" (ebd. 132). „Soziale Vernetzungen produzieren nie ‚nichts', sondern immer ‚etwas', was sich jedoch erst erschließt, wenn der die Analyse hindernde Mittelschlichtvorbehalt aufgegeben wird" (ebd. 136). Der Versuch der Begegnung mit Verschiedenheiten individueller Lebensführung öffnet dann die Möglichkeit, eine Vielfalt von Teilhabemöglichkeiten und Teilhaberisiken, sowohl gesellschaftlicher Zugehörigkeit als auch sozialer Einbindung zu entdecken.

Literaturverzeichnis

Anheier, Helmut K. (2000): Dritter Sektor und Freiwilligendienste in Deutschland. In: Guggenberger (Hrsg.): 305-324.

Arbeitsagentur (2008): Fachkraft – Sozialarbeit, www.berufenet.arbeitsagentur.de, 09.04.2008.

Arendt, Hannah (2007): Vita activa oder vom tätigen Leben, 6. Auflage. München: Piper.

Baacke, Dieter/ Heitmeyer, Wilhelm (Hrsg.) (1985): Neue Widersprüche. Jugendliche in den achtziger Jahren. Weinheim und München: Juventa-Verlag.

Baacke, Dieter/ Sander, Uwe/ Vollbrecht, Ralf (1994): Spielräume biographischer Selbstkonstruktion. Vier Lebenslinien Jugendlicher. Opladen: Leske und Budrich.

Baethke, Martin/ Ebach, Wolfgang (Hrsg.) (1983): Entdeckungen im Alltäglichen. Frankfurt/M.: Campus-Verlag.

Baethge, Martin/ Baethge-Kinsky, Volker (2004): Der ungleiche Kampf um das lebenslange Lernen. Münster: Waxmann Verlag.

Baethge, Martin/ Hantsche, Birgit/ Pelull, Wolfgang/ Vosskamp, Ulrich (1989): Jugend. Arbeit und Identität. Opladen: Leske und Budrich.

Barthes, R. (2000): Der Tod des Autors. In: Jannidis u.a. (Hrsg.): 185-193.

Baumert, Jürgen/ Klieme, Eckhard/ Neubrand, Michael/ Prenzel, Manfred/ Schiefele, Ulrich/ Schneider, Wolfgang/ Stanat, Petra/ Tillmann, Klaus-Jürgen/ Weiß, Manfred (Hrsg.) Deutsches PISA-Konsortium (2001): PISA 2000. Basiskompetenzen von Schülerinnen und Schülern im internationalen Vergleich. Opladen: Leske und Budrich.

Baumert, Jürgen/ Stanat, Petra/ Demmrich, Anke (2001): PISA 2000: Untersuchungsgegenstand, theoretische Grundlagen und Durchführung der Studie. In: Baumert u.a. (Hrsg.): 15-68.

Beck, Ulrich (1990): Freiheit oder Liebe. Vom Ohne-, Mit- und Gegeneinander der Geschlechter innerhalb und außerhalb der Familie: In: Beck/ Beck-Gernsheim: 20-64.

Beck, Ulrich/ Beck-Gernsheim Elisabeth (1990): Das ganz normale Chaos der Liebe. Fankfurt/M.: Suhrkamp.

Bedarfsgemeinschaft Hartz IV: www.gegen-hartz.de/bedarfsgemeinschaft.php, 10.03.2008.

Biehl, Andrea (2004): Gesetzlicher Kontext der Beruflichen Eingliederungshilfen und Konsequenzen für den IF 2 Saarbrücken. In: Schnell, Irmtraud/ Sander, Alfred (2004): 261-269.

Bieker, Rudolf (Hrsg.) (2005): Teilhabe am Arbeitsleben. Wege der beruflichen Integration von Menschen mit Behinderung. Stuttgart: Kohlhammer-Verlag.

Bieker, Rudolf (2005): Individuelle Funktionen und Potentiale der Arbeitsintegration. In: ders. (Hrsg.): 12-25.

Bleidick, Ulrich/ Ellger-Rüttgardt, Sieglind (Hrsg.) (1982): Berufliche Bildung behinderter Jugendlicher. Stuttgart, Berlin, Köln, Mainz: Kohlhammer-Verlag.

Bleidick, Ulrich (1982): Probleme der beruflichen Vorbereitung in der Sonderschule. In: Bleidick/ Ellger-Rüttgardt (Hrsg.): 91-106.

Böhnisch, Lothar (1993): Männliche Sozialisation. Weinheim und München: Juventa-Verlag.

Böhnke, Petra (2006): Am Rande der Gesellschaft – Risiken sozialer Ausgrenzung. Opladen: Leske und Budrich.

Bohnsack, Ralf (1993): Rekonstruktive Sozialforschung. Einführung in die Methodologie und Praxis qualitativer Forschung. 2. Auflage. Opladen: Leske und Budrich.

du Bois-Reymond, Manuela/ Oechsle, Mechthild (Hrsg.) (1990): Neue Jugendbiographie? Zum Strukturwandel der Jugendphase. Opladen: Leske und Budrich.

Böllert, Karin (2001): Normalarbeitsverhältnis und Arbeitsgesellschaft. In: Otto/ Thiersch, (Hrsg.): 1286-1291.

Borchard, Michael (2007): Das solidarische Bürgergeld. Analysen zu einer Reformidee. Stuttgart: Lucius Verlag.

Bosse, Hans (1994): Der fremde Mann. Frankfurt/M.: Fischer-Taschenbuch-Verlag.

Böttger, Andreas/ Seus, Lydia (2001): Zwischen Überanpassung und Devianz. Verarbeitungsformen von Erwerbslosigkeit bei bildungsbenachteiligten Jugendlichen. In: Mansel u.a. (Hrsg.): 105-116.

Braun, Frank (1996): Lokale Politik gegen Jugendarbeitslosigkeit, Band 1 und 2 München: DJI-Verlag.

Braun, Frank/ Lex, Tilly (2005): Die Rolle der Jugendsozialarbeit im Übergangssystem Schule – Beruf. Deutsches Jugendinstitut e.V. Arbeitspapier 6/2005 aus dem Forschungsschwerpunkt Übergänge in Arbeit.

Braun, Frank/ Lex, Tilly/ Rademacker, Hermann (2001): Jugend in Arbeit. Opladen: Leske und Budrich.

Büchel, Felix/ Diewald, Martin/ Krause, Peter/ Mertens, Antje/ Solga, Heike (Hrsg.) (2000): Zwischen drinnen und draußen. Arbeitsmarktchancen und soziale Ausgrenzungen in Deutschland. Opladen: Leske und Budrich.

Bude, Heinz (2008): Die Ausgeschlossenen. Das Ende vom Traum einer gerechten Gesellschaft. München: Hanser Verlag.

Bude, Heinz (1998): Lebenskonstruktionen als Gegenstand der Biographieforschung. In: Jüttemann/ Thomae (Hrsg.): 247-258.

Bude, Heinz (1985): Der Sozialforscher als Narrationsanimateur. In: Kölner Zeitschrift für Soziologie und Sozialpsychologie 37. 327-336.
Bude, Heinz/ Willisch, Andreas (Hrsg.) (2008): Exklusion. Die Debatte über die „Überflüssigen". Frankfurt/M.: Suhrkamp.
Bundesagentur für Arbeit 2008a: Statistik. Arbeitsmarkt in Zahlen. Bestand an Arbeitslosen. www.pub.arbeitsamt.de/hst/service/statistik, 25.08..2008.
Bundesagentur für Arbeit 2008b: Statistik. Grundsicherung für Arbeitssuchende: Bedarfe, Leistungen und Haushaltsbudget. www.pub.arbeitsamt.de/hst/service/statistik, 01.07.2008.
Bundesagentur für Arbeit 2008c: Statistik. Erwerbstätigkeit von erwerbsfähigen Leistungsbeziehern. www.pub.arbeitsamt.de/hst/service/statistik, 11.07.2008.
Bundesagentur für Arbeit (2004): Berufsvorbereitende Bildungsmaßnahmen (BvB) – Neues Fachkonzept. https://www.Arbeitsagentur.de/vam/?content, 16.06.2004.
Bundesanstalt für Arbeit (2008): BERUFnet. Die Datenbank für Ausbildungs- und Tätigkeitsbeschreibungen. http///www.berufenet.arbeitsamt.de, 27.02.2008.
Bundesministerium für Arbeit und Sozialordnung (Hrsg.) (2001): Berufsbildungswerke. Einrichtungen zur beruflichen Rehabilitation junger Menschen mit Behinderung. Albstadt.
Bundesministerium für Arbeit und Sozialordnung (Hrsg.) (2001): Ratgeber für behinderte Menschen. Berlin.
Bundesministerium für Bildung und Forschung (Hrsg.) (2005): Berufliche Qualifizierung Jugendlicher mit besonderem Förderbedarf. Benachteiligtenförderung. Bonn/ Berlin.
Bundesministerium für Gesundheit und soziale Sicherung (Hrsg.) (2004): Rehabilitation und Teilhabe behinderter Menschen. Bonn.
Bundesministerium für Gesundheit und soziale Sicherung (Hrsg.) (2003): Die Lage der Behinderten und die Entwicklung der Rehabilitation, unveränderter Nachdruck von 1998. Bonn.
Bund-Länder-Kommission für Bildungsplanung und Forschungsförderung (Hrsg.) (2001): Integration benachteiligter Jugendlicher. Integrierte Jugend- und Berufsbildungspolitik, insbesondere zur Förderung der beruflichen und sozialen Integration benachteiligter Jugendlicher. Materialien zur Bildungsplanung und Forschungsförderung, Heft 93. Bonn.
Bund-Länder-Kommission für Bildungsplanung und Forschungsförderung (Hrsg.) (1996): Innovative Maßnahmen zur Verbesserung der Situation von lern- und leistungsschwächeren Jugendlichen in der beruflichen Bildung. Materialien zur Bildungsplanung und Forschungsförderung, Heft 52. Bonn.
Bundeswehr (2008): Bundeswehr-Karriere. http://mil.bundeswehr-karriere.de/portal/a/milkarriere, 25.08.2008.
BUND/ Misereor (Hrsg.) (1996): Zukunftsfähiges Deutschland- Ein Beitrag zu einer global nachhaltigen Entwicklung. Basel: Birkhäuser Verlag.

Butterwege, Christoph/ Klundt, Michael/ Zeng, Matthias (2005): Kinderarmut in Ost- und Westdeutschland. Wiesbaden: VS, Verlag für Sozialwissenschaften.

Bylinski, Ursula (2001): Erwerbsverläufe von Ausbildungsabsolvent(inn)en in der außerbetrieblichen Berufsausbildung (BüE). In: Jugend Beruf Gesellschaft 51. Heft 3. 182-192.

Callies, Oliver (2008): Konturen sozialer Exklusion. In: Bude/ Willisch (Hrsg.): 261-284.

Castel, Robert (2008): Die Fallstricke des Exklusionsbegriffs. In: Bude/ Willisch (Hrsg.): 69-86.

Chromow, Robert: ALG II und Selbstständigkeit – Online lernen bei akademie.de. www.akademie.de/existenzgruendung/arbeitslosigkeit/tipps/aktuelles, 09.07.2008.

Clausen, Lars (Hrsg.) (1996): Gesellschaften im Umbruch. Frankfurt/M.: Campus-Verlag.

Dauser, Dominique (2003): Qualifiziert für einfache Tätigkeiten? Einfache Arbeit im Wandel – Perspektiven für Geringqualifizierte. www.f-bb.de, 28.06.2005.

Derrida, Jacques (1988): Randgänge der Philosophie. Wien: Passagen-Verlag.

Dewe, Bernd (1998): ‚Lebenswelt' – eine Orientierung für Sozialarbeit?. In: Pantucek/ Vyslouzil (Hrsg.): 13-27.

Die glücklichen Arbeitslosen (1997): Manifest. www.dieglücklichenarbeitslosen.de/ dieseite/seite/mitte.htm, 24.03.2008.

Ehret, Beate/ Othold, Fred/ Schumann, Karl F. (2003): Von der Schule in die Ausbildung: Zur Bewältigung der ersten Schwelle. In: Schumann (Hrsg.): 61-88.

Engler, Wolfgang (2005): Bürger, ohne Arbeit. Für eine radikale Neugestaltung der Gesellschaft. Berlin: Aufbau-Verlag.

Farzin, Sina (2006): Inklusion Exklusion. Entwicklungen und Probleme einer systemtheoretischen Unterscheidung. Bielefeld: transkript-Verlag.

Felber, Holm (Hrsg.) (1997): Berufliche Chancen für benachteiligte Jugendliche? Orientierungen und Handlungsstrategien. München: DJI-Verlag.

Ferchhoff, Wilfried (1993): Jugend an der Wende des 20. Jahrhundert. Lebensformen und Lebensstile. Opladen: Leske und Budrich.

Ferchhoff, Wilfried (1985): Zur Pluralisierung und Differenzierung von Lebenszusammenhängen bei Jugendlichen. In: Baacke/ Heitmeyer (Hrsg.): 46-85.

Ferchoff, Wilfried/ Neubauer, Georg (1989): Jugend und Postmoderne. Weinheim und München: Juventa-Verlag.

Flick, Uwe (1998): Qualitative Forschung. Theorie, Methoden, Anwendung in Psychologie und Sozialwissenschaften, 3. Auflage. Reinbek bei Hamburg: Rowohlt-Taschenbuch-Verlag.

Friebel, Harry (Hrsg.) (1985): Berufliche Qualifikation und Persönlichkeitsentwicklung. Alltagserfahrungen Jugendlicher und sozialwissenschaftliche Deutung. Opladen: Westdeutscher Verlag.

Friedemann, Hans-Joachim/ Schroeder, Joachim (2000): Von der Schule ... ins Abseits? Untersuchungen zur beruflichen Eingliederung benachteiligter Jugendlicher. Wege aus der Ausbildungskrise. Langenau-Ulm: Vaas-Verlag.

Galuske, Michael (1993): Das Orientierungsdilemma. Jugendberufshilfe, sozialpädagogische Selbstvergewisserung und modernisierte Arbeitsgesellschaft. Bielefeld: Böllert KT-Verlag: 36-76.
Gaupp, Nora/ Hofmann-Lun, Irene/ Lex, Tilly/ Mittag, Hartmut/ Reißig, Birgit (2004): Schule – und dann? Erste Ergebnisse einer bundesweiten Erhebung von Hauptschülerinnen und Hauptschülern in Abschlussklassen. Halle/ München: DJI-Verlag.
Geiling, Ute (2004): Nachschulische Perspektiven aus der Sicht von Schülerinnen und Schülern und von Lehrerinnen und Lehrern der Schule für Lernbehinderte. In: Schnell/ Sander (Hrsg.): 277-288.
Genette, Gérard (1994): Die Erzählung. München: Fink Verlag.
Gericke, Thomas (2004): Duale Ausbildung für Benachteiligte. Eine Untersuchung zur Kooperation von Jugendsozialarbeit und Betrieben. München: DJI-Verlag.
Gericke, Thomas (2000): Berufsausbildung Benachteiligter – Problemskizze und Bibliographie. DJI Arbeitspapier 3/2000 aus dem Forschungsschwerpunkt Übergänge in Arbeit.
Gericke, Thomas/ Lex, Tilly/ Schaub, Günther/ Schreiber-Kittl, Maria/ Schröpfer, Haike (Hrsg.) (2002): Jugendliche fördern und fordern. Strategien und Methoden einer aktivierenden Jugendsozialarbeit. München: DJI-Verlag.
Gerigk, Horst-Jürgen (2002): Lesen und Interpretieren. Göttingen: Vanderhoeck & Rupprecht.
Ginnold, Antje (2004): Wege und Sackgassen ins Arbeitsleben. Kritische Betrachtungen zum System der beruflichen Förderung für Jugendliche mit Lernschwierigkeiten. In: Schnell/ Sander (Hrsg.): 289-301.
Ginnold, Antje (2000): Schulende – Ende der Integration? Integrative Wege von der Schule in das Arbeitsleben. Neuwied, Berlin: Luchterhand-Verlag.
Glatzer, Wolfgang (1990) Die Rolle der privaten Haushalte im Prozeß der Wohlfahrtsproduktion. In: Heinze/ Offe (Hrsg.): 16-29.
Goebel, Johannes/ Clermont, Christoph (1999): Die Tugend der Orientierungslosigkeit. Berlin: Verlag Volk und Welt.
Gorz, André (2000): Arbeit zwischen Misere und Utopie. Frankfurt am Main: Suhrkamp.
Griese, Birgit/ Griesehop, Hedwig Rosa (2007): Biographische Fallarbeit: Theorie, Methode, Praxisrelevanz. Wiesbaden: VS, Verlag für Sozialwissenschaften.
Grobbin, Alexander/ Prein, Gerald/ Reyels, Wiebke/ Seus, Lydia (2003): Nach der zweiten Schwelle. Zur Bedeutung der beruflichen Etablierung im Lebenslauf. In: Schumann (Hrsg.): 175-212.
Guggenberger, Bernd (Hrsg.) (2000): Jugend erneuert Gemeinschaft. Freiwilligendienste in Deutschland und Europa. Eine Synopse. Baden-Baden: Nomos-Verlag.
Hagemann-White, Carol (1996): Stimme und Schweigen – Spaltungen und Scheinheiligkeit in der weiblichen Adoleszenz. In: Clausen (Hrsg.): 837-846.
Hagen, Christine/ Niemann, Heike (2000): Schattierungen sozialer Ausgrenzung. Befunde einer qualitativen Längsschnittuntersuchung. In: Büchel u.a. (Hrsg.): 201-211.

Hantsche, Brigitte (1990): Veränderte Sozialisationsmuster in der Adoleszenz – welchen Stellenwert hat Arbeit für die Identität von Jugendlichen? In: du Bois-Reymond/ Oechsle (Hrsg.): 59-78.

Häußermann, Hartmut/ Lüsebrink, Karin/ Petrowsky Werner (1990): Die Bedeutung von informeller Ökonomie und Eigenarbeit bei Dauerarbeitslosigkeit. In: Heinze/ Offe (Hrsg.): 87-104.

Heinz, Walter R. (Hrsg.) (2000): Übergänge. Individualisierung, Flexibilisierung und Institutionalisierung des Lebenslaufs. Zeitschrift für Soziologie der Erziehung und Sozialisation, 3. Beiheft.

Heinz, Walter R. (1995): Arbeit, Beruf und Lebenslauf. Eine Einführung in die berufliche Sozialisation. Weinheim: Juventa-Verlag.

Heinz, Walter R. (1985): Jugend und Arbeit – Kontinuität und Diskontinuität. In: Baacke/ Heitmeyer (Hrsg.): 131-153.

Heinz, Walter R./ Krüger, Helga/ Rettke, Ursula/ Wachtveil, Erich/ Witzel, Andreas. (1987): Hauptsache eine Lehrstelle. Jugendliche vor den Hürden des Arbeitsmarkts. Weinheim: Deutscher Studienverlag.

Heinze, Rolf G./ Offe, Claus (Hrsg.) (1990): Formen der Eigenarbeit. Theorie, Empirie, Vorschläge. Opladen: Westdeutscher Verlag.

Heitmeyer, Wilhelm/ Olk, Thomas (Hrsg.) (1990): Individualisierung von Jugend. Gesellschaftliche Prozesse, subjektive Verarbeitungsformen, jugendpolitische Konsequenzen. Weinheim und München: Juventa-Verlag.

Helsper, Werner/ Müller, Hermann-J./ Nölke, Eberhard/ Combe, Arno (1991): Jugendliche Außenseiter. Zur Rekonstruktion gescheiterter Bildungs- und Ausbildungsverläufe. Opladen: Westdeutscher Verlag.

Henecka, Hans Peter (1990): Grundkurs Soziologie, 3. Auflage. Opladen: Leske und Budrich.

Hildeschmidt, Anne (2004): Berufliche Integration oder Inklusion junger Menschen nach der Schule. In: Schnell/ Sander (Hrsg.): 245-259.

Hinz, Andreas (2002): Von der Integration zur Inklusion – terminologisches Spiel oder konzeptionelle Weiterentwicklung? In: Zeitschrift für Heilpädagogik 9/2002. 354-361.

Hinz, Andreas/ Boban, Ines (2001): Integrative Berufsvorbereitung. Unterstütztes Arbeitstraining für Menschen mit Behinderung. Neuwied, Berlin: Luchterhand-Verlag.

Hoser, Karin/ Braun, Hans (1995): Integration durch Kooperation. Forschungsbericht. Bonn: Eigendruck des Bundesministeriums für Arbeit und Sozialordnung.

Hovestadt, Gertrud (2003): Jugendliche ohne Berufsabschluss. Eine Studie im Auftrag des DGB-Bundesvorstandes Rheine. www.edu-con.de/ studie_joa.pdf, 28.06.2005.

Jahnke, Joachim (2008): Informationsportal Globalisierung – Standort Deutschland – Neoliberalismus. www.jjahnke.net/statistik-p.html, 17.03.2008.

Jahnke, Joachim (2006): Zur Interpretation der Arbeitslosenstatistik. www.jjahnke.net/statistik-p.html, 17.03.2008.

Jahoda, Maria (1983): Wieviel Arbeit braucht der Mensch? Arbeit und Arbeitslosigkeit im 20. Jahrhundert. Weinheim: Beltz-Verlag.
Jannidis, Fotis/ Lauer, Gerhard/ Martinez, Matias/ Winko, Simone (Hrsg.) (2000): Texte zur Theorie der Autorschaft. Stuttgart: Reclam-Verlag.
Jannidis, Fotis/ Lauer, Gerhard/ Martinez, Matias/ Winko, Simone (2000): Autor und Interpretation. In: ds. (Hrsg.): 7-34.
Jüttemann, Gerd/ Thomae, Hans (Hrsg.) (1998): Biographische Methoden in den Humanwissenschaften. Mannheim: Beltz-Verlag.
Kallenbach, Kurt (Hrsg.) (2006): Körperbehinderungen. Schädigungsaspekte, psychosoziale Auswirkungen und pädagogische rehabilitative Maßnahmen. Bad Heilbrunn/ Obb.: Klinkhardt-Verlag.
Kallenbach, Kurt (2006): Infantile Cerebralparese (ICP) – frühkindliche Bewegungsstörungen. In: ders. (Hrsg.): 59-88.
Katschnig-Fasch, Elisabeth (Hrsg.) (2003): Das ganz alltägliche Elend. Begegnungen im Schatten des Neoliberalismus. Wien: Löcker-Verlag.
Kaufmann, Jean-Claude (2005): Die Erfindung des Ich. Eine Theorie der Identität. Konstanz: UVK-Verlag.
Kayser, Wolfgang (2000): Wer erzählt den Roman? In: Jannidis u.a. (Hrsg.): 127-137.
Keupp, Heiner/ Ahbe, Thomas/ Gmür, Wolfgang/ Höfer, Renate/ Mitzscherlich, Beate/ Kraus, Wolfgang/ Straus, Florian (Hrsg.) (1999): Identitätskonstruktionen. Das Patchwork der Identitäten in der Spätmoderne. Reinbek: Rowohlt-Taschenbuch-Verlag.
Klinger, Nadja/ König, Jens (2006): Einfach abgehängt. Ein wahrer Bericht über die neue Armut in Deutschland. Berlin: Rowohlt-Berlin-Verlag.
Koch, Martina (1999): Performative Pädagogik. Über die welterzeugende Wirksamkeit pädagogischer Reflexivität. Münster: Waxmann-Verlag.
Kokemohr, Rainer/ Koller, Hans-Christoph (1996): Die rhetorische Artikulation von Bildungsprozessen. Zur Methodologie erziehungswissenschaftlicher Biographieforschung. In: Krüger/ Marotzki (Hrsg.): 90-102.
Kokemohr, Rainer (2007): Bildung als Welt- und Selbstentwurf im Anspruch des Fremden. Eine theoretisch-empirische Annäherung an eine Bildungstheorie. In: Koller/ Marotzki/ Sanders (Hrsg.): 13-68.
Koller, Hans-Christoph (1999): Bildung und Widerstreit. Zur Struktur biographischer Bildungsprozesse in der (Post-) Moderne. München: Fink-Verlag.
Koller, Hans-Christoph (1994): „Ich war nicht dabei“. Zur rhetorischen Struktur einer autobiographischen Lern- und Bildungsgeschichte. In: Koller/ Kokemohr (Hrsg.): 90-108.
Koller, Hans-Christoph (1993): Biographie als rhetorisches Konstrukt. In: BIOS 6. 1993. 33-45.
Koller, Hans-Christoph (1990): „Ein Wahnsinnsgebäude, wo alles innenander fasst“. Über metaphorische und metonymische Tendenzen in einem narrativen Interview. In: Marotzki/ Kokemohr (Hrsg): 177-196.

Koller, Hans-Christoph/ Kokemohr, Rainer (Hrsg.) (1994): Lebensgeschichte als Text. Zur biographischen Artikulation problematischer Bildungsprozesse. Weinheim: Deutscher Studienverlag.

Koller, Christoph/ Marotzki, Winfried/ Sanders, Olaf (Hrsg.) (2007): Bildungsprozesse und Fremdheitserfahrung. Beiträge zu einer Theorie transformatorischer Bildungsprozesse. Bielefeld: transcript Verlag.

Koschützke, Albrecht (2006): Gesellschaft im Reformprozess. Die Friedrich-Ebert-Stiftung untersucht Reformbereitschaft der Deutschen. www.fes.de/inhalt/ Dokumente/061016-gesellschaft im Reformprozess, 03.03.2008.

Krafeld, Franz Josef (2000): Die überflüssige Jugend der Arbeitsgesellschaft. Eine Herausforderung an die Pädagogik. Opladen: Leske und Budrich.

Kraheck, Nicole (2004): Karrieren jenseits normaler Erwerbsarbeit: Lebenslagen, Lebensentwürfe und Bewältigungsstrategien von Jugendlichen und jungen Erwachsenen in Stadtteilen mit besonderem Erneuerungsbedarf. Wissenschaftliche Texte 1/2004. München: DJI-Verlag.

Kronauer, Martin (2008): Plädoyer für ein Exklusionsverständnis ohne Fallstricke. In: Bude/ Willisch (Hrsg.): 146-153.

Kronauer, Martin (2007): Inklusion – Exklusion: ein Klärungsversuch. www.die-bonn.de/doks/kronauer0701.pdf, veröffentlicht am 31.10.2007.

Kronauer, Martin (2002): Exklusion. Die Gefährdung des Sozialen im hoch entwickelten Kapitalismus. Frankfurt/M.: Campus-Verlag.

Krüger, Helga (2001): Geschlechterverhältnis in einer Gesellschaft ohne Arbeit. In: Mansel u.a. (Hrsg.): 57-71.

Krüger, Heinz-Hermann/ Marotzki, Winfried (Hrsg.) (1999): Handbuch erziehungswissenschaftliche Biographieforschung. Opladen: Leske und Budrich.

Krüger, Heinz-Hermann/ Marotzki, Winfried (Hrsg.) (1996): Erziehungswissenschaftliche Biographieforschung, 2. Auflage. Opladen: Leske und Budrich.

Lessenich, Stephan/ Nullmeier, Frank (2006): Deutschland. eine gespaltene Gesellschaft. Frankfurt/M.: Campus-Verlag.

Lex, Tilly (1997): Berufswege zwischen Integration und Ausgrenzung. München: DJI-Verlag.

Lex, Tilly/ Schaub, Günther (2004): Arbeiten und Lernen im Jugendhilfebetrieb. Zwischen Arbeitsförderung und Marktorientierung. München: DJI-Verlag.

Ludwig, Monika (1996): Armutskarrieren: Zwischen Abstieg und Aufstieg im Sozialstaat. Opladen: Westdeutscher Verlag.

Luedtke, Jens (1998): Lebensführung in der Arbeitslosigkeit. Differentielle Problemlagen und Bewältigungsmuster. Pfaffenweiler: Centaurus Verlag.

Luhmann, Niklas (1997): Die Gesellschaft der Gesellschaft. Frankfurt/M.: Suhrkamp.

Luhmann, Niklas (1993): Soziale Systeme. Grundriß einer allgemeinen Theorie, 4. Auflage. Frankfurt/M.: Suhrkamp.

Luhmann, Niklas/ Schorr, Karl Eberhard (1988): Reflexionsprobleme im Erziehungssystem. Frankfurt am Main: Suhrkamp.

Mansel, Jürgen/ Schweins, Wolfgang/ Ulbrich-Herrmann, Matthias (Hrsg.) (2001): Zukunftsperspektiven Jugendlicher. Wirtschaftliche und soziale Entwicklungen als Herausforderung und Bedrohung für die Lebensplanung. Weinheim und München: Juventa-Verlag

Mansel, Jürgen/ Schweins, Wolfgang/ Ulbrich-Herrmann, Matthias (2001): Zukunftsperspektiven junger Menschen vor dem Hintergrund der wirtschaftlichen und sozialen Entwicklung. In: ds. (Hrsg.): 7-18.

Marotzki, Winfried (1996): Forschungsmethoden der erziehungswissenschaftlichen Biographieforschung. In: Krüger/ Marotzki (Hrsg.): 55-89.

Marotzki, Winfried/ Kokemohr, Rainer (Hrsg.) (1990): Biographien in komplexen Institutionen. Studentenbiographien II. Weinheim: Juventa-Verlag.

Martinez, Matias/ Scheffel, Michael (2005): Einführung in die Erzähltheorie, 6. Auflage. München: Beck-Verlag.

Mathern, Sigrid (2003): Benachteiligte Jugendliche an der Schnittstelle zwischen Schule und Beruf. Frankfurt/M.: Lang-Verlag.

Mayring, Philipp (2002): Einführung in die qualitative Sozialforschung, 5. Auflage. Weinheim und Basel: Beltz-Verlag.

Merkens, Hans/ Zinnecker, Jürgen (Hrsg.) (2002): Jahrbuch Jugendforschung 2. Opladen: Leske und Budrich.

Morisse, Jörn (2008): Wovon lebst Du eigentlich? In: Sooth (Hrsg.): 156-160.

Mückenberger, Ulrich (1990): Allein wer Zugang zum Beruf hat, ist frei, sich für Eigenarbeit zu entscheiden. In: Heinze/ Offe (Hrsg.): 197-211.

Müller-Hilmer, Rita (2005): Gesellschaft im Reformprozess. www.sueddeutsche.de /imperia/md/content/pdf/deutschland/abgehaengt-auszug.pdf, 03.03.2008.

Müller-Kohlenberg, Hildegard (1990): Die Helferrückwirkung. Was profitiert der Helfer von seiner Hilfeleistung? In: Heinze/ Offe (Hrsg.): 212-224.

Münder, Johannes/ Greese, Dieter/ Jordan, Erwin u.a. (Hrsg.) (1993): Frankfurter Lehr- und Praxiskommentar zum KJHG. Münster: Votum-Verlag.

Mürner, Christian/ Schriber, Susanne (Hrsg.) (1993): Selbstkritik der Sonderpädagogik? Stellvertretung und Selbstbestimmung. Luzern: ed. SZH.

Neckel, Sighard (1991): Status und Scham. Zur symbolischen Reproduktion sozialer Ungleichheit. Frankfurt/M.: Campus-Verlag.

Nowotny, Helga (1990): Eigenzeit, Entstehung und Strukturierung eines Zeitgefühls, 3. Auflage. Frankfurt am Main: Suhrkamp.

Nüberlin, Gerda (2002): Selbstkonzepte Jugendlicher und schulische Notenkonkurrenz. Zur Entstehung von Selbstbildern Jugendlicher als kreative Anpassungsreaktionen auf schulische Anomien. Herbolzheim: Centaurus-Verlag.

Offe, Claus/ Heinze, Rolf G. (Hrsg.) (1990): Organisierte Eigenarbeit. Das Modell Kooperationsring. Frankfurt/M.: Campus-Verlag.

Olk, Thomas (1990): Förderung und Unterstützung freiwilliger sozialer Tätigkeiten – eine neue Aufgabe für den Sozialstaat? In: Heinze/ Offe (Hrsg.): 244-265.

Olk, Thomas/ Strikker, Frank (1990): Jugend und Arbeit. Individualisierungs- und Flexibilisierungstendenzen in der Statuspassage Schule/ Arbeitswelt. In: Heitmeyer/ Olk, (Hrsg.): 159-193.

Opp, Günther/ Kulig, Wolfram/ Puhr, Kirsten (Hrsg.) (2005): Einführung in die Sonderpädagogik. Wiesbaden: VS, Verlag für Sozialwissenschaften.

Orthmann, Dagmar. (2001): Berufliche Eingliederungsprozesse bei Jugendlichen mit Lernbehinderung. Ergebnisse einer Erkundungsstudie. In: Zeitschrift für Heilpädagogik 10/2001. 398-404.

Osterland, Martin (1983): Die Mythologisierung des Lebenslaufs. Zur Problematik des Erinnerns. In: Baethke/ Ebach (Hrsg.): 279-290.

Otto, Hans Uwe/ Thiersch, Hans (Hrsg.) (2001): Handbuch Sozialarbeit, Sozialpädagogik. Neuwied, Berlin: Luchterhand-Verlag.

Pantucek, Peter/ Vyslouzil, Monika (Hrsg.) (1998): Theorie und Praxis Lebensweltorientierter Sozialarbeit. St. Pölten: Ed. SozAKTIV.

Pfeifer, Wolfgang (Ltg.) (2004): Etymologisches Wörterbuch des Deutschen, 7. Auflage. München: Deutscher Taschenbuch Verlag.

Picot, Sibylle/ Willert, Michaela (2006): Jugend in einer alternden Gesellschaft – Die Qualitative Studie: Analyse und Portraits. In: Shell Deutschland Holding (Hrsg.): 241-442.

Pielenz, Michael (1993): Argumentation und Metapher. Tübingen: Narr Verlag.

Preiß, Christine (1996): Der Berufseinstieg von Mädchen und jungen Frauen. In: Raab (Hrsg.): 95-117.

Puhr, Kirsten (2005a): Soziale Benachteiligung. In: Opp u.a. (Hrsg.): 82-89.

Puhr, Kirsten (2005b): Berufliche Integration. In: Opp u.a. (Hrsg.): 113-130.

Puhr, Kirsten (2003): Lernangebote für schulverweigernde Kinder und Jugendliche. Pädagogische Probleme unter dem Anspruch von Schulpflicht und Bildungsrecht. Hamburg: Kovac-Verlag.

Raab, Erich (Hrsg.) (1996): Jugend sucht Arbeit. Eine Längsschnittuntersuchung zum Berufseinstieg Jugendlicher. München: DJI-Verlag.

Rademacker, Hermann (Hrsg.) (1999): Hilfen zur beruflichen Integration. Beispiele und Empfehlungen zur Gestaltung kommunaler Berufsbildungspolitik. München: DJI-Verlag.

Richter, Ulrike (Hrsg.) (2004): Jugendsozialarbeit im Gender Mainstream. Gute Beispiele aus der Praxis. München: DJI-Verlag.

Rifkin, Jeremy (1996): Das Ende der Arbeit und ihre Zukunft, 4. Auflage. Frankfurt/M.: Campus-Verlag.

Schäfers, Bernhard (2001): Jugendsoziologie. Opladen: Leske und Budrich.

Shell Deutschland Holding (Hrsg.) (2006): Jugend 2006. Eine pragmatische Generation unter Druck. Frankfurt/M.: Fischer Taschenbuch Verlag.

Scherr, Albert (1995): Soziale Identitäten Jugendlicher. Politische und berufsbiographische Orientierung von Auszubildenden und Studenten. Opladen: Leske und Budrich.
Schierholz, Henning (2001): Strategien gegen Jugendarbeitslosigkeit. Zur Ausbildungs- und Berufsintegration von Jugendlichen mit schlechten Startchancen. Hannover: Edition Jab.
Schildmann, Ulrike (1993): Zum Verhältnis von Selbstverständnis und Fremdverstehen. In: Mürner/ Schriber (Hrsg.): 13-25.
Schmid, Günther (2002): Wege in eine neue Vollbeschäftigung. Frankfurt/M.: Campus-Verlag.
Schmitt, Rudolf (1997): Metaphernanalyse als sozialwissenschaftliche Methode. In: Zeitschrift für Psychologie und Gesellschaftskritik. Frankfurt/M.: 57ff.
Schmitt, Rudolf (1995): Metaphernanalyse und die Repräsentation biographischer Konstrukte. In: Journal Psychologie. Heidelberg: 47-62.
Schnell, Irmtraud/ Sander, Alfred (Hrsg.) (2004): Inklusive Pädagogik. Bad Heilbrunn/ Obb.: Klinkhardt-Verlag.
Schultheis Franz/ Schulz, Kristina (Hrsg.) (2005): Gesellschaft mit begrenzter Haftung. Zumutungen und Leiden im deutschen Attag. Konstanz: UVK-Verlag.
Schumann, Karl F. (Hrsg.) (2003): Berufsbildung, Arbeit und Delinquenz. Bremer Längsschnittstudie zum Übergang von der Schule in den Beruf bei ehemaligen Hauptschülern, Band 1. Weinheim und München: Juventa-Verlag.
Schumm, Wilhelm (1991): Bedeutungswandel beruflicher Sozialisation. In: Vetter (Hrsg.): 217-242.
Schütz, Alfred/ Luckmann, Thomas (2003): Strukturen der Lebenswelt. Konstanz: UKV-Verlag.
Schütze, Fritz (1983): Biographieforschung und narratives Interview. In: Neue Praxis 3. 283-293.
Seitz, Hartmut (2004): Lebendige Erinnerungen. Die Konstitution und Vermittlung lebensgeschichtlicher Erfahrungen in autobiographischen Erzählungen. Bielefeld: transcript-Verlag.
Skolka, Jiri (1990): Eigenleistungen, Zeit und Unabhängigkeit. In: Heinze/ Offe (Hrsg.): 53-73.
Sooth, Sebastian (Hrsg.) (2008): Der 100.000 Euro Job. Nützliche und neue Ansichten zur Arbeit. Berlin: Verbrecher Verlag.
Speck, Otto (1992): Berufliche Eingliederungshilfen für schwer vermittelbare junge Menschen. In: Speck/ Kanter (Hrsg.): 11-25.
Speck, Otto/ Kanter Gustav O. (Hrsg.) (1992): Schwer vermittelbar! Spezielle berufliche Eingliederungshilfen. Aufgezeigt am Modell „Pro Integration e.V.". München und Basel. Reinhardt-Verlag.
Stanzel, Franz K. (2002): Unterwegs. Erzähltheorie für Leser. Göttingen: Vandenhoeck & Rupprecht.
Statistisches Bundesamt Deutschland (2008): Arbeitsmarkt. www.destatis.de, 31.07.2008

Stauber, Barbara/ Walther, Andreas (1995): Nur Flausen im Kopf? Berufs- und Lebensentscheidungen von Mädchen und Jungen als Frage regionaler Optionen. Bielefeld: Böllert, KT-Verlag.

Stichweh, Rudolf (2005): Inklusion und Exklusion. Studien zur Gesellschaftstheorie. Bielefeld: transkript-Verlag.

Strasser, Johano (1999): Wenn der Arbeitsgesellschaft die Arbeit ausgeht. Zürich: Pendo-Verlag.

Stuckstätte, Eva Christina (2001): Jugendberufshilfe auf neuen Wegen. Einblicke in sozialpädagogische Arbeitsansätze der Benachteiligtenförderung. Münster: LIT-Verlag.

Teuber, Reinhard (1994): Berufliche Integration passé? Jugendsozialarbeit als Integrationsleistung der Jugendhilfe. In: Wendt/ Muzaffer (Hrsg.): 123-142.

Thiersch, Hans (1992): Lebensweltorientierte soziale Arbeit. Aufgaben und Praxis im sozialen Wandel. Weinheim: Juventa-Verlag.

Versicherungsportal: Gesetzliche Erwerbsminderungsrente, Höhe der Versorgung. www.versicherung-portal-1. de/berufsunfähigkeitsversicherung/erwerbsminderungsrente, 09.04.2008.

Vester, Mchael (2001): Von der Integration zur neuen Destabilisierung. Die Krise des Sozialmodells der Bundesrepublik zu Beginn des 21. Jahrhunderts. In: Mansel u.a. (Hrsg.): 19-56.

Vetter, Hans Rolf (Hrsg.) (1991): Muster moderner Lebensführung. München: DJI-Verlag.

Vogel, Berthold (2008): Überflüssige in der Überflussgesellschaft? Sechs Anmerkungen zur Empirie sozialer Ausgrenzung. In: Bude/ Willisch (Hrsg.): 154-160.

Vogelsang, Waldemar (2001): „Meine Zukunft bin ich!" Alltag und Lebensplanung Jugendlicher. Franfurt/M.: Campus-Verlag.

Vogt, Jochen (1998): Aspekte erzählender Prosa. Eine Einführung in Erzähltechnik und Romantheorie, 8. Auflage. Opladen: Westdeutscher Verlag.

Wagner, Jörg (2008): Grußwort der Initiative Solidarisches Bürgergeld e.V. www.bürgergeldportal.de, 31.08.2008.

Waldenfels, Bernhard (1994): In den Netzen der Lebenswelt, 2. Auflage. Frankfurt/M.: Suhrkamp.

Weiler, Hannes (2008): Drei Pfund Kombilohn. Hartz IV im deutschen Wald. In: Sooth (Hrsg.): 189-191.

Wendt, Peter Ulrich/ Muzaffer, Perik (Hrsg.) (1994): Jugend ohne Chancen? Lebensrisiken und -chancen junger Menschen vor dem Jahr 2000. Marburg: Schüren-Verlag.

Willisch, Andreas (2008): Verwundbarkeit und Marginalisierungsprozesse. In: Bude/ Willisch (Hrsg.): 64-68.

Printed in Germany
by Amazon Distribution
GmbH, Leipzig

22156392R00118